U0622010

中国农村金融发展的减贫效应研究

苏静 ◎ 著

中国财经出版传媒集团

经济科学出版社
Economic Science Press

图书在版编目（CIP）数据

中国农村金融发展的减贫效应研究/苏静著．—北京：
经济科学出版社，2017.9
ISBN 978 - 7 - 5141 - 8177 - 7

Ⅰ．①中…　Ⅱ．①苏…　Ⅲ．①农村金融 - 经济发展 -
研究 - 中国　Ⅳ．①F832.35

中国版本图书馆 CIP 数据核字（2017）第 154340 号

责任编辑：周国强
责任校对：杨　海
版式设计：齐　杰
责任印制：邱　天

中国农村金融发展的减贫效应研究

苏　静　著
经济科学出版社出版、发行　新华书店经销
社址：北京市海淀区阜成路甲 28 号　邮编：100142
总编部电话：010 - 88191217　发行部电话：010 - 88191522
网址：www. esp. com. cn
电子邮件：esp@ esp. com. cn
天猫网店：经济科学出版社旗舰店
网址：http：//jjkxcbs. tmall. com
固安华明印业有限公司印装
710×1000　16 开　15.5 印张　260000 字
2017 年 9 月第 1 版　2017 年 9 月第 1 次印刷
ISBN 978 - 7 - 5141 - 8177 - 7　定价：68.00 元
（图书出现印装问题，本社负责调换。电话：010 - 88191510）
（版权所有　侵权必究　举报电话：010 - 88191586
电子邮箱：dbts@ esp. com. cn）

　　本著作得到湖南省洞庭湖生态经济区建设与发展协同创新中心、湖南省科技创新团队"农地流转与农业经营方式转变研究"、湖南省重点建设学科——产业经济学和教育部人文社会科学研究青年基金项目"连片特困地区金融跨域协作扶贫机制研究——以武陵山区为例"（16YJCZH084）的资助。

前　　言

　　贫困是世界各国普遍存在的社会问题，贫困在发展中国家的表现尤为突出。中国作为世界上最大的发展中国家，自改革开放以来的30多年里，持续保持了年均9%以上的经济增长率，创造了"中国奇迹"，但贫困问题并未得到根本性消除，贫困尤其是农村贫困已经成为制约中国经济持续稳定增长和社会进步的突出障碍。中国政府一直致力于农村反贫困事业，并且将农村金融视为缓减农村贫困的主要力量和基本政策工具。为了促进农村金融有效地发挥减贫功能，政府先后对农村金融体制进行了多次改革和调整。特别是21世纪以来，政府基于"改革存量，发展增量"的农村金融体制改革新思路，密集出台了一系列农村金融"新政"，力图实现农村金融发展与农村贫困缓减的良性互动。为此，深入研究中国农村金融发展的减贫效应及其特征，一方面不仅可以为检测、评价中国农村金融改革的政策效应提供现实依据，也可以为相关部门进一步挖掘农村金融减贫向纵深转型的内在动力机制进而推进符合中国国情的高效农村金融减贫模式的形成提供理论与决策参考；另一方面也有利于扩展金融发展与贫困缓减的研究理论，丰富相关研究成果。

　　本书首先结合农村金融发展相关理论和贫困与贫困缓减相关理论，从理论上系统研究了中国农村金融作用于农村贫困缓减的机制；然后在对中国农村金融发展现状与农村多维贫困现状进行深入分析的基础上，借助前沿计量模型实证研究了中国农村金融发展的减贫效应及其特征；最后，结合国外典型国家农村金融减贫的实践与经验，就中国农村金融减贫的政策优化策略及其实现路径提出了相关建议。具体表现在如下六个方面：

第一，在阐述本书研究背景与意义、界定相关概念、提出研究内容、研究思路与研究方法以及对农村金融发展与贫困缓减的国内外相关研究进行综述的基础上，结合中国农村金融发展与贫困缓减的典型事实和农村金融发展的相关理论、贫困与贫困缓减相关理论，构建了农村金融发展作用于农村贫困缓减的理论分析框架，就农村金融通过经济增长、收入分配作用于农村贫困缓减的间接机制以及通过金融服务作用于农村贫困缓减的直接机制进行了深入研究，并对各机制作用于贫困减缓的传导路径进行了探讨。

第二，在阐释中国农村金融体系形成与发展逻辑的基础上，从需求与供给视角深入分析了中国农村金融发展的现状及其存在的问题，并利用参数模型分析了农村金融发展的收敛性。研究发现，伴随着农村金融改革的推行，中国农村金融发展水平得到明显提高，金融服务广度和深度明显拓展，但是农村依然存在较强的信贷约束，并且不同程度地存在金融供给与金融需求结构上的"错配"。同时，各区域农村金融发展水平和发展动态均存在显著差异。

第三，分析了中国农村多维贫困现状及其成因，并利用 FGT 贫困指数就中国农村贫困程度进行了测度。在此基础上，从经济、社会、环境与生态三个维度构建了中国农村贫困程度评价指标体系，并利用熵权综合指数分析方法就中国 2001～2011 年农村多维贫困程度进行了测度与评价。基于 FGT 贫困指数与面板数据的研究表明，中国农村贫困广度、深度、强度整体上呈现逐步缓减趋势，但地区差异显著；基于新构建的农村多维贫困程度评价指标体系、熵权综合指数分析方法以及面板数据的研究表明，中国农村同时存在经济、社会、环境与生态三大维度的贫困，且各维度贫困程度整体上呈现逐步下降的趋势；经济贫困对农村总体贫困的影响占据主导地位，其次分别是社会贫困、环境与生态贫困；从贫困程度的地区分布来看，农村总体贫困程度以及各维度贫困程度均表现为东部低于中部，中部低于西部，各维度贫困程度均存在显著的地区差异，且经济、社会维度的地区差异明显大于环境与生态维度的地区差异。

第四，在比较分析框架下借助状态空间模型与中介效应检验方法实证分析了中国农村金融发展对农村贫困影响的直接效应与中介效应。研究结果表明：①中国农村金融发展对农村贫困缓减的总体效应显著，并且大体上呈现先下降后上升的动态变化趋势。②中国农村金融在促进农村贫困缓减的过程中直接效应与中介效应并存，且两大效应在时间上均呈现结构性变动特征：农村金融缓减农村贫困的效应中平均有45.83%的比例来自于农村经济增长的中介效应，平均有54.17%的比例来自于金融服务的直接效应。其中，1986~1992年期间的中介效应占比为70.17%，直接效应占比为29.83%；1993~2010年期间的中介效应占比为38.14%，直接效应占比为61.86%。

第五，借助PSTR模型识别出了农村金融发展对农村贫困影响的非线性结构关系。在此基础上进一步构建农村金融发展对农村多维贫困影响的PSTR模型，并基于纵向贫困视角实证分析了中国农村正规金融、非正规金融对农村贫困广度、贫困深度与贫困强度的非线性影响效应。研究结果表明：中国农村金融发展对农村贫困广度、贫困深度和贫困强度的影响都是非线性的，呈现鲜明的门槛特征：①对应于门槛值前后，农村非正规金融发展对农村贫困广度、贫困深度的影响由促进转变为抑制，并且抑制效应随着农村非正规金融发展水平的提升而逐渐增强；对贫困强度的影响始终表现为抑制，跨过门槛值之后，其促进农村贫困强度降低的速度有所提升，但提升的幅度不明显。②对应于门槛值前后，农村正规金融对农村贫困广度的影响始终表现为抑制，跨越门槛值之后这种抑制效应得到进一步地强化；对贫困深度的影响以门槛值之后的抑制效应为主；对贫困强度的影响由抑制转变为促进，但均不显著。③农村正规金融、非正规金融对农村贫困广度、贫困深度、贫困强度的影响均存在显著的地区差异。

第六，采用PSTR模型和省级面板数据，基于多维纵向贫困视角实证分析了中国农村金融对农村经济贫困、社会贫困的非线性影响效应。研究结果表明：中国农村非正规金融、正规金融在促进农村贫困缓减的过程中经济效应与社会效应并存，只是在不同的发展水平上其促进农村经济、社会贫困缓减的效应存在差异：①农村非正规金融发展能有效促进农民收入增长、农村居民教育文化水平提高和农村产业结构调整，并且这种促进效应随着自身发展水平的提高而逐渐增强；在其他条件不变的情况下，农村非正规金融只有在自身发展的较高水平区间才能促进农村内部收入分配和农村医疗条件的改善；农村非正规金融发展有效带动了农村居民生活条件的改善，但是这种改善效应随着自身发展水平的上升在下降。②农村正规金融发展在自身发展的较高水平区间同样能有效地促进农民收入增长、农村居民教育文化水平提高和农村产业结构调整，但无论处在哪种发展水平区间，都无益于农村内部收入分配差距的缩小以及农村居民生活与医疗条件的改善。③农村非正规金融、正规金融发展对农村多维贫困的影响均存在显著的地区差异。整体上看，农村非正规金融、正规金融发展的多维减贫效应已经凸显，但是仍存在不同程度的提升空间与潜力。

目 录
CONTENTS

| 第 1 章 |

绪　　论

1.1　研究背景与意义

　　贫困问题是世界各国普遍存在的社会问题，贫困在发展中国家的表现尤为突出。缓解和消除贫困是国际社会共同的责任与追求。中国作为世界上最大的发展中国家，经过 30 多年的扶贫开发与努力，取得了农村反贫困的辉煌成绩。以官方贫困标准计量，尽管贫困线从 1978 年的 100 元提高到 2010 年的 1274 元，但农村绝对贫困人口从 1978 年底的 2.5 亿人减少到 2010 年底的 2688 万人，年均减少 697.3 万人；农村贫困发生率相应地从 1978 年的 30.7% 下降到 2010 年的 2.8%，年均下降 0.87%；农村居民人均纯收入从 1978 年的 133.6 元增加到 2010 年的 7912.0 元，年均增长 228.78 元。中国也以此而成为世界上最早实现联合国千年发展减贫目标的发展中国家。然而，随着扶贫攻坚的深入推进，中国农村减贫依然面临严峻压力和挑战。一方面，农村减贫速度趋缓，脱贫与返贫现象相互交织，相对贫困问题日益突出。中国科学院《2012 中国可持续发展战略报告》指出，如果按照 2011 年以农村居民家庭人均纯收入 2300 元/年（以 2010 年为不变价格）的贫困标准计算，中国农村贫困人口数量和覆盖面将由 2010 年的 2688 万人扩大到 1.28 亿人，占农村总人口的 13.4%，占全国总人口的近 10%。因此，农村贫困规模依然庞大。同时，由于区域、城乡、部门、人际之间发展的不平衡日益突出，农

1

村贫困群体的脆弱性依然明显。随着人均收入水平的逐步提升，中国农村贫困的主要方面已经由此前的绝对贫困逐步转变为相对贫困和社会排斥，收入之外其他维度的突出贫困凸显了农村反贫困的多维态势。统筹治理农村经济、社会、环境与生态等多维贫困已经成为新时期反贫困战略的新内涵与新挑战。另一方面，政府财政扶贫能力有限，且诸多因素牵制和影响了扶贫资金的效果。尽管中央财政综合扶贫投入绝对数量从 1980 年的 42 亿元稳步增长到 2012 年的 2996 亿元，但财政扶贫投入相对强度一直裹足不前，财政综合扶贫投入占全国 GDP 的比重从 1980 年的 0.92% 下降到 2012 年的 0.58%。加上扶贫资金传统的分项投入、多头管理、层层拨付的管理机制，造成获取扶贫资金交易成本的高昂和扶贫资源在目标群体瞄准上的偏离①，政府财政扶贫一定程度上陷入了扶贫效率低下与扶贫资金规模增长乏力的双重困境。

农村金融作为现代农村经济资源配置的核心，不仅成为众多发展中国家农村经济发展的先导力量和主要推动因素，而且已经被证明是缓减贫困行之有效的途径之一。中国政府历来重视农村金融的建设和发展，并且将农村金融视为缓减农村贫困的主要力量和重要政策工具。为了促进农村金融充分地发挥减贫功能，中国政府先后对农村金融体制进行了多次改革和调整。特别是 21 世纪以来，随着"三农"问题连续被强调为政府全部工作的"重中之重"，农村金融的改革与发展也就成为国家新一轮金融发展战略的"重中之重"。政府基于"改革存量、发展增量"的农村金融体制改革新思路，密集出台了一系列农村金融"新政"，力图实现农村金融发展与农村贫困缓减的良性互动。在连续多个金融政策的引导和催化下，农村金融发展规模大幅提升，农村金融服务广度与深度明显拓展，农村金融服务质量与服务效率明显提升。然而，由于中国农村金融既有的外生性制度安排一定程度上导致了农村金融资源配置强烈的政府偏好，地方政府和部分金融机构固有的"重工轻农、利益至上"思想一定程度上导致了农村金融资金流向的"非农化"，致使农村正规金融虽被过度强化但资金配置效率依然不高，农村非正规金融虽被压抑但仍顽强生存，深处"合理不合法"的角色尴尬。农村地区仍显巨大的农村资金需求缺口，仍需截止的农村金融资金外流，仍待从根本上改观的

---

① 据李小云等（2007）的研究，政府财政扶贫资金在目标群体瞄准上出现严重偏离，扶贫项目对贫困群体的覆盖率只有 16%，而对中等户与富裕户的覆盖率分别为 51% 和 33%。

农村贫困群体"贷款难""贷款贵"的现实困境，以及仍要不断巩固的农村金融扶贫的主力军地位，无不彰显着中国农村金融深层次"破冰"的必要与迫切。

那么，中国未来的农村金融减贫到底是何走向？问题的回答依赖于始终在改革中蹒跚前行的农村金融在中国农村反贫困战略中到底发挥了怎样的作用，是否如政策期望那样有效促进了农村贫困缓减？中国农村金融在缓减农村贫困中还存在哪些亟待解决的问题？这些问题存在背后的深层次原因又是哪些？但截至目前，受经济体制、数据可得性等条件制约，基于中国农村社会经济特征来全面分析农村正规金融、非正规金融减贫效应的理论与实证研究尚不多见。鉴于此，基于中国城乡二元经济结构与二元金融结构的现实背景，从理论与实证角度深入探讨中国农村金融发展的减贫效应，全面分析农村金融对农村贫困缓减的作用机理、作用程度与作用特征，并比较农村正规金融和非正规金融减贫效用的大小和优劣，一方面对于科学评价农村金融反贫困的绩效，准确把脉农村金融在反贫困中存在的问题，克服农村金融减贫的现有缺陷，进而实现未来农村金融减贫的新突破具有重要的理论价值和现实意义；另一方面有助于解释对于处在转型时期的发展中国家而言，农村金融是通过哪些途径为农村减贫做出卓越贡献的，为规制和引导农村金融资源流向，挖掘农村金融减贫向纵深转型的内在动力机制以及形成符合中国国情的新型农村金融减贫模式提供理论和现实依据，为中国目前正在进行的农村金融改革提供理论指导和政策参考，进而提高相关决策的科学性。

1.2　相关概念的界定

1.2.1　农村正规金融与非正规金融

非正规金融是相对于正规金融而言的。国外学者对非正规金融的研究比较早，但是目前，对非正规金融还没有一个普遍统一的概念界定。不同的学者从不同的角度就非正规金融的定义及其内涵进行了阐释。国外大部分学者研究认为正规金融机构的活动通常由中央银行及其机构调控和监督，那么发生在中央银行和其他金融部门管制之外的、没有法律体系来保障实施的各种金融交易活动就定义为非正规金融（Aiyeetey，1998；Schreiner，2000；Isaksson，2002）。也有学者将非正规金融定义为仅限于农村地区发生的包括农业、农户、个人和小企业的小额的、没有安全保障的短期贷款（Meghana et al，2008）；也有学者将其定义为利用自身资源从事贷款的非储蓄机构，如ROSCAS、小额信贷公司、当铺、地主等（Avishay，1988）；还有学者将非正规金融定义为所有的未被制度化的金融服务组织，包括借贷人、典当、轮转基金和批发商等多种形式（Dale and Delbert，1992）。亚洲开发银行（ADB，1990）将其定义为"不受政府对于资本金、储备和流动性、存贷利率限制、强制性信贷目标以及审计报告等要求约束的金融机构"。

由此可见，众多国外研究文献中关于非正规金融的界定是以金融主体是否被国家信用和央行承认为标准（Tsai，2001），且其涵盖的范围也基本趋同，即非正规金融机构主要包含自由借贷、资金合作社、轮转基金、典当、钱庄、批发商以及某些非政府组织等等。

国内学者对非正规金融的研究比较晚，且早期的研究对非正规金融的认识基本停留在批判和否定的角度，认为非正规金融即非法金融、灰黑色金融。随着经济的发展和研究的深入，学者们对非正规金融的定义也处在不断变化与完善之中。姜旭朝（1996）将农村非正规金融定义为"民间经济融通资金的所有非公有制经济成分的资金运动"。谈儒勇（2001）认为金融体系主要包括两部分，即正式的、被登记、被管制和被记录的部分，简称正式部分；非正式的、未被登记、未被管制和未被记录的部分，简称非正式部分。正规金融处在官方的控制之内，非正规金融处在官方的控制之外。任森春（2004）认为非正规金融是指不受国家法律法规保护和规范，处在金融当局监管之外的各种金融机构、金融市场、企业、个人等所从事的各种金融交易活动。郭沛（2004）认为农村非正规金融是指农村中非法定的金融组织所提供的间接融资以及农户之间或农户与农村企业主之间的直接融资。徐璋勇和郭梅亮（2008）认为非正规金融是一种"合理不合法"的存在，是指不被国家现有法律法规所认可的，游离于现有金融体制外，以非正式或隐蔽的方式进行经营活动来取得利润的金融组织形式和交易行为。从这些定义上看，与国外对非正规金融的定义基本保持一致，即非正规金融就是金融体系中没有受到国家信用控制和央行管制的部分，其金融活动不被法律法规认可，不具有合法性。正规金融与非正规金融两者之间是相互对立关系，不存在相互交叉性和相互渗透性。

但也有学者指出，上述对中国非正规金融的界定过于狭隘，非正规金融的概念应有狭义、广义及标准义之分。狭义的非正规金融主要是指直接与现有的法律法规相对抗的、对经济金融生活产生直接破坏性影响的金融活动，即狭义的非正规金融＝犯罪金融＋违法金融；广义的非正规金融是指官方或法定金融体系以外的未被法律法规认可的金融，即广义的非正规金融＝狭义的非正规金融＋地下金融（非公开秘密进行的，也称黑色金融、黑市金融、灰色金融）＋民间金融（半公开金融）。由于官方的金融也可以是非正规的，因此非正规金融的标准含义应该是指未得到法律法规及其他正式形式认可或直接认可的金融，即非正规金融＝广义的非正式金融＋正式金融主体内未被法律法规正式或直接认可的金融＋非正式金融主体内未被法律法规正式或直接认可的金融（张宁，2003）。更有学者指出，中国非正规金融的范围和内涵相当广泛，一切个人之间、企业之间、个人与企业之间的借贷行为以及各种民间金融组织（如地下钱庄、合会、标会、租赁、质押借贷等）的融资活动都应该属于非正规金融范畴（苑德军，2007）。基于这些定义，正规金融机构的违规金融行为以及正规金融机构未参与的金融活动也属于非正规金融范畴，且正规金融与非正规金融并不是完全对立的，两者之间具有交叉性和渗透性。

从上文的讨论可以看出，国内对于正规金融与非正规金融这一概念的界定仍缺乏统一。厘清正规金融与非正规金融的概念需要综合考虑以下几个方面：第一，正规金融与非正规金融的交易主体和服务对象；第二，正规金融与非正规金融的合法性；第三，正规金融与非正规金融参与人员的法律属性；第四，正规金融与非正规金融的活动及其组织形式。考虑以上因素，并结合本书特定的研究地域——农村，本书将农村正规金融和非正规金融定义为：农村正规金融是指存在于农村领域，在一定的法律规范下采用标准化的金融工具为农村企业、农户、其他组织和个人提供资金服务，且在人民银行和银监会监督管辖范围之内的金融组织和金融活动。农村正规金融具有信贷配给、借贷信用规范性、公开性、监管性、合法性等特点。相应的，农村非正规金融是指存在于农村领域，采用非标准化的金融工具为农村企业、农户、其他组织和个人提供资金服务，且不在人民银行和银监会监督管辖范围之内的金融组织和金融活动。农村非正规金融具有典型的地域约束性、借贷信用非规范性、分散性和隐蔽性、非监管性等特点。而就其合法程度而言，有合理合法形式（如农村合作基金）、合理不合法形式（如友情借贷）和非法形式（如非法集资、高利贷）。中国现有金融制度中城乡二元金融结构突出，农村金融抑制现象严重，农村内部普遍存在着体制内正规金融供给不足，而农村经济发展中对金融资源的需求有增无减，因此，非正规金融在中国农村处于十分重要的位置，并且在未来相当长一段时间内都将具有不可替代性。

1.2.2 贫困的内涵与外延

贫困作为世界各国普遍存在的社会现象，是人类需要共同面对并努力追求破解的永恒主题。由于历史时代、社会制度、经济背景的不同，学者们对"贫困"这一概念的含义作出了多种不同的解释，在贫困的内涵上经历了一个从以单一收入维度为主界定贫困，到从经济、社会、权利、健康、教育、福利等多维视角全面认识贫困的过程。

以英国学者本杰明·西伯姆·朗特里为代表的收入贫困论者基于收入角度将贫困定义为收入以及其他物质财物的缺乏，将贫困界定为"家庭总收入不足以支付仅仅维持家庭成员生理正常功能所需的最低量生活必需品开支"。美国经济学家萨缪尔森更直接地将贫困定义为"一种人们没有足够收入的状况"。中国统计局《农村贫困标准》课题组和《中国城镇居民贫困问题研究课题组》将贫困定义为"物质生活困难，即一个人或一个家庭的生活水平达不到一种社会可接受的最低标准。他们缺乏某些必要的生活资料和服务，生活处于困难境地"。随着社会的发展与对贫困认识的深入，人们逐渐认识到仅仅从收入维度来定义贫困是不全面的。以马克思·韦伯为代表的社会资源贫乏论者基于社会不平等和社会分层理论，认为社会资源分配的匮乏者即为贫困群体。这一理论得到了当时国际社会的认同。如欧洲共同体委员（1993）在《向贫困开战的共同体特别行动计划的中期报告》中对贫困作出了如下阐释："贫困应该被理解为个人、家庭和人的群体的资源（物质、文化、社会等）如此有限以致他们被排除在他们所在的成员国的可以接受的最低限度的生活条件之外"。中国台湾学者江亮演（1990）将贫困定义为"享受基本生活水平所必需的资源缺乏或无法适应所处的社会环境，无法或有困难维持其生理、精神生活的需要"。1997 年，联合国开发计划署在《1997 年人类发展报告》中基于人的生活质量、基本权利、全面发展等方面对贫困进行了新的阐释，认为"贫困是一种对人类的自由、长寿、知识、尊严、发展权利、体面生活等多方面的剥夺"。人类的贫困可以通过贫困指数（HPI）来衡量。随后，以印度经济学家、诺贝尔经济奖获得者阿玛蒂亚·森（Amartya Sen, 1999）为代表的能力贫困论者认为：贫困并不是一个收入问题，而是一个缺乏最低限度的能力问题。贫困应该表现为人的基本可行能力在多个维度被剥夺，而不仅仅局限于物质的匮乏或收入的低下。经济贫困只是社会权利贫困的折射和表现。阿玛蒂亚·森多维贫困的核心思想是：贫困不仅仅指收入的贫困，也包括教育、文化、医疗等其他客观指标的贫困和对分配、晋升、服务、发展机会等福利的主观感受的贫困。贫困应该是一个动态的、相对的多维度的综合性概念。阿玛蒂亚·森的贫困理论得到了广大学者和当今国际社会的普遍认同。他也因此而被誉为多维贫困理论的创始者。基于上述认识，如何从多个维度测度贫困成为摆在学者们眼前的现实问题。美国学者布吉尼翁和查克拉瓦蒂（Bourguignon and Chakravarty, 2003）正式最先讨论了多维贫困的测度并且扩展了 FGT 贫困指数测算方法。2007 年，由阿玛蒂亚·森发起成立了致力于研究多维贫困测度的牛津大学贫困与人类发展中心（Oxford Poverty and Human Development Initiative, OPHI）。当年，阿尔基尔和佛斯特（Alkire and Foster, 2007）在发表的工作论文《计数和多维贫困测量》中提出了多维贫困指数（MPI）测算中的贫困识别、贫困加总与贫困分解，即测算多维贫困的"AF"方法。这是目前多维贫困测量方法中相对成熟、应用较广的方法之一。2010 年联合国开发计划署在《2010 年人类发展报告》中正式公布了由阿尔基尔和佛斯特团队首次在统一框架下测算的 104 个发展中国家的多维贫困指数（MPI），从此以后，由健康、教育、生活标准三个维度共10 个指标构成的 MPI 正式取代之前一直沿用的人类贫困指数（HPI），并被纳入到联合国开发计划署每年发布的《人类发展报告》。相比较于以宏观统计数据为基础进行贫困测度的 HPI，MPI 能够从个人或家庭方面的微观层面来测度贫困并进行分解，如分析贫困剥夺的发生率与深度、统计多维度贫困的相对构成。因此，MPI 是在传统的以收入为评判标准所进行的贫困测量上所取得的一个突破性进展。

在国内，部分学者基于上述多维贫困理论，并结合中国特定的背景来定义和研究贫困。如唐均（2003）针对中国城市贫困现状，指出贫困是指生活状况的"落后"或"困难"且低于普遍公认的"最低"或"最起码"的生活水准，同时也表现为"手段"、"能力"与"机会"的缺乏。胡鞍钢（2008）指出，贫困的核心概念是能力、权利和福利的被剥夺，根据各自不同的内涵，可以从收入、人类、知识、生态四个维度来定义贫困。随着贫困概念的发展和对贫困认识的深入，基于广义福利剥夺论的现代贫困概念将福利与贫困联系在一起，认为贫困实际上反映的是一种福利被剥夺的状况，既包括物质福利（如收入、消费品、公共物品等）的被剥夺，也包括社会福利（如教育、医疗、生活与工作条件、闲暇等）和政治福利（如组织参与、政治权利等）的被剥夺。在此基础上，部分学者也于最近几年开始了针对多维贫困的测算与研究。如陈立忠（2009）从收入、知识和健康三个维度对中国 1990～2003 年的多维度贫困程度进行了测算。高艳云（2009）从多维视角分析了中国近 10 年城乡家庭贫困的变化情况及其影响因素。王素霞和王小林（2013）利用《中国营养和健康调查》2009 年的调查数据，采用 AF 贫困测算方法从 4 个维度测算了中国的多维贫困。王艳慧等（2013）在系统设计多维贫困识别指标体系及多维贫困测算算法流程的基础上，就河南省南阳市连片特困区扶贫重点县的多维贫困及其空间分布格局进行了测算和分析。

基于贫困外延与内涵以及贫困研究的历史演进过程，结合中国实际，本书将贫困定义为：贫困是社会部分人的一种生存状态，在这种状态下，人们不仅因经济或收入的匮乏而难以维持其基本生活支出需要，而且也因社会权利的缺失而致使其无法享有法律和社会公认的最基本数量和质量的住房、医疗、受教育、晋升、被赡养等机会或权利。贫困是一个多维度的、动态的、相对的综合性概念。根据贫困程度的不同可分为相对贫困与绝对贫困；根据贫困客体的不同既可分为经济贫困、社会贫困、生态贫困；也可分为资源约束型贫困、能力约束型贫困和参与权利约束型贫困，等等。

1.3 相关研究述评

1.3.1 国外研究述评

国外学者针对农村金融发展与贫困缓减关系的研究大部分被包含在一个国家整体金融发展与贫困缓减关系的研究中，现有相关研究大致分为三类：

第一类是金融发展的增长效应与贫困缓减的关系。此类研究在理论与实证上都得到了较为一致的结论，即学者们普遍认为经济增长是金融发展促进贫困缓减的重要途径。多拉尔和克拉伊（Dollar and Kraay，2001）的研究发现金融发展对贫困缓减作用的发挥主要得益于经济增长方式，而无论经济增长是处于负增长时期还是正增长时期，经济增长对贫困缓减都是有利的。加利宁和柯克帕特里克（Jalilian and Kirkpatrick，2005）采用 42 个不发达国家的跨国面板数据，验证了金融发展、经济增长与贫困缓减三者之间的关系。研究发现一方面金融发展对以 GNP 表示的经济增长表现出显著的促进作用，另一方面经济增长率与贫困人口收入的增长率也表现为显著的正比例关系。霍诺翰（Honohan，2004）同样采用跨国数据，以私人贷款/GDP 作为金融发展指标研究了金融发展、经济增长与绝对贫困之间的关系。研究表明，金融发展不仅对以人均 GDP 表示的经济增长具有积极的促进作用，而且可以显著地降低收入在 1 美元/天以下的绝对贫困人口比重，金融发展水平每提高 10%，绝对贫困将下降 2.5% ~ 3%，且在以经济增长（人均 GDP）作为外生变量时，这一关系仍然显著存在。塞利姆和凯文（Selim and Kevin，2009）采用固定效应矢量分解（FEVD）面板数据模型，采用储蓄率、M3/GDP、流动资产对 GDP 的比例以及发放给私人部门的信贷总额与 GDP 的比例等金融发展指标研究了 54 个发展中国家 1993 ~ 2004 年金融发展对贫困缓减的影响。研究发现，金融发展能有效促进贫困人口规模的下降，并且稳定的金融体系更加有利于穷人。珍妮恩和科波达尔（Jeannene and Kpodar，2011）在控制其他影响因素的基础上利用储蓄—存款比例、M3/GDP 以及信贷/GDP 三个金融发展指标，采用广义矩估计（GMM）模型分析了金融发展、收入增长和贫困缓减的关系。研究发现，金融发展水平的提高同时促进了国民收入增长和收入分配差距下降，从而有利于贫困缓减。尼古拉斯（Nicholas，2010）采用一个协整和误差修正的三元因果关系模型研究了肯尼亚金融发展与贫困缓减的关系。研究发现，经济增长是该国金融发展促进贫困减少的主要因素。今井等（Imai et al，2010）采用99个发展中国家的跨国面板数据研究了信贷规模与FGT贫困指数的关系。研究发现，信贷总量与FGT贫困指数显著负相关，即信贷机构发展不仅能显著降低贫困广度，也能显著降低贫困深度和贫困强度。但是，也有学者研究发现，金融发展通过促进经济增长进而促进贫困缓减的效应也不是绝对的，还应受金融市场环境等其他条件的制约。如珍妮恩和科波达尔（Jeannene and Kpodar，2005）通过建立金融发展和金融波动的贫困决定模型研究金融发展、经济增长、金融波动与贫困减缓之间的关系，发现金融发展能够促进经济增长，经济增长将通过"涓滴效应"惠及贫困群体，有利于减缓贫困，但是经济、金融波动对贫困群体的打击更为显著并且可能抵消金融发展所带来的好处。

第二类是金融发展的分配效应与贫困缓减的关系。此类研究在理论与实证研究上均存在分歧：以加勒和泽拉（Galor and Zeira，1993）为代表的学者研究认为，金融发展由于放松了信贷约束，增加了穷人进入金融市场与获取金融服务的机会，将有利于降低收入不平等程度，因此，金融发展是惠及穷人的，有利于贫困缓减。班纳杰和纽曼（Banerjee and Newman，1993），克拉克、许和周（Clark，Xu and Zou，2003）的实证研究有效地支持了这一结论。而以格雷戈里奥和基姆（Gregorio and Kim，2000）为代表的学者分析认为金融发展虽可催生储蓄和资本形成，但是由于金融服务的获取是存在门槛的，在金融约束的情况下金融发展意味着为富人提供更为周全的服务，资金和利润主要流向富人，这势必将导致更大的贫富悬殊，从而无益于贫困缓减。格雷戈里奥和纳迪（Gagetti and Nardi，2006）、莫勒和哈伯（Maurer and Haber，2007）的实证研究支持了这一结论。以格林伍德和约万诺维奇（Greenwood and Jovanovic，1990）为代表的学者研究认为金融发展与收入分配之间遵循库兹涅茨"倒U型"关系。即在金融发展初期，金融发展更多地服务于富人，收入分配不平等状况会加剧，但是随着金融中介的进一步发展，穷人也将逐步享受到金融发展带来的好处，收入差距将逐渐缩小，贫困也因此得到缓减。汤森德和上田（Townsend and Ueda，2006）针对泰国的实证研究验证了金融发展与收入分配之间存在着"倒 U 型"关系。尽管如此，戴莫古克·康特和利文（Demirguc Kunt and Levine，2009）等学者进一步研究认为，金融发展的分配效应也受金融市场发展程度和初始分配水平的制约，完善的金融市场和相对公平的社会分配制度，是收入差距缩小与贫困缓减的重要条件。

　　第三类是直接金融服务对贫困缓减的影响机制与影响效应。金融服务对贫困缓减的直接影响主要由穷人对金融产品和金融服务的参与与可及性所决定，这方面的研究大部分围绕微型金融展开。格利（Gulli，1998）研究了微型金融促进贫困缓减的机制。研究认为微型金融主要通过促进投资、改善生存条件、避免收入波动、构建社会资本和提高生活质量四种途径促进贫困缓减。米迦勒和巴尔（Michael and Barr，2005）分析了金融服务缓减贫困的直接作用途径，认为金融服务能够直接增加穷人持续获得资金的机会和途径；同时，穷人依托金融中介将储蓄转化为投资，也带来了显著的减贫效果，这间接增加和改善了穷人获得其他财富的机会和能力，从而有利于贫困缓减。巴赫蒂亚里（Bakhtiari，2006）结合孟加拉国的格莱明银行、泰国的 BAAC 以及印度的 SHARE 等微型金融机构的反贫困实践，研究认为小额信贷等微型金融机构一方面通过平滑穷人的消费、提高穷人规避风险的能力、帮助穷人构筑资产和发展微型企业等直接途径提高穷人的创收能力，并改善他们的生活质量；另一方面通过改善资源配置效率、培育市场环境以及加速新技术的使用等方式促进经济增长进而间接促进贫困减少。加扎拉等（Ghazala et al，2007）研究了微型金融促进贫困缓减的微观机制，他们认为：①微型金融通过提高参与者的自信心，强化他们作为自我雇佣个体的特性，使其有信心、有资本投资于规模更大和获利更多的项目，进而依靠自身的力量获取更多的收益；②通过提高妇女对小额贷款项目的参与程度，帮助她们积累社会资本，从而有利于社会整体贫困的缓解；③促使微型金融项目参与者之间相互合作与交流，有助于他们最有效地使用贷款并获得最大收益。其政策含义是，在中低收入国家，决策者可以设计具体的微型金融机构和项目作为缓减贫困的工具。贾宾（Mahjabeen，2008）研究认为微型金融实际上是通过鼓励和培养非正规部门的发展、提升所服务家庭成员的自尊心、社会地位和增加自我激励来缓减贫困。马尔多纳多和冈萨雷斯（Maladonado and Gonzalez，2008）、古铁雷斯等（Gutierrez et al，2009）、罗彦（Rooyen，2012）等学者从社会角度研究了微型金融服务对农村地区教育贫困的影响，研究认为微型金融主要通过收入效应（微型金融服务带来的家庭收入的增长将会刺激积极教育需求）、风险管理效应（微型金融可以改善家庭通过减少储蓄、变卖财产、让小孩辍学等方式来平滑消费等危机处理能力，势必将对教育需求产生正面影响）、性别效应（女性对孩子的教育有更强的偏好）、信息效应（微型贷款的获取将会改变人们对机会的理解和对收益的认知，继而影响到他们的教育决策）和儿童劳动力的需求效应（信贷约束和经济不稳定会迫使家庭牺牲子女的受教育机会来弥补当前极低的现金流）六大途径对教育贫困产生影响。

　　理论研究充分肯定了微型金融服务在人类反贫困斗争中的积极作用，部分学者也从经验研究的角度进行了验证。雷孟伊和奎诺恩斯（Remenyi and Quinones，2000）对亚太地区一些国家的案例分析表明，直接获得小额信贷服务的群体，其收入增长速度要明显快于不能直接获得信贷服务的群体。伯吉斯和潘德（Burgess and Pande，2004）运用印度1977～1990年农村基层农业信贷协会的数据，检验了穷人直接参与金融活动对农村贫困的影响。结果显示，农村基层银行机构数量每增加1%，农村贫困发生率将降低0.34%，农村银行业的变革和发展显著带来了产出的增加和贫困的降低。科普斯泰克等（Copestake et al，2005）分析了秘鲁乡村银行发展对贫困减少的影响，研究发现微型金融对贫困家庭收入的影响是正向显著的。哥达（Geda et al，2006）使用城市和农村富裕家庭面板数据作为研究样本，用一个单一的贫困决定模型研究了埃塞俄比亚金融发展对降低贫困的影响。研究发现，样本中相对贫困家庭对信贷服务和其他金融产品的获取能使自身的贫困状况得到显著地缓解，并且信贷获取还对其家庭的永久性消费具有显著的正向影响。利物浦和温特（Liverpool and Winter，2010）研究了埃塞俄比亚农村地区小额信贷对农户消费的影响效应，研究发现参与小额信贷项目的农户其消费和资产会随之增长，同时小额信贷发展也能促进其他农户家庭消费的增长，不过在数量上存在差异。今井（Imai，2010）考察了印度微型金融与居民家庭贫困缓减之间的关系，研究发现微型金融机构提供的生产性贷款基于收入等多维指标均表现为显著的正向效应，且这种正向效应在农村要明显大于城市。此外，马丁和陈少华（Martin and Chen，2007）、贝克等（Beck et al，2005）、帕布罗（Pablo，2012）的经验研究都表明，金融发展的直接减贫效应是显著的。

尽管如此，仍有学者提出，金融服务减缓贫困的效应也不是绝对的，穷人从金融发展中得到的好处一定程度上还要受到金融市场条件的制约，尤其是在发展中国家的农村地区。金融市场的不完善会阻止穷人顺利获得借贷，进而阻碍了投资所带来的未来收入，加上信息不对称和高昂的交易成本，使得政府主导的惠农贷款往往被乡村精英获得（Jia et al，2010），而一些贫困农户即使拥有能盈利的投资机会也难以从正规金融机构筹集到资金，农村信贷配给不足的刚性约束已司空见惯（Ghosh et al，2001）。如果金融服务仅仅针对富人而限制穷人，那么金融服务对贫困缓减就几乎没有实质性作用（Ranjan and Zingales，2003）。

综合上述国外研究文献可以发现：从研究结论来看，大部分研究不论是在理论上还是实证上都很好地支持了金融发展有利于贫困减缓的观点，即使部分实证研究认为两者的关系是非线性的，抑或出现了负相关或难以确定的结论，这些无疑与方法选定、模型构建、指标选取、数据来源以及变量遗漏等有关。从考察视角看，已有研究多基于跨国数据或国别个案整体层面，这可能在一定程度上忽略了不同国家之间以及同一国家里不同地区之间因各种因素导致的金融发展减贫效应的差异。从研究内容来看，已有研究集中于探讨金融发展与贫困缓减的因果关系，至于金融减贫具有什么样的特征以及具体如何实现等方面的探讨很少涉及。从研究方法上看，现有的实证研究主要采用时序模型、横截面模型和普通面板模型进行研究。然而，这些方法都存在一定的局限性：时序数据往往忽视了变量的内生性；跨国面板数据自身暗含"同质性"假设，忽视了不同国家所存在的异质性；而横截面数据不能很好地反映特定国家金融发展与贫困减缓之间的关系（Odhiambo，2009，2010）。同时，现有实证研究的检验方法主要采用恩格尔和格兰杰（Engle and Granger，1987）提出的协整检验以及约翰森和朱瑟柳斯（Johansen and Juselius，1990）提出的极大似然检验等传统方法，而无论协整检验还是极大似然检验都受制于样本量过小的限制（Narayan and Smyth，2005；Odhiambo，

2009)。值得提出的是，近年来，采用面板平滑转换模型（PSTR）等新方法用于检验金融发展与贫困缓减之间有可能存在的非线性结构关系及其特征，极大地提高了估计的准确性与科学性（Gonázlez et al，2005；Fouquau et al，2008）。尽管目前国外的研究还存在一些不足，但金融发展缓减贫困的正向作用仍被广泛接受。

1.3.2 国内研究述评

近年来，随着对金融发展作用的认识的深入，农村金融发展和贫困缓减的关系逐渐成为中国学术界和政策层关注的焦点。现有相关研究分别基于农村正规金融视角和农村非正规金融视角展开。

第一，基于正规金融视角的农村金融发展与贫困缓减关系研究。涉及中国农村正规金融发展与贫困缓减关系的研究成果主要集中在实证研究上，且大部分只能通过金融发展与收入增长、经济增长或收入分配的关系间接得到。并且现有研究还没有形成共识性结论。就农村正规金融发展与农民收入增长关系的研究来看，大部分学者研究认为，中国农村正规金融发展在促进农民收入增长上没有发挥应有的效应。许崇正和高希武（2005）分析了农村正规金融发展对农民收入增长的支持状况，研究认为农村正规信贷投资的很大一部分流向了非农业生产农户，20世纪90年代以来农村金融在促进农民增收中处于一种极其低效的状态。温涛等（2005）的研究认为中国金融发展对农民收入增长具有显著的负效应。刘旦（2007）研究认为中国农村金融效率对农民收入增长具有显著的负向效应。周一鹿、冉光和和钱太一（2010）研究了经济转型期农村金融资源开发对农民收入影响的效应，研究发现农村金融资源开发在短期内没能促进农民收入增长，而在长期内具有显著的负面效应。余新平、熊晶白和熊德平（2010）实证分析了1978～2008年中国农村金融发展与农民收入增长之间的关系。研究发现：农村存款、农业保险赔付与农民收入增长呈正向关系，而农村贷款、农业保险收入与农民收入增长呈负向关系；农业贷款在促进农民增收上存在着一定的滞后期，乡镇企业贷款不仅没有成为农民增收的重要途径，相反却在一定程度上抑制了农民收入的增长。钱水土和许嘉扬（2011）利用中国23个省份1988～2008年的面板数据，对中国农村金融发展的收入效应进行了比较与分析。研究发现，东、中部地区农村金融发展对农民收入具有显著的正面影响，而西部地区农村金融发展对农民收入具有显著的负面影响；在 1988~1998 年和 1999~2008 年这两个时间段内，东部地区农村金融发展的收入效应进一步增强，而中部和西部地区的收入效应没有显著变化。钱水土和周永涛（2011）分析了农村金融发展不能促进农民收入增长的原因，研究认为由于种种原因导致的农村金融资源配置的低效率是阻碍农民收入增长的主要因素。就农村金融发展与经济增长关系的研究来看，姚耀军（2004）、王丹和张懿（2005）、冉光和和张金鑫（2008）、曹协和（2008）、许月丽和张忠根（2013）、许丹丹（2013）等大部分学者研究认为农村金融发展有效促进了农村经济增长，但温涛和王煜宇（2005）、谢琼等（2009）的研究发现，农村金融的发展和农业信贷的增加并没有成为促进中国农村经济增长的重要资源要素。就农村金融发展与收入分配关系的研究来看，尽管关于农村正规金融发展与城乡收入差距关系的研究成果颇为丰硕，但涉及农村正规金融发展与农村内部收入分配的研究还不多见。刘纯彬和桑铁柱（2010）通过一个理论模型分析了农村正规金融市场的不完善导致农村收入分配差距扩大的途径与机理，并利用中国 1978~2008 年的时间序列数据实证检验了农村金融深化与农村收入分配的关系。研究发现，农村正规金融规模扩大在长期中将降低农村收入分配差距，而农村金融中介效率的提升将扩大农村收入分配差距。张敬石和郭沛（2010）采用 VAR 模型和中国 2000~2008 年的分省面板数据对中国农村正规金融发展与农村内部收入差距的关系进行了验证。分析表明，农村金融规模扩大会加剧农村内部收入差距，而农村金融效率提高能够缓解农村内部收入不平等程度。

直接涉及农村正规金融发展与贫困缓减关系的研究还仅仅开始于最近几年。杨丽萍（2005）从农村金融贫困理论角度研究认为极度匮乏并始终处于被剥夺状态的农村正规金融资源，无益于农村市场经济体制变革、发展和产业结构调整，因而无益于农村贫困缓减。张立军和湛泳（2006）分别采用时间序列数据和截面数据，对小额信贷与贫困缓减的关系进行了实证分析，研究表明小额信贷将促进农民家庭经营收入增加，因而具有显著的降低贫困效果。彭建刚和李关政（2006）研究认为，优化农村金融结构，大力发展地方中小金融机构，将有利于中国城乡二元经济结构的转变，进而有利于促进农民收入水平提高和贫困缓减。杨俊、王燕和张宗益（2008）采用1980～2005年的时间序列数据检验了农村正规金融发展与贫困减缓的协整关系。研究发现，农村正规金融发展在短期内有利于农村贫困减缓，但效果不明显；而从长期来看，农村正规金融发展将对农村贫困缓减产生抑制作用。因此，整体上农村正规金融发展没有成为促进农村贫困缓减的重要因素。米运生（2009）研究了金融自由化对农村相对贫困的影响机制，认为金融自由化通过经济增长、金融服务、金融发展和金融危机4条途径对农村贫困产生影响，但是在转轨过程中，国有银行从农村地区大规模收缩经营网店的做法显著减少了农民金融机会和金融服务的可获得性，使得农民分享经济增长和金融发展正外部性的难度提高，进而导致农民相对贫困程度增加。陈银娥和师文明（2010）构建了金融发展对贫困缓减影响机制的计量模型，利用中国1980～2005年的时序数据分析了农村正规金融、非正规金融和金融波动对农村贫困缓减的影响。研究表明：农村正规金融发展有利于农村贫困缓减，但是影响程度很小，并对农村绝对贫困的影响远远大于对农村相对贫困的影响；而非正规金融发展对农村贫困缓减没有明显的促进作用；此外，金融波动不利于农村贫困缓减。陈银娥和师文明（2011）基于社会资本视角，分析了中国微型金融发展对贫困农民收入的影响。研究发现，微型金融服务虽然能够直接提高贫困农民的收入水平，但效果并不明显。而微型金融通过社会资本这一间接途径对贫困农民的收入产生了显著的促进作用。丁志国、谭伶俐和赵晶（2011）采用中国2000～2008年的省级面板数据检验了农村金融发展对农民贫困缓减的作用。研究认为农村金融发展促进了本地区经济发展，为农民提供了更多就业机会，增加了农民的工资性收入，并且经济发展带来的税收增加也保证了转移支付和涉农补贴的增加，并表现出了"先富带动后富"的涓滴效应，这些都间接有效地促进了农村地区的贫困缓减。而农村金融发展通过向贫困农民直接提供金融服务进而促进农村贫困缓减的作用却十分有限。

第二，基于非正规金融视角的农村金融发展与贫困缓减关系研究。一般认为，农村非正规金融的存在与发展表明农村地区已构建的正规金融体系无法满足现实与潜在的金融需求。非正规金融在中国农村是一种普遍存在的金融现象，但农村非正规金融在贫困缓减过程中的作用长期以来被理论界与决策层所忽视。现有关于农村非正规金融发展与贫困缓减关系的研究主要分为三类：

16

第一类是农村非正规金融发展功能与绩效的理论探讨。姚耀军和陈德付（2005）从农村非正规金融兴起的逻辑起点分析了农村非正规金融的效率，认为农村非正规金融是具有效率的，它的兴起是一种底层改革。农村非正规金融机构在向小规模农户和农村中小企业提供服务上具有比较优势，特别是其与农村中小企业建立起的关系型借贷对农村中小企业发展具有非常重要的意义。高艳（2007）从经济效应和制度效应两个方面分析了中国农村非正规金融的绩效。分析认为中国农村非正规金融的存在不仅有利于资本形成，减少资金缺口，降低信贷配给比率，提高资金使用效率，而且在既定约束条件下提高了各参与者的福利，有助于增进人们的选择自由和经济福利，具有效率增进性质。从促进农民增收的效率上来看，非正规金融要明显高于正规金融。黄建新（2008）分析了非正规金融之于农村反贫困的作用机制与制度安排，认为一方面农村非正规金融的存在和发展缓解了农村中小企业融资需求，促进了中小企业的发展，而中小企业的快速发展将在促进农村剩余劳动力转移的同时促进农村经济的发展，前者将直接增加贫困人群的就业机会并帮助他们获得收入，后者也将通过经济增长的"滴流效应"使穷人获益。李茜和谷洪波（2010）研究了中国农村非正规金融的绩效，分析认为非正规金融在中国农村具有效率适应性，与农村正规金融机构相比，具有营运成本低、手续简捷、担保灵活等比较优势和制度绩效。赵晓菊、刘莉亚和柳永明（2011）从理论上分析了农户、正规金融机构和非正规金融机构三个主体的决策行为和期望收益。认为在正规金融部门与非正规金融部门共存且实现合作的市场中，农户的融资需求将得到有效满足，农户的期望收益将达到最大化。罗党论、黄有松和聂超颖（2011）研究认为非正规金融对解决中小企业融资起了很大作用，其运行于农村乡土社会、以亲缘和地缘为基础的人际信任机制的互助融资模式形式，是一种非常有效率的融资。车丽华和陈晓红（2012）从非正规金融的直接效应和规制介入对于非正规金融的间接效应两个层面出发，分析了非正规金融规制外在效应。研究认为非正规渠道资金提供者对资金需求主体融资具有直接的正面作用，同时，政府规制对于资金提供者向资金需求主体融资的转化具有显著的促进作用。邵传林（2012）认为由于农村信贷约束，农户参与正规金融市场的程度很低，尤其是贫困农户的参与度更低。出于成本收益的算计，越贫困的农户越偏好农村非正规金融市场，因而非正规金融对于农村贫困农户来说是不可或缺的。

第二类是农村非正规金融发展效应的实证分析。江曙霞和严玉华（2006）研究认为农村民间信用内生于农村经济的发展需要，是农村经济主体的主要融资渠道，能显著促进农村经济增长和农村贫困缓解。姚耀军（2009）研究认为中国非正规金融发展的区域差异对经济增长的区域差异具有显著的解释力，且正规金融与非正规金融均具有显著的经济增长效应。刘海波和张丽丽（2009）构建面板数据模型分析了农村非正规金融发展对农民收入的影响。研究发现，农村非正规金融对农民收入的正向影响在统计上是非常显著的，并且这种正向影响在各地区存在显著差异。楼裕胜（2009）采用1978～2007年浙江省统计数据，采用时间序列模型，比较分析了浙江省农村正规金融、非正规金融与农村经济增长之间的相互影响关系。研究发现，浙江省农村正规金融、非正规金融与农村经济增长之间均存在长期均衡关系，但农村正规金融对经济增长有阻碍作用，而非正规金融支持农村经济效果显著。唐德祥、邓成超和梁刚（2010）考察了农村正规和非正规金融支持对中国农村区域经济发展的作用。结果显示，正规金融支持对东、中部地区的农村经济增长作用缺乏效率，而对西部地区富有效率；东部、中部和西部地区的非正规金融支持对农村经济增长均具有显著的促进作用。杜金向和董乃全（2013）基于农村固定观察点1986～2009年的微观面板数据实证研究了农村正规金融、非正规金融与农户收入增长效应的地区差异。研究发现，农户从非正规金融渠道获取的借贷对农户收入增长的影响，中部地区为正效应，而东部和西部地区均为负效应。其原因一方面是民间借贷以小额为主，期限短，另一方面是民间借贷更多地用于非生产用途，而这些均不会给农户带来直接的经济收入。胡宗义、唐李伟（2012）分别构建收入增长模型和收入分配模型研究了农村非正规金融发展的规模、效率对农村内部收入差异的影响，研究发现，农村非正规金融规模的扩大和效率的提高有利于促进农民收入增长，但不能有效缓解农村内部收入分配不平等程度。

第三类是农村小额信贷对农村贫困的影响机制与影响效应。作为中国农村非正规金融的重要组成部分——小额信贷[①]，是一种新型金融扶贫模式和

---

① 以农村扶贫为中心的小额信贷活动，一直没有纳入中国人民银行的监管，部分为准正规金融，部分为非正规金融，部分则为正规金融机构的一项创新型金融工具。

资源配置方式，近年来受到了前所未有的关注和重视。孙若梅（2006）认为小额信贷主要通过如下途径减缓贫困：①在出现不利冲击期间帮助贫困家庭保持消费稳定；②为微小企业创办或扩大提供资金，帮助贫困家庭实现收入来源多样化；③一定程度上化解了妇女贷款难的问题；④帮助贫困家庭积累各种实物资产和生产性资产。张立军和湛泳（2006）研究了农村小额信贷作用于农村贫困缓减的机制，认为小额信贷主要通过产业反锁定、技术反锁定和结构反锁定三条途径克服农民增产不增收的窘境，从而促进农村贫困缓减。程恩江和刘西川（2010）研究认为与其他金融机构相比，小额信贷机构更接近借款人的社会网络，并在甄别、监督客户以及实施合约的过程中更能发挥这种优势。因此，小额信贷将服务对象从富裕农户扩展到比较富裕的农户甚至贫困农户，有效缓解了中低收入农户所面临的正规信贷配给特别是数量配给和交易成本配给问题，对贫困缓减产生了积极效应。李明和徐志刚（2011）分析了小额信贷扶贫项目的治理结构和机制、扶贫机制与运营模式以及发展困境，认为小额信贷扶贫项目为解决农村资本和金融的短缺作出了积极贡献。朱乾宇（2011）分析了小额信贷扶贫担保与信息机制创新，认为小额信贷多层次的担保体系及多样化的担保方式在一定程度上化解了贫困农户贷款难的问题；小额信贷机构建立的低成本在一定程度上解决了农村金融覆盖面窄小的问题，同时，担保与信用建设的有效融合防范和降低了小额信贷机构的贷款风险。近年来，部分学者从实证角度研究了小额信贷的减贫效应。孙若梅（2008）采用微观调查数据研究了小额信贷对农户收入的影响，研究发现小额贷款主要通过非农经营投入来增加农户收入，且重复连续贷款比一次性贷款作用效果好。谭民俊和李娟（2011）在分析中国农村小额信贷盈利效率和市场效率现状与农民收入增长关系的基础上，通过实证分析发现小额信贷对增加农民家庭收入有显著正效应，其途径主要是通过增加对家庭经营性投入来实现，且增加贷款次数将强化这种正向效应，同时小额信贷对家庭收入的影响与收入来源以及其他决定收入的要素相互依赖。李作稳等（2012）分析了小额信贷对贫困地区农户畜禽养殖业的影响，研究发现小额信贷促进了农户参与猪牛羊等家禽的养殖，其中对于生猪养殖的促进作用尤其明显；同时，小额信贷对于扩大猪和羊的养殖规模也有显著的正向影响；正规金融机构和民间借贷对农户养殖业的影响远低于小额信贷。伍艳

（2013）运用 Likert 五级量表以及层次分析法，对南充、广元贫困县 26 个乡镇的调研数据进行了实证分析。研究发现，小额信贷对贫困地区农户收入以及农户受教育程度的改善具有较强的支持力度，80% 的农户认为小额信贷能提高收入水平以及教育程度；同时，小额信贷对农户民生脆弱性具有明显的改善效应，当农户再次面临资金困境时，小额信贷往往是作为首选的筹资手段。胡宗义、李佶蔓和唐李伟（2014）研究认为农村小额信贷对农村居民收入具有促进作用，但是只有当小额信贷增长率跨越相应的门槛水平时，其对农村居民收入的正向作用才能有效显现。

尽管如此，也有学者指出，小额信贷只有在与更多的途径相结合并瞄准贫困群体有效运行时，才能成为反贫困的有力工具（杜晓山等，2011；何剑伟，2012）。如在部分地区，小额信贷机构自身所产生的社会排斥使得极端贫困者很难真正参与进来（王晓颖，2008），加之在贷款数量、还款期限上的限制以及扶贫目标偏移和财务不可持续问题（刘西川、黄祖辉和程恩江，2007；周孟亮和李明贤，2009、2010），决定了参与者获得的回报是有限的，因而对降低贫困的作用也是有限的。

国内外学者的研究为本书提供了翔实的参考与借鉴，但是关于农村金融发展与贫困缓减问题的研究还有进一步深入的空间。第一，考察视角多基于全国整体层面或省份个案，忽略了不同地区之间因各种因素导致的农村金融发展水平和贫困水平之间的差异。第二，研究内容集中于实证检验农村正规金融发展与收入增长、经济增长的因果关系，而针对农村金融缓减农村贫困的作用机理、作用特征与作用途径的研究并不多见；并且来自中国农村非正规金融发展与贫困减缓关系及其特征的经验研究还相当缺乏；实证研究中，关于农村正规金融、非正规金融发展减贫效应的对比研究还基本处于空白状态。第三，研究方法上，既有文献大多基于线性模型框架展开，忽略了金融发展与贫困缓解之间可能存在的非线性结构关系。第四，贫困测度上，现有研究大多采用农民收入、GDP 增长等指标来测度贫困，事实上，贫困不仅仅是指收入的缺乏，还应该表现为教育、健康、生态等多个维度可行能力的被剥夺。就中国农村目前现实而言，相对贫困和社会排斥已经取代绝对贫困成为贫困的主要方面，收入之外其他维度的贫困表现更为突出。因此，有必要在一个统一框架下全面分析农村正规金融、非正规金融对农村多维贫困的影响机理、影响效应及其特征，以便为深入认识中国农村金融发展与贫困缓减问题提供可靠的理论参考依据和现实解释。

1.4 研究内容

本书共分为九章，各章内容如下：

第 1 章，绪论。介绍本书的选题背景和意义，界定本研究涉及的相关核心概念，就国内外学者对农村正规金融、非正规金融与农村贫困缓减的关系、农村金融缓减农村贫困的机理及其效应等相关研究成果进行梳理与简要评述，并简述本书的研究内容、思路、方法与创新点。

第 2 章，农村金融发展与贫困缓减的相关理论。本章对发展中国家的金融发展理论、农村金融发展理论以及贫困与贫困缓减的相关理论进行了回顾与梳理，并阐述了相关理论在中国的实践情况。

第 3 章，农村金融作用于农村贫困缓减的机制分析。本章构建了农村金融发展作用于农村贫困缓减的理论分析框架，就农村金融通过经济增长、收入分配作用于农村贫困缓减的间接机制以及通过金融服务作用于农村贫困缓减的直接机制进行了系统研究，并对各机制作用于贫困减缓的传导路径进行了探讨。

第 4 章，中国农村金融发展现状分析。本章分析了农村金融体系的形成与发展逻辑，从供需视角分析了农村金融发展的现状，剖析了农村金融发展存在的问题，并利用计量模型就农村金融发展的收敛性进行了实证分析。

第 5 章，中国农村贫困测度与评价。本章对农村多维贫困的现状及其成因进行分析，并利用 FGT 贫困指数数测算了农村贫困广度、贫困深度与贫困强度。在此基础上，从经济、社会、环境与生态维度构建了农村多维贫困程度的评价指标体系，并采用综合指数分析方法就中国 2001～2011 年农村多维贫困程度进行了分析与评价。

第 6 章，中国农村金融减贫效应分析。本章基于不同视角分析农村正规金融、非正规金融发展的减贫效用。采用状态空间模型与中介效应检验工具实证检验了农村正规金融、非正规金融发展对农村贫困影响的直接效应与中介效应；采用 PSTR 模型就农村非正规金融、正规金融缓减农村贫困的非线性结构特征进行了识别，并进一步构建实证模型分析了农村正规金融、非正规金融发展对农村贫困广度、贫困深度与贫困强度的非线性影响效应；以及对农村经济贫困与社会贫困的非线性影响效应。

第 7 章，农村金融减贫的国际比较与经验借鉴。本章对美国、日本、孟加拉国、印度四国的农村金融减贫模式和减贫实践进行了回顾与梳理，在此基础上就上述国家农村正规金融、非正规金融减贫的经验及其启示进行了系统归纳与综合。

第 8 章，提升中国农村金融减贫效应的政策研究。本章结合农村金融发展作用于农村贫困缓减的机制以及实证研究结论，借鉴国内外农村金融减贫的先进经验，进一步就中国农村金融改革设计和农村金融减贫政策优化提出了相关建议。

第 9 章，结论。本章对本书的重要研究结论进行了总结。

1.5　研究思路与研究方法

1.5.1　研究思路

本书围绕研究主体，首先结合农村金融发展相关理论、贫困与贫困缓减相关理论，从理论上系统研究了农村金融作用于农村贫困缓减的机制；然后深入剖析了中国农村金融发展与农村多维贫困的现状及其存在的问题，并采用 β 收敛模型实证分析了农村金融发展的收敛性，采用 FGT 贫困指数测算了农村贫困广度、深度与强度，采用新构建的中国农村贫困程度评价指标体系测度了中国农村多维贫困程度。在此基础上，在比较分析框架下借助空间状态模型与中介效应检验方法实证分析了中国农村正规金融、非正规金融对农村贫困影响的直接效应与中介效应；借助 PSTR 模型实证分析了中国农村金融发展对农村贫困广度、深度、强度影响的非线性效应，以及对农村经济贫困与社会贫困影响的非线性效应。最后，结合国外典型国家农村金融发展与农村金融减贫的实践与经验，就中国农村金融减贫政策优化及其实现路径提出了相关建议。本书的基本思路遵循了理论—实践—实证—对策的应用经济学研究路线，本研究的技术路线如图 1.1 所示。

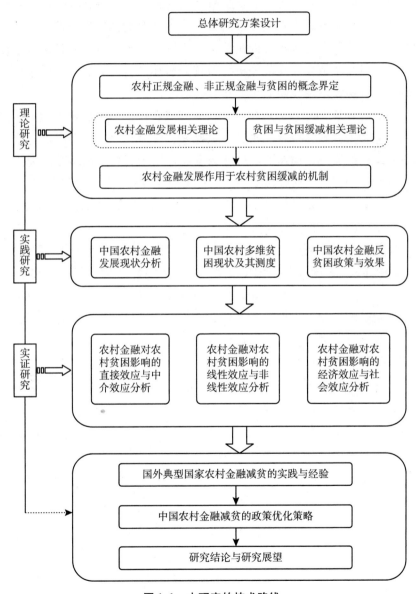

图 1.1　本研究的技术路线

1.5.2 研究方法

农村金融的减贫效应有一般金融减贫的共性，但也有其特殊性。农村金融缓减农村贫困的机制、效应等都需要结合其特有的性质来分析。因此，本书主要采用理论研究与实践分析相结合、定性分析与定量分析相结合，比较分析与个案研究相结合，规范分析与系统分析相结合的方法。具体来说，采用的研究方法主要体现在如下几个方面：

（1）理论研究与实践分析相结合。本书以农村金融发展相关理论、贫困与贫困缓减相关理论为指导，通过文献检索、资料整理以及中国农村金融发展与贫困缓减的实践，构建了农村金融发展作用于农村贫困缓减的理论分析框架，并系统阐释了农村金融作用于农村贫困缓减的机制及其传导路径。

（2）定性分析与定量分析相结合。对中国农村金融发展现状、农村多维贫困现状进行了定性分析，并采用 β 收敛模型分析了中国农村金融发展的收敛性；采用 FGT 贫困指数以及熵权综合指数测算了中国农村多维贫困程度；采用状态空间模型、中介效应监测方法、PSTR 模型实证分析了农村金融发展的减贫效应。

（3）比较分析与个案研究相结合。本研究始终在农村正规金融减贫与非正规金融减贫的比较分析框架下进行。此外，还比较了典型发达国家、发展中国家农村金融减贫的政策、模式与实践情况，为中国农村金融减贫政策与模式创新提供了借鉴与参考。

（4）规范分析与系统分析相结合。本书对农村金融发展与贫困缓减之间关系的相关研究成果进行梳理与归纳；对农村金融发展相关理论、贫困与贫困缓减相关理论进行总结和演绎，构建农村金融发展作用于农村贫困缓减的分析框架，并运用系统分析法对相关结论和国外典型国家农村金融减贫的经验进行总结，提出了提升中国农村金融减贫效应的优化政策。

1.6 研究的创新点

（1）对金融发展理论与贫困理论的改进与拓展。现有金融发展相关理论主要探讨的是金融发展与经济增长的关系，而贫困相关理论主要探讨的是经济发展与贫困缓减的关系。直接涉及金融发展与贫困缓减之间关系的系统研究还相当缺乏。本书从金融发展角度研究贫困缓减问题，将农村金融发展作为农村贫困缓减的影响因素，构建了农村金融发展作用于农村贫困缓减的理论分析框架，系统研究了农村金融发展通过经济增长、收入分配作用于农村贫困缓减的间接机制，以及通过金融服务作用于农村贫困缓减的直接机制，这是本研究对现有金融发展理论和贫困理论的一个改进与拓展。

（2）农村金融发展对农村贫困影响的非线性结构特征识别，以及农村金融对农村多维贫困影响的非线性效应多视角多层次的经验验证。本书将多维贫困理论应用到中国农村金融发展效应的研究当中，从宏观与微观、动态与静态、定性与定量等角度对中国农村金融发展的减贫效应进行了实证研究：采用状态空间模型与中介效应分析方法研究了中国农村正规金融、非正规金融发展对农村贫困影响的直接效应与中介效应，验证了农村金融发展作用于农村贫困缓减的直接机制与间接机制的存在；采用 PSTR 模型有效识别出了中国农村金融展对农村贫困影响的非线性结构关系，并进一步利用 PSTR，基于纵向贫困角度研究了中国农村正规金融、非正规金融对农村贫困广度、贫困深度与贫困强度的非线性影响效应，基于多维贫困角度研究了中国农村正规金融、非正规金融对农村经济贫困与社会贫困的非线性影响效应。验证了农村金融减贫效应在直接机制与间接机制的交互作用下所表现出来的非线性结构特征。这些研究为金融发展减缓贫困的理论研究提供了丰富的经验支持。

（3）农村贫困程度的多维测度。本书基于纵向贫困测度视角，采用 FGT 贫困指数测算了中国农村贫困广度、贫困深度与贫困强度；基于横向多维贫困测度视角，从经济、社会、环境与生态三个维度构建了中国农村多维贫困程度的评价指标体系，并利用熵权综合指数分析方法就中国 2001～2011 年农村多维贫困程度进行了综合测算与评价。突破了已有研究仅仅采用定性分析方法从单一维度进行研究的范畴。目前这方面的研究并不多见。

（4）比较分析框架的建立与运用。不论是农村金融的供需、农村金融减贫的机制与效应，还是农村金融减贫的政策与模式，不论是理论研究还是实证分析，本文始终将农村正规金融、非正规金融置于比较分析框架下进行分析，为正确认识与客观评价农村正规金融、非正规金融的发展及其效应提供了更加科学的依据，弥补了目前该领域针对此类问题进行对比研究的不足。

|第 2 章|
农村金融发展与贫困缓减的相关理论

本章就农村金融发展的相关理论、贫困与贫困缓减的相关理论进行回顾与梳理，以期为下文构建农村金融发展作用于农村贫困缓减的理论分析框架以及实证检验农村金融发展的减贫效应奠定理论基础。

2.1 农村金融发展的相关理论

2.1.1 发展中国家的金融发展理论

20世纪50年代中期以来，鉴于广大发展中国家日趋复杂的国际政治经济环境，以及由于在民主政治、经济制度建设上的滞后而与发达国家在社会意识、历史文化等方面形成的巨大差异，许多经济学家开始关注和思考这些刚刚获得新生和独立的广大发展中国家在经济发展进程中的金融发展问题。归纳起来，以发展中国家或地区为研究对象的金融发展理论大体上经历了"金融深化论""内生金融发展论""金融可持续发展论"三个典型阶段，各理论的逻辑起点和发展理念对广大发展中国家的经济发展实践产生了深远的影响。

1. 金融深化理论

金融深化理论是美国经济学家麦金农和肖在20世纪70年代初期提出来

的。该理论以发展中国家和地区为研究对象,以金融发展对经济发展的作用为核心内容,规范而系统地阐释了诸多经济社会发展落后、甚至一度停滞的国家经济迅猛发展的奥秘——金融发展的推动作用。麦金农和肖指出,金融变量和金融制度是促进还是阻滞经济发展,主要取决于政府政策与制度选择。发展中国家在工业化赶超战略下,普遍存在着错误的政策和制度选择,其对金融活动的过度干预严重破坏了金融市场调节资金供需的能力,导致金融市场失衡与扭曲,违背了干预的初衷。而政府有效的宏观管理下的以利率和汇率为核心的金融自由化,在农村金融中介和农村金融市场的发展和完善过程中,能促进农村金融规模的扩大、结构的优化和效率的提升,即农村金融深化。农村金融深化可以促进金融中介功能的有效发挥,并产生如下四个方面的效应以促进农村经济发展:①实际货币余额的增长将带来农村社会货币化程度的提高,进而影响实际农村居民收入增长,即收入效应。②利率提高带来的货币实际收益率的提高将促进流动性资产的储备增加、金融资产存量占收入的比重以及占有形财富的比重都将得以提升,人们的储蓄倾向得到提高,即储蓄效应。③储蓄效应将引致投资增加和投资效率提高:一方面金融深化促进了资本市场的统一,不仅抑制了地区、行业间投资收益的不平衡,提高了投资的平均收益率,也促进了劳动力、土地、产品等各类市场的统一,进而优化了资源配置;另一方面金融深化在降低实物、金融等资产未来收益的不确定性,使得投资者对短期、长期投资的选择更为理性进而推动边际投入—产出比例提高的同时,也促进了其他不易上市的实物资产的交易和转让,提高了投资效率,即投资效应。④货币实际收益率的提高使得投资者的成本增加,促进投资者用劳动密集型的生产来代替资本密集型的生产,社会总体就业水平得到提高,即就业效应。因此,金融深化论的政策主张是放开金融资产的价格限制,取消政府的利率干预,实行利率自由化,促进利率机制有效地动员和分配储蓄,降低金融机构的市场准入,鼓励金融机构之间相互竞争,此外,政府的金融改革与财政改革、甚至外贸改革要同步,以保持宏观经济稳定。

与金融深化相反的是金融抑制。金融抑制情况下各类金融机构的市场准入、经营与退出甚至机构设置及其资金运营的方式、方向、结构等都被人为严格管控,带来了一系列危害:一方面人们有可能将原本用于储蓄的资金以其他方式持有，导致社会储蓄倾向下降，进而导致信贷资金总量不足；另一方面，人为管制下的利率水平使得贷款利率对投资的辨别作用失效，助长了闲置资金持有者的低效益投资，降低了资本配置效率。同时，大量中小企业特别是私营企业等真正而迫切的资金需求者由于利率管制和信贷配给无法从正规金融渠道获得融资，从而加剧了内源融资的盛行和非正规金融的泛滥。此外，信贷配给使得市场在资源配置中的基础性作用被严重弱化，也给政府管理部门权力寻租创造了条件。这些负效应都直接造成金融发展环境恶化，利率与汇率等资产价格严重扭曲，金融资源配置效率低下，金融市场主体的创造性活动被严重压抑，进而对正常的经济行为与经济发展造成干扰和损害。事实上，发展中国家普遍存在着的金融抑制现象与这些国家强势的政府部门对金融市场所采取的价格性干预和结构性干预不无关联。价格性干预主要表现为对金融市场利率进行管制，甚至人为地压低名义利率来为所在国家的工业化进程与发展服务；结构性干预表现为对金融市场结构的控制，有意识地限制债券、股权等间接金融市场的发展来达到强化银行信贷等直接金融市场的目的。基于这些深刻洞悉，金融深化论者认为，金融市场利率的管制，加上时常存在的不同程度的通货膨胀，发展中国家金融市场的实际利率常常为负，进而导致居民储蓄率和社会储蓄总量偏低，银行信贷供不应求以及由此催生的信贷配给也就自然产生了。换而言之，因市场利率管制而催生的信贷配给政策，不仅为发展中国家的工业赶超战略提供了资金来源，更为政府干预与控制金融市场运行发挥了不可替代的作用。但是，也恰恰是信贷配给政策，一方面对金融机构高效利用市场化手段配置金融资源造成了直接损害；另一方面政府呵护下的国有企业、部门略显奢侈的融资待遇，也间接压制了非国有企业、部门借助外部融资来推动自身发展进而促进国民经济增长的潜力。有鉴于此，金融深化论者反对金融抑制政策，主张放松金融市场利率管制，实现金融市场的自由化发展，倡导各发展中国家大力推行以金融自由化为核心的金融深化政策，以此推动本国经济增长和经济发展。

金融深化理论对发展中国家金融抑制、金融约束状况进行了深刻剖析，强调取消政府对金融体系的直接干预和人为管制，重视金融体系与金融政策在国家经济发展中的重要作用，切中了发展中国家经济发展动力不足的要害。同时，该理论倡导的解除政府干预、实行利率市场化的政策主张，对发展中国家发展战略制定与经济健康发展具有重要的指导作用。可以说，是从理论上开拓了一条适用于大多数发展中国家的、从金融抑制向金融自由化转变过程中的金融市场化改革之路。金融深化理论无疑是现代金融发展理论的典型代表。但是，麦金农—肖理论及其扩展体系也存在缺陷，该理论忽略了宏观经济稳定是金融深化的必要前提，也过分强调自力更生和市场机制作用，一定程度上忽略了引进外资的重要性以及发展中国家市场机制不健全、有效制度短缺以及结构失衡等客观经济现实。整体上看，该理论指导下的诸多发展中国家的金融市场化改革实践是不成功的。

2. 内生金融发展理论

20 世纪 70~80 年代，拉美诸国以利率市场化改革为核心的金融改革实践的失败引发了学者们对金融深化理论及其政策主张的深刻反思。在这场历史性的反思中，学者们认识到金融改革实践的失败与麦金农—肖理论体系过于苛刻的假设条件、相对激进的政策主张有着必然的因果关联。为此，部分学者尝试引入如非对称信息、不确定性、外部性和不完全竞争市场等分析工具使其在模型构建和理论创新中的假设条件更为接近客观现实。其中，特别值得提出的是 20 世纪 80 年代兴起的将内生增长理论融入金融发展模型的探索与实践。这种尝试基于金融发展与经济增长有着必然关联的共识，试图解释金融机构和金融市场的形成是经济发展过程中内生性因素推动的必然结果。内生增长理论的引入是金融发展理论在逻辑起点上的历史性突破，学者们将之称为内生金融发展理论。内生金融发展理论认为金融体系是经济活动中的有效交换工具，这种交换工具不仅能够集中闲散资金、动员储蓄（即储蓄效应），进而使得储蓄转化为投资的比例将随着储蓄的增长而成比例增加（即投资效应）；而且能够转移和分散经济发展中的社会风险，消除各实体经济主体的流动性风险，使得资源配置效率和资源利用效率得到提高（即资源配置效应），三大效应将通过物质资本积累、人力资本积累和技术进步等多条渠道推动经济增长。与金融深化理论相比，该理论在金融中介与金融市场的内生形成、金融发展与经济增长之间的内在逻辑以及发展中国家金融发展政策等方面进行了拓展和创新。

在阐释金融中介的内生形成时，该理论研究者认为行为人随机的流动性需要、金融中介和金融市场的运行与参与成本、金融中介所特有的信息获取和信息汇总优势、行为人之间的有限沟通、行为人与资产的空间分离、行为人的流动性偏好和流动性约束等等都是金融中介形成的内生性因素。在阐释金融市场的内生形成时，该理论研究者强调了"门槛效应"的存在。在经济发展初期阶段，人均收入水平有限导致金融活动参与者有限，而有限的参与者尚无法承担金融市场的运行成本，金融市场无法形成；当人均收入水平达到或者跨越某个临界点之后，金融活动参与者增多导致支撑金融市场运行的边际成本下降，金融市场就自然内生形成了。在阐释金融发展与经济发展之间关系的内在逻辑时，该理论的支持者纷纷建立起各种类型的有关金融发展的内生增长模型，如阐释金融发展作用于经济增长的机理的帕加诺模型（AK模型）、储蓄—投资转化模型、股票市场模型，以及阐释金融市场作用于经济增长的内生模型等，在内生增长理论框架下挖掘它们的金融发展因素。在阐释发展中国家金融发展新政策时，内生金融发展理论的研究者普遍将他们的政策主张内嵌在各自的理论研究模型中，并实现了从"金融自由"单一目标向"金融约束"多元目标的转变。多元目标强调不同经济发展阶段金融中介和金融市场的作用的异质性，在金融约束目标下要实现金融体系促进经济发展功能与作用的最大化，政府部门及时的政策引导是必不可少的。内生金融发展理论的研究者将制度性因素（如政治法律、宗教伦理、社会习俗、文化意识等）纳入理论模型的探讨中，为发展中国家金融发展更深层次政策措施的出台提供了新的观察视角和可选路径。

3. 金融可持续发展理论

自 20 世纪 90 年代末期开始，随着世界经济一体化进程的加快推进，现代金融业逐步成为推动世界经济发展的主导性与决定性因素。然而，在经济金融化和金融全球化的过程中，人口膨胀、环境污染、资源浪费等一系列全球性的经济社会问题也引起学术界与决策层的关注和忧虑。部分学者基于前人的研究成果，创造性地将可持续发展理论融入到金融发展模型中，实现了从重视金融的发展理念到注重以金融为核心的集社会、经济、文化、技术与生态环境于一体的可持续发展理念的历史性突破，学者们将这一理论研究突破称为金融可持续发展理论。以金融资源论为基础的金融可持续发展理论的首次提出者是中国学者白钦先。他自 1998 年开始，相继在《论金融可持续发展》《再论以金融资源论为基础的金融可持续发展理论》《金融结构、金融功能演进与金融发展理论的研究历程》等文章中对金融可持续发展理论进行了阐释，强调一国的金融发展不仅应该包括横向广度上金融结构诸要素增长的数量型金融发展，更应包括纵向深度上金融功能扩展与提升的质量型金融发展，即金融体系和金融制度的变迁，以及金融活动与其他外部条件如社会、经济、文化、技术和生态环境等方面耦合程度的提升。金融资源论作为金融可持续发展的理论基础，指出金融作为一种战略性稀缺资源，借助于相应的金融中介和金融工具在金融市场上流动。其中，金融工具是资金流动的承载体，金融中介是资金流动的组织者，金融市场是资金流动的联络人。金融资源包括以货币为核心的基础性金融资源、以金融体系为核心的"硬件性"金融资源以及以金融功能为核心的"软件性"金融资源三个层次。基础性金融资源包括金融可持续发展的资金或资本的有效利用等方面；"硬件性"金融资源包括金融可持续发展的金融工具体系和金融中介体系的合理结构等方面；"软件性"金融资源包括货币、中介、工具等一切金融资源之间的相互作用和相互影响等方面。基于这三个层次，金融资源表现出显著的自然与社会二重属性。自然属性使其与其他资源一样能够自动纳入经济社会可持续发展函数当中；社会属性凸显其在货币资金循环、周转以及社会再生产过程中的社会角色，即金融资源是一种人为创造的凝结着全社会信心的公共资源，在各种金融工具承载下在各个经济主体之间双向流动，使得其在自我繁殖、对外扩张和自身利润最大化的过程中同时实现对土地、技术、劳动、管理等生产要素的引导和集聚，进而促进社会资源的优化配置。金融可持续发展论的支持者以金融资源论为基础确立了"数量与质量相协调、相对稳定与间歇跳跃相并存、总体效率与微观效率相兼顾"的金融可持续发展目标。"数量与质量相协调"强调的是金融系统市场容量的扩张与广化，金融功能的深化与渗透；"相对稳定与间歇跳跃相并存"强调的是在维护金融相对稳定发展与遵循金融发展内在规律的基础上，依托一定的与社会、经济、技术环境等外部条件相适应的金融创新活动来促进金融市场效率的提升与跳跃；"总体效率与微观效率相兼顾"强调的是金融体系内部各构成要素之间营运、盈利等方面能力的提升，及其与外部社会、经济、文化、技术、生态环境之间相耦合的程度。

金融可持续发展理论以金融资源学说为出发点,将可持续发展的思想理念创造性地扩展到金融领域,并形成了比较系统的理论与学科框架,是发展金融学的理论创新与延伸。为转轨时期发展中国家的金融改革与经济发展提供了一个与本土环境相吻合的理论指导,也为其他层次国家的金融发展提供了积极的参考和借鉴。

2.1.2 农村金融发展理论

农村金融发展理论是金融发展理论的重要组成部分,其理论观点及其政策主张在指导农村金融改革与发展实践中发挥着不可或缺的作用。农村金融理论历经演变,目前已经初步形成了农业信贷补贴论、农村金融市场论、不完全竞争市场论三大相对成熟的理论流派。20 世纪 90 年代以来,随着小额信贷的发展又产生了作为分支的微型金融理论和普惠金融理论。这五种理论根据各自的理论前提,分别就农村金融市场政府干预方式与利率管制方式、农村金融机构贷款资金来源与资金回收方式、对农村金融机构保护与管制的必要性、政策性金融与非正规金融存在的必要性等问题进行了深入研究,并形成了各自不同的政策主张。

1. 农业信贷补贴论

农业信贷补贴论是 20 世纪 80 年代以前农村金融理论界的主流。该理论的假设前提是:农村居民特别是农村贫困阶层没有储蓄能力,农村面临的是慢性资金不足的问题。而且由于农业产业收入不确定、投资周期长和收益低的特性,使得它不可能成为以逐利为目标的商业性金融机构的融资对象。在农村商业性金融不能持续的情况下,必然导致农村金融发展陷入困境,农村资金大量外流。由此,农业信贷补贴论认为,为促进农村经济发展和农村贫困缓解,有必要从农村外部注入政策性资金,并成立非营利性的专门金融机构来进行资金分配。同时,对农业融资实行较低的利率以缩小其与其他产业之间的结构性收入、分配差距。农村金融战略必须信贷供给先行。在该理论的影响下,发展中国家几乎普遍推行了相应的政策主张。如 20 世纪六七十年代，巴西、印度、泰国、墨西哥等国家纷纷设立了各种专门的农业政策性金融机构，将大量低息的政策性资金注入农村，并推出了专门针对贫困阶层的专项贴息贷款。同时，考虑到农村富裕阶层发放的高利贷以及其他非正规金融的"高利率"特征，对农村非正规金融予以严厉打压。这些政策的实施，在限制农村高利贷市场以及促进农业生产和农民增收上发挥了一定的积极作用，但总体而言，该理论对于实践的指导并不成功。主要原因是该理论自身存在明显缺陷，主要表现在：第一，该理论先验地认为农户没有储蓄能力。事实上，即使是贫困农户也存在储蓄需求和储蓄行为。如果存在储蓄的机会和激励，大多数贫困者会进行储蓄。第二，该理论忽视了低息信贷导致的逆向配置问题。由于利率上限的规定和廉价贷款存在对非目标群体获得贷款的激励，农村政策性金融机构为小农户发放信贷的高交易成本往往难以得到补偿，其信贷分配就会偏离既定目标群体，使得农村富裕群体取代贫困群体成为低息贷款的真正受益者，加上信贷资金使用过程中监管缺位，低息发放的生产性贷款被用于非生产性用途的现象屡有发生，从而违背了信贷发放的初衷进而阻碍了信贷计划目标的实现。第三，政府支持的农村信贷机构自身经营责任不强，也就缺少积极有效地监督其借款者投资和偿债行为的动力；同时，政府对其支持的农村金融机构的业绩考核，偏重于对其贷款审批的速度和贷款增长的规模与幅度的考核，而忽视了其财务、管理绩效的考核，这一定程度上造成了贷款的高拖欠率。

就消除农村贫困而言，最重要的可能既不是贷款也不是储蓄，而是建立一种可持续发展的金融机制。而农业信贷补贴政策大量植入外生性资金的做法一定程度上损害了农村金融市场的生存和可持续发展能力，加之其对农村金融市场机制的忽视，进一步阻碍了农村金融可持续发展长效机制的形成。实践表明，农业信贷补贴论下的非营利性的农业金融机构，自始至终都未能发展成为净储户与净借款者之间真正的、有活力的金融中介（Avishay et al，1991），并引发了资金使用效率低下、扶贫目标偏离、贫困群体对政府的过度依赖等一系列问题，这最终使得农业信贷补贴政策的代价高昂但收效甚微。20 世纪 80 年代以来，在对农业信贷补贴论的反思和批判中，逐步形成了其主要理论前提与农业信贷补贴论完全相反的农村金融市场论。

2. 农村金融市场论

农村金融市场论充分接纳了肖和麦金农的金融深化和金融抑制论，强调市场机制的作用。该理论认为：农村居民以及贫困群体都具有储蓄能力，没有必要成立专门的政策性金融机构向农村注入资金；过高的资金外部依存度是导致过低的贷款回收率的重要因素；低利率和信贷补贴政策阻碍了人们储蓄的积极性；农村非正规金融的"高利率"源于农村资金较高的机会成本和风险费用，故有其合理性。因此，农村金融市场论的政策主张和金融深化路径是：①利率市场化。农村金融资金缺乏是农村金融体系中不合理的制度安排如政府管制、利率控制等所引致，应纠正政策性金融对农村金融市场的扭曲，取消专项特定目标贴息贷款，并推进利率市场化，在促使农村金融机构经营成本得到补偿的同时，也推进其有效地动员储蓄，并最终实现农村资金供需平衡。②非正规金融存在具有合理性，对于打破农村金融市场正规金融的垄断格局，推进农村金融市场竞争机制的形成有着重要作用，应允许农村正规金融与非正规金融并存并形成竞争态势。③农村金融成功与否的评判，不应该通过量化信贷对农业生产的贡献来衡量，而应该根据农村金融机构的资金中介额及其经营的自立性和可持续性来衡量。

农村金融市场论是农村金融理论的发展，但该理论隐含的前提是市场完全竞争，一定程度上忽视了农村金融市场发展滞后对市场化的制约。在农村金融市场不完善的情况，全部取消政府管制往往会造成金融市场的动荡和不稳定，并且在农村信息不对称的情况下，市场机制也不是万能的，道德风险、搭便车、逆向选择等外部性和激励问题会导致农村金融市场失灵。20世纪90年代东南亚和拉美国家金融危机的典型事实，也足以告诫我们，在农村金融市场的培育和逐步完善过程中，适度的政府干预是必需的，特别是对于发展中国家的农村金融市场，通过适当的体制机构来管理信贷计划是有其合理性的。

3. 不完全竞争市场论

鉴于20世纪90年代东南亚和拉美国家金融危机的深刻教训，人们认识到市场机制也有其固有的缺陷。因此，不完全竞争市场论被运用到农村金融理论分析当中。按照该理论的分析框架，发展中国家的农村金融市场是不完全竞争的，金融机构无法掌握借款人的完全信息，因此，完全依靠市场机制无法培育出完善的金融市场。为补救市场失效部分，有必要采用诸如政府适当介入、借款人组织化等非市场要素，促使政府成为市场的补充而不是替代。与农村金融市场论不同的是，该理论肯定政府对农村金融市场的间接调控机制，认为政府应当依据一定的原则确立农村金融监管的范围和标准，并推动农村金融机构改革以排除阻碍农村金融市场有效运行的障碍。同时指出明确政府在农村金融市场中的行为职能应该包括：①为农村金融市场发展创造一个稳定的低通胀的宏观经济环境。②实施利率自由化政策只有在农村金融市场发育相对完善，实际存款利率稳定在正数范围之内，同时存贷款利率的增长得到一定程度抑制的情况下才适宜。③适当实施诸如提高农村金融市场的进入门槛、限制新参与者等特殊保护性措施。④在不损害金融机构最基本利润的前提下，适度发展政策性金融并向特定部门提供低息融资。⑤鼓励并利用借款人联保小组、互助合作社，并借助担保模式创新有效解决信息不对称和逆向选择问题，确保贷款的有效回收。⑥采取相应措施改善农村非正规金融市场效率不高的问题，等等。

不完全竞争市场理论强调借款人的组织化等非市场要素对解决农村金融问题的重要性。这也为新模式的农村小额信贷提供了理论基础。但是不完全竞争市场理论所隐含的通过政府干预便可以解决农村金融市场不完全信息问题的逻辑也是存在缺陷的。

4. 微型金融理论

从 20 世纪 70 年代以来，小额信贷作为一种缓减农村贫困群体信贷约束的有效工具和金融减贫的创新模式被国际社会广泛接受和传播。随着小额信贷在世界范围内的快速发展，越来越多的人们开始认识到，仅仅以提供小额度贷款的方式来扶助被正规金融边缘化的贫困阶层是远远不够的，还需要把包括小额储蓄、小额保险、小额租赁以及小额支付交易等在内的一揽子金融服务推进到低收入群体、贫困群体以及微小企业当中去。国际上把上述一揽子金融服务称之为微型金融。微型金融是一个与小额信贷平行但是范围与内涵更广泛的概念，是小额信贷概念的延伸和发展。微型金融之所以得到国际社会广泛认可和关注，是因为它借助具有"连带责任"的担保和激励机制，不仅比较成功地解决了传统金融机构长期以来无法实现的为贫困群体提供有效金融服务的问题，而且成功实现了机构自身的可持续发展。随着微型金融发展实践和对微型金融认识的深化，以斯蒂格利茨（Stiglitz，1990）为代表的部分经济学家们运用信息经济学、契约论和博弈论就微型金融的运行机制进行了系统的研究，形成了微型金融理论。该理论基于不完全竞争市场理论，强调利用借款人相互担保、相互合作、相互监督等激励机制，结合正规金融资源与非正规金融的信息与成本优势来克服农村金融市场的信息不对称、抵押物缺失和高交易成本问题，以促进农村金融市场整体运行效率提高和农村金融资源配置效率提升。其研究的核心是小组贷款（团体贷款）机制（张伟，2010）。该理论认为政府适当干预对规范、稳定农村金融市场具有重要而积极的作用，主张放松利率限制，加大针对微型金融机构的税收优惠、财政补贴等特殊照顾政策，以实现微型金融机构自身可持续发展和缓减贫困的双赢。

微型金融在减贫方面所取得的巨大成功证明了贫困群体作为金融机构服务对象的可行性。但微型金融宏观外部层面的发展定位和发展前景还不是很明确，法律地位、监管与信用环境也还有待改善，加之其微观主体层面的产权配置、资金来源、产权与利率结构等都还存在一系列问题，使得原本就分散化、难以实现规模经济的微型金融常常处于边缘化境地。

5. 普惠金融理论

鉴于微型金融发展存在的问题，人们逐渐认识到扶贫型微型金融有必要融入更加广泛的金融体系并成为国际金融体系主体的一部分。基于这一认识，普惠金融理论正式诞生了。普惠金融这一概念最早是在2005年联合国国际小额信贷年时提出的，实际上是"小额信贷""微型金融"概念的延伸与发展，它既继承和发扬了小额信贷与微型金融作为"有效扶贫武器"的认知，又超越了小额信贷与微型金融零散的机构设置和金融服务的能力范畴，致力于建设一个系统性的微型金融服务体系或者网络，并且将之提升为整体金融发展战略的重要组成部分。其核心理念是将弱势群体纳入正规金融服务体系，让社会所有阶层和群体，包括偏远地区的居民和极端贫困人口，能够像接触公共物品一样，普遍、平等、有效地享受到储蓄、贷款、支付结算、保险等基础金融服务。普惠金融理论是在金融市场理论、不完全竞争市场理论和微型金融理论的基础上逐步发展起来的，与这些传统金融理论相比，普惠金融理论重点强调了两个方面的本质特性：一是平等性。它强调金融服务需要"广覆盖"。即金融服务要覆盖社会所有阶层和群体，绝不能把某些弱势群体（包括贫困农户、个体经营者、小微企业、弱势产业和地区、社会救助对象等）排斥在金融服务之外。原因是：一方面从产业划分来看，金融业属于服务业，其基本公共服务的属性决定了它不仅要为富裕阶层和中产阶层提供服务，而且要为贫困阶层和其他弱势群体提供金融服务。另一方面从人权角度来看，正如银行家穆罕默德·尤努斯提出的"贷款应当作为一种人权加以推进"，金融服务是人们维系生存权和发展权的重要保证，平等地享受金融服务应该是每个人的基本权利。二是优惠性。普惠金融强调它在国家财政资助下，必须将更多的实惠给予特定目标客户群体，即以无偿或者相对优惠的价格为贫困农户、小微企业、低收入阶层等弱势群体提供金融产品和服务。这是因为扶危济困是一种社会公德，金融作为主要依靠公众存款，公众信心支持起来的行业，更应该履行这种社会公德，承担应有的社会责任。普惠金融的优惠性应该与此要求相吻合。

基于这两个方面本质特性，普惠金融理论强调金融机构的多样性，金融体系的多层次性和金融市场的适度竞争。强调放松金融管制，坚持商业性经营原则，使整个金融体系具有可持续发展的制度基础。构建功能完善的普惠制金融体系需要从微观（金融服务提供者）、中观（金融基础设施，包括审计、征信、信息技术、转账支付系统以及培训项目等）和宏观（金融法规和政策框架）三个层面入手，并且在遵循资源配置的市场化原则下，处理好需求者（客户）、供给者（金融机构）和监管者（政府）之间的关系。

近年来的实践经验表明，发展普惠金融是人类反贫困不可或缺的利器之一。普惠金融理论的提出颠覆了"金融只为富裕阶层服务""银行不能向贫困阶层放款"等传统观念，是现代金融理论的一大突破，为全体社会成员平等的享受金融服务和金融发展的成果，进而构建共同富裕的体制机制迈出了坚实的一步。

上述理论是 20 世纪 60~70 年代以来相关学界的一些主流思想在农村金

融领域的反映，每种理论的诞生都与其特定的社会历史发展阶段密切相关，尽管都存在一些不足，但在相应的历史时期都对农村金融发展产生过积极影响。这些理论对于建立健全与中国农村经济发展相适应的农村金融体系，提高政府干预的有效性和农村金融运行绩效都具有非常重要的参考价值与借鉴意义。

6. 农村金融理论在中国的实践

长期以来，中国农村金融政策和正规信贷产品供给就始终存在着农业信贷补贴论的痕迹。无论是农村信用社发放的小额信贷，还是中国人民银行为鼓励其农村金融分支机构服务"三农"所提供的支农再贷款，其用意都相当明显，那就是希望通过低息贷款来支持农户从事小规模的种养殖业，进而实现农民增收和农村贫困缓减的目标。自改革开放之初至 20 世纪 90 年代中期，农业贷款利率比工商业贷款利率普遍低 0.5~2 个百分点。90 年代中期以后，中央政府逐步以对商业银行的涉农贷款予以贴息的方式取代了农村优惠利率贷款。2001 年，中国人民银行联合相关部门出台了《扶贫贴息贷款管理实施办法》，要求中国农业银行针对农村贫困群体发放低息贷款，政府财政再对中国农业银行予以贴息补偿。当年，国家级扶贫重点县的扶贫贴息贷款平均年利率为 2.29%，而正规金融机构针对其他行业贷款的年基准利率为 5.31%，财政补贴利率额度高达 3.02% 以上。正如前文所述，农业信贷补贴论的固有缺陷导致中国当时实施的低利率、强调信贷补贴的农村金融政策也带来了一系列问题：一方面农村金融机构大量不良资产堆积；另一方面，农村金融供不应求，而且贴息贷款不能有效地到达目标群体手中，贷款回收率低。在农村信贷规模"高增长"和农村资源配置"低效率"的双重背景下，农业信贷补贴论的政策思维逐步淡化，农村金融市场论和不完全竞争市场理论开始得到重视。在实践中，农村金融利率市场化改革和小额信贷的实验与推广正在进行。

从以农村信用社市场化改革为主要标志的中国农村金融利率市场化改革来看，农村信用社在改革中由于进一步明晰了产权、完善了经营和管理体制，其存款和贷款利率水平双双得到大幅提高，扭转了此前长期亏损的局面，也一定程度上促进了农民增收和农村经济发展。但是，也正如前文所指的，市场化并不能解决所有问题。就中国农村金融市场而言，严重的信息不对称、抵押物缺乏、特质性高成本与高风险、消费借贷需求旺盛这四大难题是农村各类正规金融机构始终难以克服的。在农村非正规金融的禁锢还没有被打破的市场化条件下，以逐利为目标的商业性金融机构大幅度撤离农村，农村信用社几乎成为了农村唯一一家金融服务机构。面对农村信用社垄断的市场结构和农村金融市场的固有缺陷，一方面，农村信用社自身无法催生差别定价的压力和动力，另一方面，建立在垄断基础上的自由价格决定权带来的往往也是效率与社会福利的双重损失。因此，尽管利率市场化改革对农村金融市场以及农村信贷需求主体的信贷行为都带来了一定的积极影响，但是由于现行货币政策的局限性以及政府干预不协调等问题，利率市场化改革并没有缓解当时中国农村资金饥渴的根本现实。

与大多数发展中国家一样，不完全竞争市场理论和微型金融理论同样催生了中国农村小额信贷和微型金融的发展。就小额信贷的试验与推广来看，自 1993～1996 年由各类非政府机构和组织推出的小额信贷分散性试点，到2000～2005 年期间小额信贷的制度化建设，再到 2008 年实现全国 31 省区市农村小额信贷发展的全覆盖，中国农村小额信贷得到了快速发展。承载着政府农村金融改革路径实现"存量调整"向"增量培育"转型的小额信贷，显示出了比以往任何一种农村金融支农减贫模式都无法比拟的优越性，有效促进了农村生产性信贷资金供给约束的缓解，也在一定程度上促进了农村金融环境的改善，被称为金融减贫的有效工具。当前，中国农村主要形成了四种比较典型的小额信贷服务形式与服务项目：一是以中国农业银行为主要运作机构的政策性小额信贷扶贫项目。与财政无偿救济和补贴的扶贫方式相比，政策性小额信贷扶贫方式的最大好处一方面是使得贫困群体也能借助信贷资金在市场经济环境下从事生产经营或扩大再生产活动，促进他们自我发展能力的提高；另一方面扶贫资金来源相对稳定保证了金融扶贫工作的可持续性。当前，中国农业银行承担了贫困人口和贫困地区信贷扶贫的主要任务。期间，扶贫信贷资金来源经历了从人民银行按计划下拨到面向社会自主筹措的转变，扶贫信贷资金支持重点也经历了从支持个体农户和农业实体经济向支持农业产业化龙头企业的转变。随着扶贫贴息贷款资金投放的逐步增加，以工代赈和财政扶贫模式逐渐退居次要地位。据不完全统计，2000～2010 年期间，信贷扶贫资金占国家总体扶贫资金的比重基本都稳定在55%以上。然而，不可否认的是，这种政府主导的、通过农业银行在农村推广的政策性小额信贷项目，本质上就是一种补贴信贷，故补贴信贷的弊端也就显露无遗。二是以农村信用社为主要运作机构的服务"三农"的小额信贷项目。该项目自1999年开始，2001年底便在各地区农村范围内全面推行，主要是在农村信用社自有存款和央行再贷款支持下，按照随用随贷，余额控制与周转使用的原则，为农村地区不能达到抵押贷款条件的贫困农户发放小额信贷和联保贷款。农村信用社在推行该小额信贷项目时，借鉴此前非政府组织、半政府组织小额信贷试验的制度安排，推出了小组联保、小组基金、强制储蓄、整贷零还、连续贷款等政策。2001~2012年间，农村信用社贷款余额以年均13.49%的增长率从13937.73亿元增长到38370.09亿元。三是以非政府组织或半政府组织运作的援助型小额信贷项目。主要指自20世纪90年代初期开始，在部分贫困地区以国际援助组织资助和社会慈善组织捐助为资金来源的非政府小额信贷项目或半政府小额信贷实验项目。如联合国开发计划署的四川和云南小额信贷试点项目、中国社会科学院的"扶贫经济合作社"（简称扶贫社）项目、世界银行四川阆中和陕西安康的小额信贷实验项目等。这种小额信贷项目往往由于缺乏法律依据和后续资金衔接不到位，其可持续性难以得到保障。四是民间资本支持下的商业性小额信贷项目。2005年末，两家完全由民间资本投资组建的商业性小额信贷公司在山西平遥正式揭牌，也意味着发展商业性小额信贷的序幕正式拉开了。此后，被称为中国民间借贷"正规军"的小额贷款公司迅速发展，到2012年末已迅速扩容至6080家，并实现了全国31个省区市的全覆盖。但是这些商业性小额信贷公司只允许其放贷，不允许其吸储，其利率水平也受到严格限制，无疑严重影响了这些小额信贷公司的可持续发展。

在贫困地区建立和发展小额信贷机构，一定程度上满足了部分贫困群体的金融需求，但中国农村以小农经济为主的农户自给自足的经济特征非常明显。而额度相对较小、利率相对较高的小额信贷，不仅有可能强化既有的以农户家庭为主体的农业生产方式，而且有可能给贫困农户带来较重的利息负担。因此，如果将为贫困群体提供可持续的金融服务作为小额信贷的最终目标，那么中国目前的小额信贷发展还基本处于初级阶段，要实现小额信贷机构自身发展的可持续和减贫的可持续还面临着一系列的障碍，有必要从贫困农村地区落后、弱势的经济条件和以农户家庭为基本生产单元的小农经济生产方式的现实出发，从金融功能视角重新审视现有的以小额信贷为主要内容的农村金融体系框架。

中共十八届三中全会通过的《中共中央关于全面深化改革若干重大问题的决定》首次明确提出了发展普惠金融的改革要求。事实上，中国一直就在为提高"三农"、小微企业等经济社会发展薄弱环节以及低收入和贫困阶层等社会弱势群体金融服务的可获得性方面做出了诸多努力，为推动普惠金融发展迈出了积极的一步。其中，小额信贷等微型金融机构的发展就是普惠金融理念形成、发展的重要推动力。但是，要真正建立起普惠的农村金融体系，充分展现农村金融体系的"普惠性"，充分发挥农村金融体系精准扶贫和促进社会和谐的功能，中国无疑还有很长的路要走。

2.2 贫困与贫困缓减的相关理论

贫困问题作为困扰人类生存与发展的主要社会问题之一，使得反贫困成为经济学、社会学、人口学等领域学者和政策制定者关注的焦点。学者们从人口增长、私有制、资本形成、人均收入、人力资本等角度就贫困的根源以及反贫困的路径进行了分析，并形成了一些经典的理论。由于不同历史时期经济发展的特点存在差异，贫困与贫困缓减理论所阐释的内容及其关注的重点也就存在差异。

2.2.1 贫困理论

1. 马尔萨斯的人口贫困理论

贫困理论是对导致贫困的原因的深层次探讨。从理论上溯源，英国资产阶级经济学家马尔萨斯①是最早对贫困的根源进行探讨的学者。他在备受争议的著作——《人口原理》一书中从人口规律出发就贫困问题作出了如下阐释：人类的无限繁衍会导致人口呈几何比率增长，而食物等生活资料作为人类生存的必需品，是由自然界提供并且呈算术比率增加的，人口增长速度和生活资料增长速度的不平衡，导致生活资料的供给永远难以赶上人口的增长。人口增长在带来土地等资源供应稀缺的同时也将带来劳动力市场供给增加，进而导致劳动力工资水平下降和失业增加。因此，根除贫困是人力所不及的，人类经历饥饿、贫穷甚至死亡不可避免。马尔萨斯认为人口增长必然导致贫困，社会普遍实行的"济贫法"实际上是在"供养贫民以创造贫民"。因此，那些力图通过社会改革、促进社会平等来解决贫困问题的政策措施都将是徒劳的。

马尔萨斯的贫困理论将人口经济学的理论视域由人口与社会制度的关系进一步扩展到人口与自然资源的关系，具有开创性意义。同时，其提出通过抑制人口增长来促进贫困缓减的政策主张也具有一定的借鉴意义，但是其从资产阶级立场出发，把资本主义制度造成的一切贫困和罪恶归结于人口过剩的结果，掩盖了资本主义制度因素引致贫困的客观事实。

2. 马克思的制度贫困理论

马克思的贫困理论最早基于制度层次、从资本和雇佣劳动的对立关系上揭示了无产阶级贫困的根源。他在《1844 年经济学哲学手稿》《哲学的贫困》《资本论》等著作中深刻揭露了资本主义制度下无产阶级贫困化的本质和根源，认为资本主义社会的贫困问题是资本主义制度的必然产物。马克思指出，资本的增加将始终伴随着资产阶级对无产阶级统治力量的增加，资本增长得越快，无产阶级的生活资料就缩减得越快。一方面资本增加带来的技术进步与创新势必带来生产效率的提高，这种情况下，资本家将倾向于增加对不变资本生产资料的购买，而减少对可变资本劳动力的购买，这意味着对雇佣劳动力的需求减少，从而产生相对过剩人口。相对过剩人口由于失业其生活状况就处于贫困的边缘，如若面临社会危机、经济危机以及自然灾害时

---

① 马尔萨斯. 人口论［M］. 郭大力，译. 北京：北京大学出版社，2008：7.

将极度容易陷入贫困。另一方面，由于新增的就业人口要大于正常退出的就业人口，加上资本集中和资本有机构成的提高，都会造成新增人口初次就业的困难。资本主义制度下资本有机构成的提高引起社会失业增加是资本主义贫困的技术基础。因此，在社会的增长状态中，无产阶级的贫困是他自己劳动的产物和他生产的财富的产物。基于资本主义生产剩余价值的本质，只要生产资料掌握在资产阶级手中，无产阶级出卖劳动力为资产阶级占有剩余价值而劳动，不管工资水平如何，他们的状况都会随着资本的积累而恶化，无产阶级将始终处于贫困状态。因此，资本主义社会中无产阶级摆脱贫困的根本出路就在于消灭雇佣劳动制度。

马克思的贫困理论揭示了资本主义工业化进程中无产阶级贫困化的本质与根源，虽然没有涉及社会主义条件下的贫困问题，但其关于废除私有制、消除贫困、促进社会分配公平、实现人的全面自由发展的思想和主张，对于现阶段社会主义国家致力于发展生产力、消除绝对贫困、实现共同富裕具有重要的理论与实践指导意义。

3. "恶性循环"贫困理论

"恶性循环"贫困理论是美籍爱沙尼亚经济学家纳克斯于 1953 年提出的。他在《不发达国家资本的形成》一书提出了"一国穷是因为它穷"的著名论断。即发展中国家的贫困不是由于资源紧缺造成的，而是由于经济体中存在相互影响、相互制约的"恶性循环系列"，其中最主要的一个恶性循环序列就是贫困的恶性循环，由此产生了"恶性循环贫困理论"。他认为发展中国家贫困的恶性循环不仅体现在资本供给上，也体现在资本需求上。即资本供给上存在"低收入→低储蓄→低资本形成→低生产效率→低产出→低收入"的恶性循环；资本需求上存在"低收入→低购买力→低投资引诱→低资本形成→低生产效率→低产出→低收入"的恶性循环。在这两个恶性循环序列的影响作用下，发展中国家必然经济落后且停滞不前，从而长期处于贫困状态。"恶性循环贫困"理论认为发展中国家陷入长期贫困的根源是资本形成不足。发展中国家要突破贫困的恶性循环，必须大规模增加储蓄和扩大投资，实施全面增长的投资计划，通过经济体各部门之间相互提供投资引诱，形成各行业的相互需求，促进资本形成。

"恶性循环贫困"理论揭示了发展中国家经济不发达并且长期停滞不前的根本原因，一定程度上解释了发展中国家贫困的根源。但是该理论也存在明显缺陷，如将储蓄水平混同于储蓄率，认为贫穷的国家缺乏储蓄能力，过于强调储蓄和资本积累对经济增长和贫困缓减的作用，而无视利用外资的可能性等等。

4. "低水平均衡陷阱"理论

美国经济学家纳尔逊于 1956 在《不发达国家的一种低水平均衡陷阱理论》一文中，以马尔萨斯的贫困理论为基础，研究了不发达国家人口增长与人均国民收入增长之间存在着的一种持久均衡的状态关系。不发达国家人均收入水平普遍比较低，基本只能维持最低生活水平的需要。这种情况下，疾病、灾害等势必造成死亡率高，人口增长受到抑制。当人均收入水平得到增长并且增长速度大于人口增长率时，死亡率降低且出生率提高，造成人口增长率的快速上升，快速增长的人口数量又把人均国民收入水平拉回到原来维持基本生存需要的状态。从而形成了不发达国家普遍难以逾越的"低水平均衡陷阱"。纳尔逊认为，不发达国家要跳出"低水平均衡陷阱"只有进行大规模投资以大幅提高资本形成率进而加速产出增长，使得人均产出的增长速度超过人口的增长速度。

纳尔逊的"低水平均衡陷阱"理论揭示出资本稀缺是不发达国家经济发展的主要障碍，强调了资本形成对于不发达国家跳出"低水平均衡陷阱"的决定性作用。有学者研究指出，外部的帮助与内部的变化都能促进经济发展和产出增长，如通过吸收外资促进国民收入提高，推进国内人口跨国移民引致人口规模下降，这些都有助于帮助不发达经济体摆脱低水平均衡陷阱。

5. "循环积累因果关系"理论

著名经济学家缪尔达尔在 1957 年提出了循环累积因果理论。该理论认为在一个动态的社会过程中，某一事物的发展变化必将引起另一事物的发展变化，既产生"初始变化"，然后，后一事物又将反过来强化前一事物的变化，即产生"次级强化"，最后导致社会经济过程沿着最初事务变化的方向发展，即产生进一步强化或减弱的结果，这反过来又影响事物的初始变化，即形成累积性的循环发展关系。基于该理论，发展中国家贫困的形成是制度、政治以及其中内蕴的习俗、经济、文化、社会、政治等多因素综合作用的结果。发展中国家人均收入水平普遍偏低决定了人们生活水平低，营养跟不上，医疗卫生落后导致健康状况恶化，教育文化科技落后导致人口质量下降，劳动力素质普遍不高，从而造成就业困难，进而导致更低的收入水平；反过来，劳动力素质不高导致劳动生产率不高，产出下降或停滞势必导致更低的收入，其结果同样是使得贫困状况进一步恶化。由此，发展中国家总是陷入低收入与贫困的积累性循环而难以自拔。基于该理论，缪尔达尔认为发展中国家贫困的重要原因是收入水平低，而造成收入水平低的主要原因是资本形成不足和收入分配不平等。同时，他认为在各地区经济发展的过程中，工资、利润和收入水平等要素收益的地区差异会导致劳动、资本、技术等要素从富裕地区流向贫困地区，即产生"回流效应"，使得贫困地区愈加贫困；而富裕地区发展到一定程度后因人口膨胀、环境污染、资源短缺等带来的外部经济效应下降，将导致劳动、资本、技术等要素从富裕地区流向贫困地区，即产生"扩散效应"，从而促进和带动贫困地区的发展。因此，他主张通过政治权力、土地关系以及教育与保障体制等多方面的改革来促进资本形成，并通过富裕地区的"扩散效应"来带动贫困地区收入水平的提高，进而逐步缓减收入分配的不平等，以实现低收入群体消费水平的提高和其他各项福利的改善。

缪尔达尔的"循环累积因果理论"阐释了发展中国家贫困形成的累积循环历程，该理论对于现阶段发展中国家扶贫战略从救济性扶贫向开发性扶贫的转型具有重要的理论与实践指导意义。

6. 权力贫困理论

诺贝尔经济学奖获得者、印度经济学家阿玛蒂亚·森于 1976 年首次提出了权力贫困这一概念，随后在其完成的《贫困与饥荒》《饥饿与公共行为》等著作中进一步完善了权力贫困的理论体系，并创立了权利贫困理论。阿玛蒂亚·森认为任何一种贫困状态，其本质都是由于权利或者其他条件的缺乏或不足所导致的。贫困的外在表现不仅仅只是经济窘迫或者收入低下，个体或者家庭不能拥有社会公认的、适当的工作条件、医疗保障、住房条件、受教育机会、被赡养权力等都是贫困的外在表现。阿玛蒂亚·森主张把饥饿置于权利体系中理解，这种权力体系主要包括以交换为基础的权力、以生产为基础的权利、以自身劳动力为基础的权利和以继承或转让为基础的权利。阿玛蒂亚·森指出前两种权利的被剥夺，是自然经济条件下致贫的根源，后两种权利的被剥夺，是市场经济条件下致贫的根源。贫困的实质就是权力的缺乏导致个体或家庭基本能力的被剥夺和某些机会的丧失。而一个人免于贫困的权力体系则依赖于政治、经济、社会等多重体系。基于权力贫困的认识，阿玛蒂亚·森认为对贫困阶层的关注不应仅仅局限于其收入状况或者程度，而更要关注贫困阶层收入以外的其他生命状况。包括贫困阶层的法治权利以及实际达到和享有的各项福利，如身体的健康、受教育的机会、患病时医疗的供给、生活上免于饥饿的最低保障等等。

阿玛蒂亚·森的权力贫困理论以权利、自由作为价值取向，以增进个人或者家庭的福利作为价值目标，突破了传统的以物质匮乏为核心的贫困定义，将贫困的原因分析从经济领域拓展到政治、制度、法律、文化等领域，开创了贫困问题研究的新视角，权力贫困理论是贫困理论发展史中的一个新的里程碑。

2.2.2 贫困缓减相关理论

随着人们对贫困认识的深入以及反贫困实践的进行，学界对反贫困问题同样给予了广泛关注，并就反贫困问题进行了深入研究与探讨，在推动反贫困战略及其内涵不断向前发展的同时，也形成了比较系统的反贫困理论。

1. 资本形成缓减贫困

基于大部分贫困理论都认为资本形成不足是贫困形成的根本原因，促进资本形成就成为促进贫困缓减的关键，最早的反贫困理论自然而然也就从解决资本形成问题入手。罗森斯坦—罗丹（Rosenstein – Rodan，1943）最早提出了平衡增长理论的思想，主要支持者有纳克斯（Nurkse）和刘易斯（A. Lewis）等等。平衡增长理论的支持者认为，资本形成不足是经济发展的主要约束条件，而制约资本形成的主要因素不是储蓄供给不足，而是有效投资需求欠缺。正如纳克斯所言："困难，首先在于低实际收入水平下不可避免地会出现需求缺少弹性。从而，购买力的缺少会束缚任何个别工业的投资引诱"，因而"只有按照消费者的偏好平衡地增长生产广泛范围的消费品，才会创造它自己的需求"。因此，该理论的支持者认为发展中国家只有对广大范围的各种产业和部门同时进行全面投资，通过各产业、部门的平衡增长形成互为需求的国内市场和足够的投资引诱，从资本供给和需求两方面突破贫困的恶性循环，才会实现持续稳定的经济增长，从而实现减贫。

资本形成缓减贫困理论为发展中国家摆脱贫困、推进工业化进程和经济增长提供了一种发展模式，在部分发展中国家的工业化实践中也取得了积极成效。但是，由于资本形成也需要依靠逐步积累，如果在资源极其短缺，特别是资本、企业家和决策者缺乏的条件下，强制性推进资本形成无疑会带来灾难性后果。

2. 非均衡增长理论

基于平衡增长理论不能克服发展中国家经济发展中资源匮乏的基本障碍以及该理论在实践中遭遇的现实困难，部分学者在此基础上提出了非均衡增长的理论主张。

如 1955 年，法国经济学家弗朗索瓦·佩鲁就指出，经济发展在时间和空间上的分布都是不均衡的。因此，一个国家不应当以总量的方式来安排经济发展计划，经济增长在不同的产业、部门或地区应该以不同的速度增长，而不是相同速度的平衡增长。一些主导部门和优势产业集中于某些地区，资本与技术的高度集聚使得这些部门和产业得以迅速发展，形成"发展极"，"发展极"的吸引力和扩散力使得规模经济效应得以形成，进而对所在产业、部门和地区形成强大辐射、支配作用，在促进自身所在产业、部门和地区迅速发展的同时，也带动周边其他产业、部门和地区的发展，即著名的"发展极理论"。"发展极理论"是非均衡增长理论的典型代表之一，其政策含义是发展中国家可以通过在经济相对发达地区建立"发展级"来带动周边落后地区的发展，以实现整体经济的发展和贫困的缓减。

1958 年美国经济学家赫希曼在他的经典著作《经济发展战略》一书中指出：经济发展道路是一条"不均衡的链条"，从主导部门通向其他部门。主导部门的优先发展可以为其他部门创造外部经济，进而带动整体经济的发展。

因此，发展中国家在资源有限的情况下不可能大规模对所有部门同时进行投资，只有集中资源选择某些具有带动作用和战略意义的部门或产业进行投资，通过这些部门或产业的优先发展来给其他部门或产业创造良好的外部环境和发展机会，并带动他们的发展，以此促进整体经济发展和实现减贫。

3. "临界最小努力"理论

美国经济学家利本斯坦基于贫困的"恶性循环"和"低水平均衡陷阱"，于1957年有针对性提出了"临界最小努力"理论。该理论认为，发展中国家的经济增长过程中人均收入提高或下降的两股刺激力量相互对立、相互制约，刺激收入提高的力量主要受上一期的收入水平和投资影响，刺激收入下降的力量主要受上一期的投资规模和人口增长速度影响。当刺激收入下降的力量大于刺激收入提高的力量时，经济体中人口的过快增长将抵消人均收入的增长，从而使得经济体退回到原来的"陷阱"中；只有当刺激收入提高的力量大于刺激收入下降的力量时，人均收入水平才能克服"抵消效应"并实现增长，从而打破低收入均衡。"临界最小努力"理论的政策含义是相当明确的，即发展中国家只有使得投资率达到一定的临界值以确保国民收入的增长超过人口的增长，才能打破贫困的"恶性循环"，跳出"低水平均衡陷阱"。

"临界最小努力"理论同样强调了资本形成对于发展中国家经济发展和贫困缓减的重要性，对于决策者审视投资规模的积极作用以及人口增长给贫困缓减造成的现实压力与潜在威胁具有重要的启发意义。

4. 人力资本缓减贫困理论

诺贝尔经济学奖得主美国经济学家舒尔茨在他1965年发表的《投资穷人：经济学家的视角》一文中，首次提出了贫困经济学的概念，并较早地从人力资本视角提出了发展中国家农业增长和贫困缓减的办法。他指出，改善穷人福利的关键因素不是食物、空间、能源、耕地等物质资本，而是人口质量、人口素质、技术水平等非物质资本。对穷人的健康、营养、教育等进行改善进而促进穷人质量和穷人收入提高的过程实际上是一个资本积累的过程。因此，包括教育、健康等在内的人力资本投资是发展中国家改造传统经济和缓减贫困的必要举措。人力资本投资不仅可以提高穷人运用自身赖以生存的唯一的宝贵资本——劳动力的能力，改善自身眼前的福利，更重要的是能够提高他们把握未来新出现的机会的能力，改善自身的经济前途和未来福利。人力资源开发的关键在于教育，通过教育可以提高穷人的劳动生产率和把握机会的能力与程度。因而教育是一种投资行为而非消费行为，教育是促进人力资本积累进而实现减贫的重要途径。

基于该理论，发展中国家长期处于贫困状态的主要原因在于对教育等人力资本投资的重视不够。该理论对于部分发展中国家实施教育为本、教育先行的减贫战略，进而形成"教育投资→社会服务→经济增长→贫困缓减"的良性循环提供了很好的理论指引。

基于以上农村金融发展相关理论和贫困与贫困缓减相关理论的回顾与梳理，可以发现，农村金融发展相关理论主要探讨的是金融发展与经济增长之间的关系，少有直接涉及金融发展与贫困缓减关系的探讨与研究。而贫困与贫困缓减的相关理论主要探讨的是贫困形成的根源以及通过哪些途径可以缓减贫困，但是理论中也很少涉及金融发展对于贫困缓减的作用的问题。即使某些理论将其作为经济发展的因素有所提及，但也缺乏系统细致的分析。事实上，传统的金融发展是普遍"亲富"的，与贫困一定程度上形成了某种分裂状态，这在发展中国家的农村地区非常常见。因此，从金融发展的角度来研究贫困缓减问题，将有利于进一步丰富已有的相关理论成果，推动金融发展理论和贫困缓减理论不断深入和完善。

第 3 章

农村金融作用于农村贫困缓减的机制分析

众多的研究表明，生活、生产和发展资金缺乏是制约农村地区贫困群体摆脱贫困的一个重要因素。因此，发展农村金融对于农村反贫困进程具有重要的战略意义。在中国特有的城乡二元经济结构背景下，农村金融作为中国金融的重要组成部分和中国政府缓减农村贫困的主要力量与基本政策工具，既有着与大众金融相同的服务功能也因身处农村有着自身个性的特征。农村金融发展对农村贫困缓减的影响机制包含间接机制与直接机制。从间接作用机制来看，农村金融的发展和深化可以促进农村经济增长，改善农村内部收入分配状况，而农村经济增长、收入分配改善又会影响贫困群体的收入水平和其他福利，从而影响农村贫困状况。从直接作用机制来看，农村金融机构向农村居民特别是贫困群体提供的信贷、储蓄、结算、融资投资、保险证券和金融信息咨询等金融服务及其服务的深度和广度能够影响到农村个体的初始财富水平、接受教育和培训的机会与程度、获取金融服务的机会、改善社会与政治福利的机会和途径等，进而对农村贫困产生影响。本章就中国农村金融发展作用于农村贫困缓减的间接机制与直接机制进行系统研究，为实证检验农村金融发展的减贫效应奠定理论基础。

3.1　农村金融作用于农村贫困缓减的间接机制

总体而言，农村金融作用于农村贫困缓解的间接机制主要是借助于农村经济增长和收入分配这两条重要的作用渠道来实现的。尽管农村金融市场即包括政府主导的组织化程度很高但规模有限的正规金融市场，也包括内生于农村本土社会的组织化程度较低但规模相对较大的非正规金融市场。但是农村正规金融和非正规金融作用于农村贫困缓减的间接机制具有很大的相似性。因此，本节并不区分正规金融与非正规金融，而是就农村整体金融发展作用于农村贫困缓减的间接机制进行系统分析。

3.1.1　经济增长的作用机制

农村金融发展缓减农村贫困的经济增长作用机制取决于两个环节：农村金融发展对农村经济增长的作用机制以及农村经济增长对农村贫困缓减的作用机制。

1. 农村金融发展与农村经济增长

金融深化理论和内生金融发展理论均就农村金融发展支持农村经济增长的机理进行了系统的阐释，并且就农村金融发展对农村经济发展的作用而言，内生金融发展理论的阐释与金融深化理论的阐释大体相同。本书借助亚珀利和帕加诺（Jappelli and Pagano，1999）提出的内生增长模型（AK 模型）来系统研究农村金融发展作用于农村经济增长的机制。

假设农村是一个封闭的经济系统，农村经济总产出 Y_t 是农村总资本存量 K_t 的线性函数。农村人口规模一定，农村经济中只存在一种产品，这种产品既可用于投资也可用于消费。因此，农村生产函数可以表示为

$$Y_t = AK_t \tag{3.1}$$

其中，A 表示资本的边际生产率即投资效率，若经济产品用于投资，在折旧率为 δ 的条件下，则总投资 I_t 可以表示为

$$I_t = K_{t+1} - (1-\delta)K_t \tag{3.2}$$

将（3.2）式带入（3.1）式，整理得

$$\frac{\Delta Y_{t+1}}{Y_{t+1}} = \frac{AI_t}{Y_t} - \delta \tag{3.3}$$

在一个没有政府机构参与的两部门封闭经济系统中，市场均衡时总储蓄

必然等于总投资。但是在储蓄向投资转化的过程中，存在一定比例的消耗。假设这一消耗比例为（1-θ），则市场实际的均衡为

$$I_t = \theta S_t \tag{3.4}$$

另设 t+1 期的农村经济增长率为 g_{t+1}，则

$$g_{t+1} = \frac{Y_{t+1}}{Y_t} = \frac{K_{t+1}}{K_t} \tag{3.5}$$

即经济增长率等于资本积累增长率，进一步将（3.4）式、（3.5）式带入（3.3）式，得到均衡状态条件下的农村经济增长率为

$$g = A\frac{\theta S_t}{Y_t} - \delta = A\theta s - \delta \tag{3.6}$$

其中，$s = \frac{S}{Y}$ 为储蓄率。（3.6）式表明农村经济增长率受农村储蓄水平 s、农村总储蓄转化为投资的份额 θ 和资本的边际生产率 A 即资源配置效率的共同影响。农村金融发展主要就是通过储蓄效应、投资效应和资源配置效应来促进农村经济发展的。

（1）储蓄效应。首先，随着农村金融体制和市场的不断完善，储蓄产品日趋丰富，从而可以吸引有储蓄能力和储蓄愿望的农村经济个体积极进行储蓄。同时，由于农村社会同样存在谨慎性和投机性的货币需求，在既定农村社会总产出水平下，农村社会消费份额与储蓄份额之间会因一些因素而发生变动。在中国农村社会保障水平不高、农村居民就业和收入都不是很稳定的情况下，农村金融市场的存在将使得农户压缩消费，增加储蓄，以应对将来可能面临的各种不确定性。这将促进农村储蓄份额 s 的增大，从而为农村投资增长提供了重要的资金来源。

（2）投资效应。首先，储蓄效应既为农村经济社会发展积累了资本，也为农村经济发展提供了更多的信贷资金，促进农村投资增长。同时，农村金融中介和金融市场的发育和完善使得农村各经济主体向金融体系提供外部信息和使用系统内在信息的能力不断提升，有效缓解了农村储蓄者与资金需求者，以及资金需求者与金融机构之间的信息不对称问题，不仅降低了农村储蓄者可能面临的资金风险，也降低了储蓄向投资转化过程中所产生的交易成本和信息成本，使得农村总储蓄转化为投资的效率 θ 得到提高，进而促进农村总产出增长。

（3）资源配置效应。农村金融中介和农村金融市场的发展和完善，使得金融机构能够对资金需求主体进行评估、甄别和监督，进而把资金配置到生产效率相对较高的企业或项目上，带来资本边际生产效率的提高和经济产出的增长。农村金融中介一方面能够通过信息收集功能对各种可供选择的农村投资企业或者项目进行评估和甄别，使得资金使用效率得以提高。另一方面通过风险化解机制为投资者提供了风险分担和风险集中的机会，帮助投资者分散技术创新所面临的高风险进而获取技术创新所带来的高收益，从而促使资本边际生产率提高，实现经济稳定增长。在农村资金的使用和流通过程中，当部分农村个体和农村企业在自身投资和消费之余还有过剩的资金而同时又有部分农村个体和农村企业缺乏必要的资金进行投资和消费时，农村金融中介将通过利率杠杆最大限度地将农村社会暂时闲置的资金集中起来，并将资金配置到需求最迫切、收益最高效的地方，促进农村资金配置效率提高和农村总产出增长。

基于内生增长理论的 AK 模型，经济增长率等于资本积累增长率，意味着经济增长与物质资本积累具有同步性。事实上，储蓄、投资的增长与资源配置效率的提高使得农村投入—产出比例得到提高，这些共同促进了农村地区的物质资本积累，增强了农村经济发展的资金保障能力，进而促进农村经济增长和发展。因此，物质资本积累是农村金融发展作用于农村经济增长的第一大传导路径。同时，农村金融发展既可能带来农村经济性、社会性基础设施的建设和完善，也可能带来农业机械化和产业化发展，进而刺激农村积极的教育、文化、知识、技能等需求，使得农村各经济主体增加人力资本投入，在促进人力资本生产效率提高的同时，也促进了农村经济发展。因此，人力资本积累也是农村金融发展作用于农村经济增长的重要传导路径。最后，农村金融体系在不断发展和完善的过程中，一方面资本积累的正外部性既可以促进农业产业知识积累和农业技术创新，也可以提高包括投资补贴和税收优惠等在内的财政支持技术创新的力度。另一方面，金融功能的完善使得金融机构能够有效评估、分散农村经济投资项目中的创新活动风险，进而加速农村经济活动中中间产品的技术创新并提高其成功的概率，推动农村经济发展。因此，技术进步也是农村金融发展作用于农村经济增长的重要传导路径。

　　然而，上述理论没有充分考虑到政府和制度因素在金融发展和经济发展中的作用，事实上，政府和制度因素在经济、金融发展中的作用不可忽视。早在 20 世纪 90 年代，不完全竞争市场理论就对政府等非市场要素在金融发展特别是发展中国家金融发展中的作用进行了经典的阐释：发展中国家金融市场不完善，属于不完全竞争市场，金融机构无法确切掌握到资金需求者的各方面信息，由于信息不对称带来的交易成本高昂等问题普遍存在，使得金融市场功能难以正常发挥，即出现市场失灵。为了弥补市场失灵的部分，政府行为这一核心的非市场要素应该成为市场的有益补充，采取监管农村金融市场、制定相应的金融发展制度等对市场进行适当干预。这对于推动农村金融市场发展进而推动农村经济发展有着积极的作用。因此，制度因素也是农村金融作用于农村经济增长的重要传导路径。政府通过制定各种政策对农村金融中介和农村金融市场进行干预，推进农村金融深化进程，而农村金融深化反过来又推动农村经济、社会、金融对多方面制度的演进，使其不断完善和发展，从而有利于充分释放农村金融支持农村经济发展的积极作用。

　　综合以上分析，农村金融发展作用于农村经济发展的内在逻辑具体通过如下主线来表现：在政府适当干预和有效的金融制度规范下，农村金融中介和农村金融市场的不断发展与完善，推动了农村金融深化进程，农村金融深化使得农村金融规模不断壮大，农村金融结构日益优化，农村金融效率不断得到提升。在这一过程中，农村金融深化一方面通过储蓄效应，促进农村物质资本的积累，物质资本积累的正外部性又推动了人力资本积累、技术创新与进步以及制度的正向演进，进而推动农村经济发展；另一方面，农村金融深化通过投资效应促进人力资本积累水平提升，人力资本积累将促进农村中间产品的技术创新以及制度的正向演进，进而推动农业技术创新和管理创新，促进农村经济发展。此外，农村金融深化通过资源配置效应推动技术进步和资本边际生产率的提高，进而促进农村经济发展。这一逻辑可以通过图 3.1 来表示。

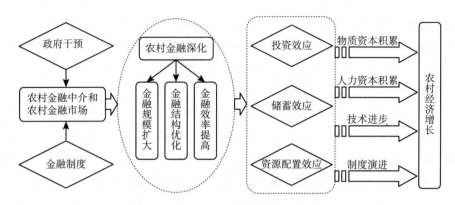

图 3.1 农村金融作用于农村经济增长的机理与传导路径

2. 农村经济增长与农村贫困缓减

农村经济增长促进了农村总产出增加，这为反贫困提供了重要的物质前提。一方面，农村经济增长所带来的农村社会整体物质水平的提高，将会通过"涓滴效应"带来低收入群体收入的增加与其他福利的改善，进而影响农村贫困缓减。如经济增长带来农村企业、农业产业的发展，并促进农村与农业经济发展方式转变，并推动现代农业服务体系建设，这将一定程度上影响农村居民收入、消费等经济福利。另一方面，农村经济增长将促进政府财政收入增加，进而使得政府财政支出相应得到增加，其中，政府购买性支出增加将促进农村公共设施、公共产品、公共事务的建设和投资增加，而农村公共设施、公共产品、公共事务建设的正外部性将使得更多的贫困人群从中受益；政府转移支付增加将提高直接针对农村贫困群体的救济金、补贴金、失业补助、社会保障福利津贴等，使得贫困群体直接从中受益。下面，主要以农村基础设施建设和财政支出为例，就农村经济发展促进农村贫困缓减的机理与传导路径进行系统分析。

首先，农村经济发展将促进农村基础设施建设的加快发展，而农村基础设施建设将通过增加非农就业、降低运输成本及农村劳动力转移成本、提高农业劳动生产率、促进农业产业结构调整这四条途径对农村贫困产生积极影响。基础设施作为农村城镇化进程中的"先行资本"，短期来看，直接参与生产过程的交通、通信、能源供给等经济性基础设施建设投资的增加将对建筑、采掘、建材制造等相关行业产出及最终需求产生一定的拉动作用；间接参与生产过程的教育、科技、医疗等社会性基础设施建设投资的增加，将促进地区人力、社会和文化三大资本的形成，转变贫困人口社会服务的弱可获取性并降低其脆弱性，这都将促进农村社会的发展和经济的增长，并不同程度地为农村贫困群体带来各项福利的改善。如果经济社会发展更多的是通过农村或者农业部门来实现的，那么贫困群体福利改善的效果将更加明显。长期来看，交通运输、电力通信、文化教育等基础设施的建设和发展将大大改善贫困农村地区的运输、通信和文化教育条件与环境，从时空和信息上缩短了市场距离、节省了物流成本，减少了市场分割程度，提高了城乡之间以及农村内部之间的交易效率。这在一定程度上打破了制约农村贫困地区脱贫的主要瓶颈，进而促进农业产业结构的调整与转变。而基础设施建设对于农村减贫更直接的作用是基础设施本身的建设以及相关行业的发展为农村剩余劳动力特别是贫困地区的低技能劳动力创造了更多的就业和创收机会，而这无疑是减缓农村贫困的一条重要渠道。此外，贫困地区交通与信息两方面通达性的实现，将使得知识的生产与传播、技术的推广与应用更加快捷，这将提高农业劳动生产率进而促推农村总产出增加，贫困人群也将间接从中获益，带来自身收入以及其他福利状况的改善，贫困程度也随之得到降低。

其次，农村经济增长将促进地方政府财政收入增加，这一方面将增强政府安老扶弱、助残养孤、扶危济困等扶贫能力，为政府相关部门增加专门针对农村贫困群体的转移支付提供更多的保障资金，进而改善农村居民内部的收入分配状况，促进农村贫困群体收入增加和经济福利的改善；另一方面也将增强政府提供公共产品和向社会购买公共服务的资本和能力，为农村公共设施、公共事业、公共服务等领域提供更多的建设资金，促进农村基础设施和生态环境的改善，使得贫困群体从中享受到更多的社会福利和经济福利。农村经济发展通过基础设施建设和财政支出渠道作用于贫困缓减的机制与传导路径可通过图3.2来表示。

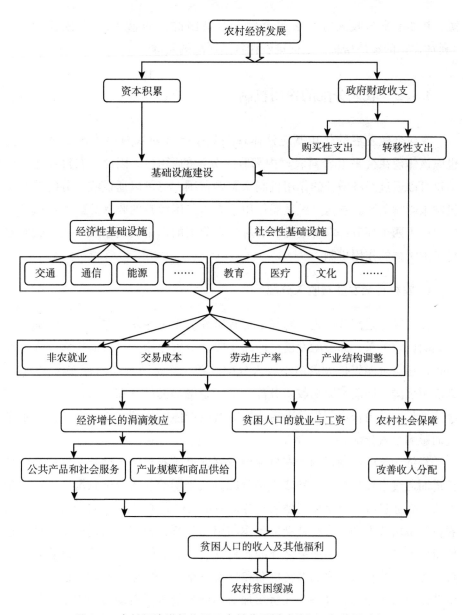

图 3.2 农村经济增长作用于农村贫困缓减的机理与传导路径

需要指出的是，虽然农村经济增长具有缓减贫困的作用，但是这种作用的发挥也是有条件的，经济增长促进农村贫困缓减需要有广泛的基础（资

源、初始财富与收入等）和包容性（对贫困群体的惠及性）。因此，只有
"利贫式"的经济增长才是促进农村贫困缓减的关键。

3.1.2　收入分配的作用机制

农村金融发展的作用既应该体现在效率上（对农村经济发展的影响），
也应该体现在公平上（对农村内部收入分配的影响）。因此，农村金融发展
不仅可以通过经济增长的作用机制来影响贫困，也可以通过收入分配的作用
机制来影响贫困。农村金融发展作用于农村贫困缓减的收入分配作用机制同
样取决于两个环节：农村金融发展对收入分配的作用机制以及收入分配对农
村贫困缓减的作用机制。

1. 农村金融发展与收入分配

在文献综述部分，论文阐释了现有研究关于金融发展对收入分配的三种
不同的影响关系，即金融发展可能缩小收入分配差距、也可能扩大收入分配
差距，还有可能先扩大后缩小收入分配差距。不论两者之间存在何种关系，
都表明金融发展能够影响收入分配。由于金融功能的存在，农村金融将通过
经济增长、人力资本积累等渠道，影响贫困群体的福利水平或潜在福利水平
进而影响收入分配。

经济增长的作用机制。农村金融发展促进了农村经济增长，农村经济增
长进而通过市场分配方式和非市场分配方式来影响收入分配状况。市场分配
方式主要通过改变信贷市场格局和劳动力市场格局来实现。就信贷市场而言，
农村经济增长推动了农村社会的资本与财富积累，使借贷市场资金充裕，这
使得原本被排斥在金融服务之外的农村低收入者能够享受到信贷以及其他金
融服务，从而获得更多的经济机会和收入来源，使得收入分配状况得到改善；
就劳动力市场而言，经济增长将增加对不同技能水平劳动力的需求，并影响
他们的收入回报。农村低收入者由于资金缺乏，在接受教育、培训和获取技
术技能等方面都相对弱势，大部分属于低技能水平劳动者。如果经济增长有
效刺激了高技能水平劳动力需求，那么将使得贫困群体的收入状况进一步恶
化，加剧农村贫困程度；如果农村经济增长有效刺激了低技能水平劳动力需

求，那么将使得农村贫困群体的收入状况得到改善，从而促进农村贫困缓减。非市场分配方式主要是通过政府财政支出的再分配效应来实现。农村经济增长将促进政府财政收入增加，进而使得政府转移支出增加。政府转移支付增加一方面能够促进农村公共产品供给增加，进而带来农村社会福利分配的改善；另一方面，也能够提高直接针对农村贫困群体的救济金、补贴金、失业补助、社会保障福利津贴等等，带来贫困群体经济福利分配的改善。

由于农村经济增长影响收入分配的机制与上一节中经济增长作用于农村贫困缓减的机制存在部分共性，这里不再详述。下面借鉴盖勒和泽拉（Galor and Zeira，1993）和张文等（2010）的研究，结合中国农村金融发展的现实背景构造理论模型来重点阐释农村金融发展通过人力资本积累作用于收入分配的机制。

人力资本积累的作用机制。人力资本积累对农村收入分配的影响主要表现在农户家庭个体能否获得收入能力或潜在收入能力的培养。农村金融市场不完善使得家庭个体所拥有的初始资源禀赋成为决定未来能否获得相对较高收入的关键。而农村金融发展的作用之一就是可以为农户家庭个体提供人力资本投资所需资金，帮助他们实现人力资本积累，从而最终促进农村收入分配的改善。

（1）基本假设。

考虑一个简单的两期农村经济体，存在跨代遗赠，经济体中所有的投资是不可分的，消费品可以通过高技能或低技能的劳动来提供。经济体中每个经济个体存活两期，拥有一个后代。经济个体拥有的初始财富为 y，在第二期消费 c，则其剩余财富为 $b = y - c$。个体将其剩余财富储蓄起来，并作为遗产遗赠给自己的后代。经济个体剩余财富的遗赠也构成其后代的初始财富。假设农村经济体中高技能劳动的工资为 w_1，低技能劳动的工资水平为 w_2，很明显，$w_1 > w_2$。同时，假设农村经济个体将自身的财富用于消费 c 和储蓄（即剩余财富）b 以最大化其效应。其的效用函数的表达式为：$U = c^{\alpha}b^{1-\alpha}$。

（2）模型推导。

在某一时期内，农村经济个体面临两种选择：①不进行人力资本投资，在两期中都为低技能劳动力；②在第一期进行人力资本投资，在第二期成为高技能劳动力。假设农村经济主体进行人力资本投资所需资金为 h，由于农村金融市场不完善，农村金融机构实行信贷配给，因此，只有那些获得足够遗产馈赠的经济主体（b > h）或者能够通过外部信用获得大于 h 的信贷资金的经济主体，才能顺利进行人力资本投资。进一步假设信贷利率和借出利率分别为 i、r，且 i > r。为了降低信贷违约的可能性，农村金融机构在放贷之前需要对借贷主体的信息进行甄别，在放贷之后还需要进行跟踪和监控，这都需要成本。因此，农村金融机构在放贷时都会确定一个高于 r 的利率以分担这些客观存在的显性或隐性成本。假设农村某借贷主体通过信贷获得资金 n，并支付相应的利息，在完全竞争的金融市场条件下，有

$$i_n \times n = n \times r + z \tag{3.7}$$

同时，要降低信贷的违约风险，z 就需要足够高。基于激励相容约束，有

$$(1 + i_n) \times n = \beta z \tag{3.8}$$

综合（3.7）式和（3.8）式，可以得到

$$i_n = i = (1 + \beta r)/(\beta - 1) > r \tag{3.9}$$

（3.9）式中，借贷主体获得贷款的支付 i 独立于贷款额度 n，而由于违约动机随着贷款额度的增加而增强，因此，农村金融机构对借贷主体的跟踪与监控成本将随着贷款额度 n 的增加而增加。

根据经济个体的效应函数，有

$$\max U = c^\alpha b^{1-\alpha}, \text{ s.t. } y = c + b \tag{3.10}$$

求解（3.10）式，得到

$$b^* = (1 - \alpha)y \tag{3.11}$$

综合（3.11）式和效应函数的表达式，得到

$$U^* = \alpha^\alpha (1 - \alpha)^{1-\alpha} y \tag{3.12}$$

首先考虑农村经济个体获得遗赠财富 x，但不进行人力资本投资的情况，其效应函数为

$$U_2^*(x) = \alpha^\alpha (1 - \alpha)^{1-\alpha}[(x + w_2)(1 + r) + w_2] \tag{3.13}$$

当农村经济个体获得的遗赠财富 x > h 时，其选择在第一期进行人力资本投资，这种情况下的效应函数为

$$U_{1_1}^*(x) = \alpha^\alpha (1 - \alpha)^{1-\alpha}[(x - h)(1 + r) + w_1] \tag{3.14}$$

比较（3.13）式和（3.14）式可以发现，只有当 $U_{1_1}^*(x) > U_2^*(x)$ 时，农村经济个体才会选择进行人力资本投资，求解不等式 $U_{1_1}^*(x) > U_2^*(x)$，

得到

$$w_1 \geqslant w_2(2+r) + h(1+r) \tag{3.15}$$

当农村经济个体获得的遗赠财富 $x < h$ 时，由于农村金融市场的存在，其通过外部信用以利率 i 获得借贷资金，这种情况下的效应函数为

$$U_{1_2}^*(x) = \alpha^\alpha (1-\alpha)^{1-\alpha} [w_1 - (h-x)(1+i)] \tag{3.16}$$

比较 (3.13) 式和 (3.16) 式可以发现，只有当 $U_{1_2}^*(x) > U_2^*(x)$ 时，农村经济个体才会选择借贷并进行人力资本投资，求解不等式 $U_{1_2}^*(x) > U_2^*(x)$，得到

$$x \geqslant [w_2(1+r) - w_1 + h(1+i)] / (i-r) \equiv \theta \tag{3.17}$$

对于一个出生在 t 时刻的农村经济个体，其留给后代的馈赠财富是关于 x 的函数，定义为 $b(x_t)$，则有

$$x_{t+1} = b(x_t) = \begin{cases} (1-\alpha)[(x_t + w_2)(1+r) + w_2] & x_t < \theta \\ (1-\alpha)[w_1 + (x_t - h)(1+i)] & \theta \leqslant x_t < h \\ (1-\alpha)[w_1 + (x_t - h)(1+r)] & x_t \geqslant h \end{cases} \tag{3.18}$$

构建与 (3.18) 式相对应的差分方程，可以求得方程的解。本书根据 (3.18) 式的分段函数，作出如图 3.3 所示的代际遗赠相图，来形象分析方程的解，即农村金融发展对收入分配的影响机理与影响方式。

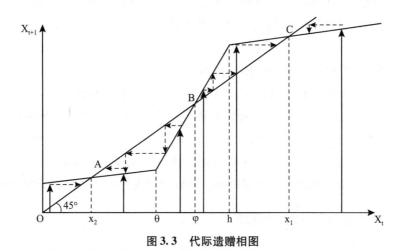

图 3.3 代际遗赠相图

资料来源：张文等（2010）。

从图 3.3 可以看出，除 A、C 两点为均衡点，B 点为非均衡点之外，其他的点都不是稳态的，但在区间 $x_t < \theta$ 内，会向 A 点运动并收敛于 A；在区间 $\theta \leqslant x_t < h$ 内，会以 B 为起点，反向运动；当处于区间 $x_t \geqslant h$ 时，会向 C 点运动并收敛于 C。从分段函数所表示的各线段的斜率来看，$b(x_t)$ 折线在 $x_t < \theta$ 区间和 $x_t \geqslant h$ 区间内的斜率都是 $(1-\alpha)(1+r)$，在 $\theta \leqslant x_t < h$ 区间内的斜率为 $(1-\alpha)(1+i)$。当农村金融发展水平越高，更多的农村经济主体将相对容易获得信贷，信贷执行成本也会下降，从而存款利率与贷款利率之差 $(i-r)$ 也会下降。最终，所有线段的斜率之差趋于零（即 $i=r$）。也就是分段函数表示的折线变成一条直线的极端情形，这时意味着所有的代际遗赠财富都相等，收入分配绝对平等。

综合上述理论分析可以看出，农村信贷配给条件下经济体财富分配的初始不平等是刚性的，信贷配给制约了农村贫困群体进行人力资本投资的机会与程度。农村金融市场越不完善，农村信贷配给就会越严重，农村贫困群体从金融市场获得进行人力资本投资所需信贷资金的机会就越小，收入分配差距就越大。反之，农村金融体系越发达，金融市场越完善，农村信贷供给就越充分，农村贫困群体从金融市场获得进行人力资本投资所需信贷资金的机会就越大，收入分配差距就越小。因此，农村金融发展通过影响经济个体获得收入的能力进而影响收入分配。在金融市场不完善的条件下，农村经济个体所拥有的馈赠财富成为制约自身获得相对较高收入（或者潜在较高收入）能力培养的先决条件，也即自身未来获取相对较高收入的先决条件。没有或者拥有较少馈赠财富的经济个体，将由于不能得到收入能力培养而维持低收入水平；而拥有足够馈赠财富的经济个体，将由于能够得到收入能力的培养而获得较高的收入，农村收入分配差距进一步扩大；随着农村金融的发展，金融市场不断完善，没有或者拥有较少馈赠财富的经济个体也因能够通过信贷获得收入能力的培养，进而获得较高的收入，农村收入分配差距缩小。长期来看，农村金融发展水平的提高将会有效促进农村收入分配状况的改善。

2. 收入分配与农村贫困缓减

在同等平均收入情况下，收入分配差距越小意味着贫困群体占有的财富越多，因此，降低收入分配差距将有利于农村贫困缓减。但是收入分配对农村贫困的影响效应也受诸多因素的制约，农村经济发展过程中人均收入水平越高，收入不平等引致的贫困效应可能会更强，而收入不平等越严重的地区，贫困对收入不平等的反映可能会越迟钝（陈立忠，2008）。因此，收入分配不平等程度的加深将会延缓经济增长和收入增长带来的减贫效应。同时，收入分配对农村贫困的影响也受收入水平的制约。本书借助卡克瓦尼和苏巴拉奥（Kakwani and Subbarao，1990）提出的贫困变动的分解模型来系统地分析收入分配与收入水平对农村贫困的作用机理。

根据狭义的贫困定义，农村贫困程度 $P_a(t)$ 可以表示为贫困线 z_t、平均收入水平 μ_t 和收入分配 G_t（用洛伦兹曲线表示）的连续函数，即

$$P_a(t) = P_a[z_t, \mu_t, G_t] \tag{3.19}$$

由于贫困线 z_t 不随时间 t 的变化而变化，农村贫困程度的整体变化就由 μ_t 和 G_t 的变化决定。因此，（3.19）式可以进一步简化为

$$P_a(t) = P_a[\mu_t, G_t] \tag{3.20}$$

因此，在第 t 期 ~ 第 t + n 期，贫困程度的变化可以表示为

$$P_{t+n} - P_t = P_{t+n,t+n} - P_{t,t} \tag{3.21}$$

为了确定收入水平或者收入分配的每一种变化对农村贫困的影响，需要确定两种"中间的"贫困程度（或贫困状态），不妨分别用 $P_{t+n,t} = P(\mu_{t+n}, G_t)$ 和 $P_{t,t+n} = P(\mu_t, G_{t+n})$ 表示。其中，$P_{t+n,t}$ 表示农村平均收入水平从 μ_t 变为 μ_{t+n} 而分配不变时的贫困程度，$P_{t,t+n}$ 表示农村平均收入水平不变而分配从 G_t 变为 G_{t+n} 时的贫困程度。利用这两种"中间"的贫困程度，农村整体贫困程度的变化可以通过如下不同的分解方法来表示：

$$P_{t+n} - P_t = (P_{t+n,t} - P_t) + (P_{t+n} - P_{t+n,t}) \tag{3.22}$$

$$P_{t+n} - P_t = (P_{t+n} - P_{t,t+n}) + (P_{t,t+n} - P_t) \tag{3.23}$$

（3.22）式和（3.23）式右边第一项分别表示第 t 期和第 t + n 期分配不变的情况下平均收入变动对农村贫困的影响。（3.22）式和（3.23）式右边第二项分别表示第 t 期和第 t + n 期收入不变的情况下分配变动对农村贫困的影响。

由于上述分解方法不是"路径独立"的，有学者达特和拉瓦雷（Datt and Ravallion，1992）在此基础上提出了另外一种分解方法：

$$P_{t+n} - P_t = (P_{t+n,t} - P_t) + (P_{t,t+n} - P_t) + R \tag{3.24}$$

（3.24）式虽然平息了基准期的选择问题，但是增加了变化不相关的未能被解释的残差项 R，使得方程右边不能全部解释贫困的所有变动。而国内学者林伯强（2003）通过一个并不复杂的分解较好地解决了上述问题：

$$P_{t+n} - P_t = \frac{1}{2}\left[(P_{t+n,t} - P_t) + (P_{t+n} - P_{t,t+n})\right] + \frac{1}{2}\left[(P_{t+n} - P_{t+n,t}) + (P_{t,t+n} - P_t)\right]$$

（3.25）

（3.25）式右边第一项表示第 t 期和第 t + n 期分配均不变的情况下平均收入水平变化对农村贫困程度的影响，右边第二项表示第 t 期和第 t + n 期平均收入水平不变的情况下分配变化对农村贫困程度的影响。从而表明，收入分配对农村贫困缓减的作用将受到收入水平的影响，而收入水平对农村贫困缓减的作用也将受到收入分配的影响，收入分配和收入水平通过其复杂的内在机制共同作用于农村贫困缓减。下面通过农村贫困弹性的分解来具体阐释两者对贫困影响的动态路径。

以（3.20）式为基础，假设第 t 期收入分布 X 服从对数正态分布 N(μ，σ)，则第 t 期农村贫困程度可以表示为如下连续形式：

$$P_a(t) = f[\mu(t), G(t)] \tag{3.26}$$

（3.26）式两边同时对 t 求导：

$$\frac{dP_a(t)}{dt} = \frac{\partial P_a(t)}{\partial \mu(t)} \frac{d\mu(t)}{dt} + \frac{\partial P_a(t)}{\partial G(t)} \frac{dG(t)}{dt} \tag{3.27}$$

以 $P_a(t)$ 同时除（3.27）式两边，并约去 dt，得到

$$\frac{dP_a(t)}{P_a(t)} = \frac{\mu(t)}{P_a(t)} \frac{\partial P_a(t)}{\partial \mu(t)} \frac{d\mu(t)}{dt} + \frac{G(t)}{P_a(t)} \frac{\partial P_a(t)}{\partial G(t)} \frac{dG(t)}{dt} \tag{3.28}$$

令（3.28）式中

$$\eta_a(t) = \frac{\mu(t)}{P_a(t)} \frac{\partial P_a(t)}{\partial \mu(t)} \tag{3.29}$$

$$\zeta_a(t) = \frac{G(t)}{P_a(t)} \frac{\partial P_a(t)}{\partial G(t)} \tag{3.30}$$

则（3.30）式可以简化为

$$\frac{dP_a(t)}{P_a(t)} = \eta_a(t) \frac{d\mu(t)}{dt} + \zeta_a(t) \frac{dG(t)}{dt} \tag{3.31}$$

（3.31）式中，$\eta_a(t) \frac{d\mu(t)}{dt}$ 表示贫困变动的收入效应，$\zeta_a(t) \frac{dG(t)}{dt}$ 表示

贫困变动的分配效应，其中 $\eta_a(t)$ 为收入增长偏弹性，表示收入分布一定的情况下人均收入水平增长 1% 将引起贫困程度指数 $P_a(t)$ 下降的百分比，$\eta_a(t) < 0$。其中 $\zeta_a(t)$ 为收入分配偏弹性，表示收入分布一定的情况下基尼系数上升 1% 将引起贫困程度指数 $P_a(t)$ 上升的百分比，$\eta_a(t) < 0$。根据卡克瓦尼（Kakwani，1993）的计算有：a = 0 时，$\eta_a = -\dfrac{zf(z)}{H}$，$\zeta_a = -\dfrac{(\mu - z)f(z)}{H}$；

a ≥ 1 时，$\eta_a = -a\left[\dfrac{P_{a-1}}{P_a} - 1\right]$，$\zeta_a = -\dfrac{af(z)}{zP_aH}\left[(\mu - z)P_{a-1} + zP_a\right]$。为此，根据 $\eta_a(t)$ 和 $\zeta_a(t)$ 的上述特征就得到收入水平与收入分配的变动对贫困缓减的影响机理：

（1）若 $\mu(t) < \mu(t+1)$，则 $\eta_a(t) > \eta_a(t+1)$，$\zeta_a(t) < \zeta_a(t+1)$。表明贫困的收入增长偏弹性 $\eta_a(t)$ 随着初始收入水平 $\mu(t)$ 的上升而下降，贫困的收入分配偏弹性 $\zeta_a(t)$ 随着初始收入水平 $\mu(t)$ 的上升而上升。这意味着在收入分布不变的情况下，初始收入水平越高，收入增长的减贫效应越强，收入不平等引起的贫困效应也越强。

（2）$G(t) < G(t+1)$，则 $\eta_a(t) < \eta_a(t+1)$，$\zeta_a(t) > \zeta_a(t+1)$。表明贫困的收入增长偏弹性 $\eta_a(t)$ 随着初始分配不平等程度 $G(t)$ 的上升而上升，贫困的收入分配偏弹性 $\zeta_a(t)$ 随着初始收入水平 $G(t)$ 的上升而下降。这意味着，初始收入不平等程度越深，收入增长的减贫效应越弱，收入不平等程度上升引起的贫困效应也越弱。因此，从反贫困政策的角度来看，初始收入分配不平等程度非常深的国家，采取收入再分配政策来推进快速减贫几乎是不可能实现的。

3.2 农村金融作用于农村贫困缓减的直接机制

农村金融作用于农村贫困缓解的直接机制主要是通过穷人对金融服务的参与与可及性来实现。农村金融机构向农村居民提供的信贷、储蓄、结算、融资投资、保险证券、金融信息咨询、风险管理等金融服务及其服务的深度和广度能够影响到农村个体的初始财富水平、接受教育和培训的机会与程度、获取金融服务的机会、改善经济、社会、政治等福利的机会和途径等，进而对农村贫困产生影响。由于农村金融服务即包括正规金融服务也包括非正规金融服务，且两者的服务机制既存在共性的东西也存在个性的方面。因此，本节首先从正规金融与非正规金融的关系入手，深入分析农村正规金融与非正规金融的不同合作关系对农村金融服务的影响机制。在此基础上，进一步就正规金融服务作用于农村贫困缓减的机制和非正规金融服务作用于农村贫困缓减的机制分别进行研究。

3.2.1 正规与非正规金融的不同合作关系对农村金融服务的影响

1. 互补关系对农村金融服务的影响

在农村，金融市场被分割成正规金融市场与非正规金融市场两部分，并以此形成了正规金融服务的供需和非正规金融服务的供需，两者并存的事实说明两者之间存在互补关系。由于农村金融需求的微观主体自身固有的特点和性质，使得以"市场化"为经营原则的正规金融服务难以适应。在缺乏有效缓解农户与金融机构之间"信息不对称"的工具（如抵押、担保等）的情况下，为了避免逆向选择和道德风险，正规金融机构采取"金融服务配给"政策以应对供不应求的金融服务需求。在正规金融服务配给网路的盲点区域，非正规金融服务一般能以其特有的信息、担保及交易成本等优势，活跃于这些地区，并满足部分金融服务需求特别是从正规金融服务中"溢出"的那部分需求。这里显示的是非正规金融服务的"补缺效应"。同时，这种互补关系也体现在它们之间的"信息分享"上。农村非正规金融内生于农村本土信息充分流动的熟人社会组织，就正规金融机构极度缺乏的农村客户特点及其活动的各类信息，非正规金融机构能够充分利用自身优势近乎零成本的获得。因此，在提供信贷服务时农村非正规金融机构基本都能相对准确地识别出不同类型的借贷者，并对其采取不同的信贷策略。这实际上间接给予了正规金融机构一种信号，在客观上产生"溢出效应"，即正规金融机构可以通过资金需求者是否从非正规金融机构获得融资的现象来判断出借贷者的风险类型，进而达到利用非正规金融机构的比较优势甄别出优质与劣质客户的目的。反过来，正规金融机构实行的利率也往往被非正规金融机构视为"机会成本"，当银行采取较低的贷款利率时则一定程度上意味着非正规信贷的成本降低，产生正的外部性。非正规金融在外部给正规金融带来的这种"示范效应"有利于正规金融机构从内部审视自我、完善自我、改革自我，以带动自身服务水平和服务效率的提高，进而推进农村整体金融服务水平和服务质量提升。此外，由于农村正规金融机构的信贷服务大都局限于生产性用途，对于那些必需的紧急性消费支出如疾病、婚嫁丧葬、天灾人祸等均不在其信贷服务范围之内。而非正规信贷服务并不严格区分生产性用途与消费性用途，从而能够满足农村经济条件下经常性的消费性信贷需求，既是对正规信贷服务局限的必要补充，也给正规金融机构完善消费信贷服务提供了借鉴和参考。因此，非正规金融服务作为正规金融服务的有效补充，拓展了农村金融服务平台和服务渠道，提升了农村金融服务水平。

2. 替代关系对农村金融服务的影响

尽管农村正规金融与非正规金融各自具有自身的比较优势和服务对象，一定程度上形成了互补关系，但是两者之间各自的特性又使得它们之间不完全是一种互补关系，还存在一种相互替代关系。存在相互替代关系的主要原因在于双方业务上出现的交叉重合，如两者都能提供信贷服务、储蓄服务，必然形成某种竞争关系。在农村金融抑制的大背景下，农村金融资源非常匮乏。由于非正规金融市场利率相对较高以及某些非正规金融活动的高收益性，农村社会一部分闲置资金甚至部分正规金融机构的存储资金，在利益驱使下将流向非正规金融市场，这样在存款业务上，非正规金融机构的存在为农村居民储蓄提供了一个可替代的渠道。随着非正规金融活动财富示范效应的形成，又将吸引更多的资金流向非正规金融市场。这样一方面有利于把社会上分散的、规模较小的、产权分割的闲置资本集中起来，形成规模资本，促进了非正规金融机构服务能力的提升，服务范围的拓展以及服务方式的转变；另一方面非正规金融机构的资本集中效应必然给正规金融机构施加竞争压力，使得正规金融机构采取各种手段改善管理与服务，提高自身服务能力，以吸纳更多的储蓄。同时，在贷款业务上，由于正规金融市场和非正规金融市场之间的"溢出效应"，当正规金融供给增加时，这部分溢出的超额需求即非正规金融需求势必减少，这种此消彼长关系的存在，意味着农村非正规金融的生存和发展一定程度上打破了农村金融市场的垄断格局，带来了竞争性的市场环境，使正规金融机构不得不在服务意识和服务管理、服务项目和服务渠道、服务范围和服务方式等方面做出适应性调整和变革，提供更高质量的金融服务以适应市场竞争的需要，从而也促进了农村整体金融服务水平和服务质量的提升。

3. 转化关系对农村金融服务的影响

由于农村非正规金融活动是基于人情、血缘、地域等非正式规则和制度发展起来的，其关系链短、社会信用圈小、层次少。在这种特定的生存边界里，借贷双方之间长期以来形成的默契、信任、信誉和社会关系完全可以维持非正规金融活动的正常运行。但是，随着经济的成熟发展，当交易范围跨越出既定的生存边界时，非正规金融这种以血缘地缘为根基的组织关系将不断被突破，新的金融组织形式将出现并与之相适应。这时，非正规金融将逐渐由"关系型融资"向"契约型融资"发展，并向与货币关系、竞争关系和交易关系等富于市场内容更相容的正规金融转化，以克服由于金融活动范围扩大而带来的信息、交易成本和隐性担保的局限性（姜旭朝，2004），更好地满足融资主体融资规模扩张的需求。因此，某种程度上可以说，农村金融从其诞生之日起首先就是以非正规金融的形式出现的，非正规金融是正规金融的原始形态。随着经济的发展和现代金融机构的出现，相当一部分非正规金融机构将向正规金融机构转化，使得农村整体金融服务能力逐步得到提升，服务结构逐渐得到优化，服务效率逐步得到改善，农村整体金融服务体系逐步得到完善。

上述分析表明，农村正规金融与非正规金融之间存在的互补、替代与转化关系，整体上促进了农村金融服务水平和服务质量的提升以及服务体系的完善。下面，将具体阐释农村正规金融服务、非正规金融服务分别作用于农村贫困缓减的机制。

3.2.2　正规金融服务的作用机制

农村正规金融服务主要包括信贷、储蓄、融资投资、结算、保险证券和金融信息咨询、风险管理等。贫困群体对这些金融服务的参与与可获得性是农村正规金融发展直接缓减贫困的重要渠道。下面重点就信贷服务、储蓄服务、融资服务和保险服务作用于农村贫困缓减的机制进行分析。

1. 储蓄服务

储蓄服务是农村正规金融机构的一个主要功能构成，农村正规金融机构通过为各类群体包括贫困群体提供储蓄服务，促进参与者收入的提高，进而促进贫困缓减。

首先，储蓄服务不仅为贫困群体提供了一种安全的资金积累方式，也同时使得贫困群体能够获得一定的利息收入，并降低了资金闲置的机会成本。正规金融机构储蓄服务的保本付息特征注定了其具有明显的保值性和收益性。储蓄存款的流动性没有现金的流动性强，也正是这种隐性约束使得被转化为储蓄存款的现金不被随意消费和使用，而能够用于将来相对较大的预期消费或投资的支付，如教育储蓄、生产性投资、养老储蓄等，从而帮助参与储蓄的贫困群体实现对家庭财富的合理规划与使用。

其次，储蓄服务可以帮助贫困者在不可意料的收入波动中实现消费平滑，从而帮助贫困者抵御收入不确定性带来的风险，这对于收入低且不稳定的贫困群体来说是非常重要的。

再次，储蓄服务可以提高贫困者应对风险冲击的能力，降低贫困者的脆弱性。一般而言，面临风险冲击时脆弱性往往会导致贫困者财产、人员等各项损失，并引起贫困家庭福利水平的下降甚至生活质量的下滑。储蓄服务使得贫困者在面临冲击时不至于终止正在进行的生产，或者减少食物摄入量，或者出卖牲畜、家产甚至使子女辍学来维持生存，提高了贫困者从冲击中尽快获得恢复的可能性，增加贫困者面临经济、健康、灾害等风险打击的适应能力和自我激励能力，降低由此而导致更深层次贫困的关联性。从而使得贫困者在面临冲击时能够避免陷入脆弱—贫困—更脆弱—更贫困的恶性循环。风险的应对体现了储蓄服务对于贫困者的特殊价值。

此外，储蓄存款是农村正规金融机构供贷资金和投资资金的主要来源之一，储蓄存款的吸收可以创造更多的信贷和融资供给，从而满足范围更广泛的信贷和融资需求，使得部分贫困群体和微小企业能够惠及，进而帮助他们投资于生产性资产或实现小规模融资，实现贫困家庭的自我雇用和微小企业的正常运营，从而提高贫困者的收入水平和微小企业的生存与发展能力。

储蓄服务通过帮助贫困阶层积累资金、平滑消费，增强抵御风险冲击的能力，促进家庭财富的合理规划和使用，降低脆弱性。因此，储蓄服务是正规金融的一种重要的减贫途径。

2. 信贷服务

信贷服务是农村金融机构的一个基本而重要的服务构成，为贫困群体提供信贷服务是农村金融缓减贫困的又一重要方式。信贷服务不仅增加了贫困者对原材料、设备、厂房、人力资源和技术等生产性资产的投资机会，也增加了贫困者对如教育、科技、培训等虽存在潜在风险但回报率却相对较高的资产持有，在提高贫困者劳动生产力和预期收入的同时，也能够提高他们的发展能力，增加长期收入，进而帮助他们摆脱贫困。当前，农村正规金融支持下的贴息贷款为农民扩大农业生产和非农创业提供了资金支持，不仅直接降低了农民获得信贷资金的成本，也使得农民的农业生产得以顺利进行，进而带来收入增长和贫困缓减。

同时，信贷服务同样可以帮助贫困者抵御风险和降低脆弱性。抗风险能力弱和脆弱性是贫困的基本特征，自然灾害、疾病、价格波动、生态危机等风险冲击不仅将增加非贫困家庭致贫的概率，也将对贫困家庭的福利水平构成威胁，大大增加贫困家庭陷入恶性贫困循环的实际可能性。在缺少储蓄或保险的情况下，信贷虽然不能直接增加贫困者的收入，但是却能够提高遭受冲击的群体应对风险冲击的能力，帮助贫困者防范和减缓风险，保持原有福利水平。

但是，享受农村正规金融机构的信贷服务是存在门槛制约的，实物抵押和担保的缺乏将导致贫困者难以跨越信贷服务的门槛，进而阻碍了贫困者通过信贷缓减贫困的可能和程度。

3. 企业融资服务

资金是企业经济活动的主要推动力，企业能否获得稳定的资金来源、保证生产要素组合所需资金的及时、足额筹集，是企业能否实现正常经营和发展的关键。虽然企业融资既可通过外源融资也可通过内源融资来解决，但是几乎对于所有的企业来说，银行信贷始终是其最主要、最重要的资金来源。金融机构为企业提供融资服务，在实现自身盈利的同时促进企业发展与成长，从而有利于创造更多的就业岗位，增加贫困群体的就业机会，拓展贫困群体的就业途径，进而促进贫困者收入增加，有利于贫困缓减。因此，企业融资服务也是缓减贫困的途径之一。

4. 保险服务

保险服务的基本功能是保障功能。保险作为一种有可能带来收益也有可能带来损失的互动发展式社会资金，能够提高贫困者在面临突发事件时寻求外界的支持与服务能力，保险服务对财产损失的补偿和对人身危害的给付，能够降低贫困者在生产和生活中因突发事件带来的损失，进而降低他们的脆弱性。保险服务对贫困者的作用与储蓄服务、信贷服务存在相似性。

总之，不同金融服务的侧重点不同，为贫困群体提供金融服务是促进贫困缓减的重要渠道之一。随着农村正规金融的发展，金融服务品种将逐步丰富，金融服务渠道将逐步拓展，金融服务能效将逐步提高，这些都将促进金融服务体系的逐步完善，从而有利于提高贫困群体获得金融服务的机会，并享受金融服务带来的好处，这对于贫困缓减有着重要的意义。

3.2.3 非正规金融服务的作用机制

大多数国家特别是发展中国家的农村地区，金融市场普遍不完善，这是贫困产生的重要原因。金融市场的不完善，导致组织化程度相对较高的正规金融服务部门难以处理和应对如信息不对称、抵押物缺乏、小规模借贷成本和风险高以及消费信贷旺盛等问题，只得采取信贷配给政策，而贫困群体就是被配给的主要对象。这就使得贫困群体几乎普遍难以得到必需的金融服务。在面临迫切的金融服务需求而又无法从正规金融部门得到满足的情况下，贫困群体就转而求助于非正规金融部门，通过获取非正规金融机构提供的金融服务来提高自身参与市场的能力，从而促进自身收入水平提高和贫困缓减。由于农村非正规金融的运营机制与正规金融的运营机制存在差异，因此在金融服务提供的种类、方式、规模、渠道等方面也存在一定的差异。总体而言，农村非正规金融主要是通过放松抵押担保制约、缓解信息不对称、降低金融服务信息成本和执行成本等方式为具有较低初始禀赋的贫困农户提供了平等地享有储蓄、信贷、融资、保险、货币支付等金融服务的机会，通过促进农户之间金融服务分配的平等，进而促进农村贫困缓减。由于微型金融是农村非正规金融促进贫困缓减的一个重要而典型的服务方式，本文重点就微型金融服务对农村金融服务分配所带来的改善效应进行分析，以期从中阐释非正规金融服务作用于贫困缓减的直接机制。

1. 小额信贷服务

信贷约束是贫困者摆脱贫困的主要束缚。及时足额的借贷对于贫困群体进行物质资本、人力资源投资以及隔离抵御外部冲击方面有着非常重要的意义。专门为低收入和贫困群体，特别是为中低收入的农民和乡镇微小企业缓减融资约束的小额信贷，是已经被证明了的缓减贫困的有力用具，也是微型金融的核心服务形式。小额信贷不仅提供生产性贷款，也提供消费或应急性贷款，有效弥补了正规信贷服务的不足。且相对于正规信贷严格的担保和抵押条件而言，非正规性质的小额信贷主要是通过放松抵押担保制约、缓解信息不对称、降低客户交易成本等手段为具有较低初始禀赋的农户提供了平等地进入信贷市场的机会，使得原本有信贷需求但被正规金融机构排斥的低收入、贫困群体以及微小企业能够获得信贷满足。这明显改善了农村社会信贷分配的不平等程度，促进了农户之间信贷分配的平等程度，进而使得农村社会内部中低收入群体的财富水平、社会地位甚至政治关联等状况得到改善并直接从中获益，进而有利于缓减贫困。下面就小额信贷通过增加中低收入群体获得信贷服务的机会，帮助这类家庭顺利实现生产经营进而促进贫困缓减的机制进行分析。

（1）小额信贷服务与贫困缓减。

假设农户是一个有生产功能的微型企业，也是农村社会中一个基本的生产经营单位。农村社会中，不同农户对物质资本、劳动力数量和技术水平等初始禀赋的拥有量存在差异。小额信贷对较低初始禀赋农户（即中低收入农户）生产经营活动中的贡献，主要是通过为这类农户家庭农业生产和非农经营提供资金投入来实现。中低收入农户从非正规金融渠道获得的小额贷款或用于缓减流动性约束、或用于购置各类固定资产、或进行技术改造、或雇佣劳动等，以赚取收入。非正规机制安排下的小额信贷要素与中低收入农户的初始禀赋相结合，通过影响他们的生产可能性边界进而对其收入产生影响（见图3.4）。由于不同类型的农户初始资源禀赋存在差异，小额信贷要素发挥作用的途径也就存在差异。

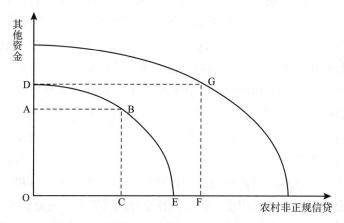

图3.4　农村非正规信贷与农户生产可能性边界

第一种情况：非正规小额信贷要素使得低收入农户能够维系既有的生产可能性边界。在这种情况下，技术、资本和劳动都不发生变化，即技术和生产函数给定，低收入农户由于初始资源禀赋低，从非正规金融渠道获得的小额贷款只是补充传统生产活动中暂时性投入的空缺，解决自身现金的流动性约束。如购买化肥、种子、育苗以及用于加工经营的原料等，如果没有非正规小额信贷的支持，他们就需要从其他渠道筹措资金。用非正规渠道的小额信贷融资解决低初始资源禀赋农户的流动性约束，使得他们能够维系既有的生产可能性边界，表现的是对正规信贷的"替代效应"。非正规小额信贷服务于这种类型的农户，或者为他们创造发展的起点，或者使他们的情况保持原样而不至于出现恶化。

第二种情况：非正规小额信贷要素促使中低收入农户达到或扩大生产可能性边界。在这种情况下，由于缺乏资金，此类农户的生产处于生产可能性边界之内，其技术和规模变化的过程和差异主要表现为如下三种情况：①在技术不变的情况下，农户由于获得了非正规小额信贷资金追加投入，并使之与自身原有的资本与劳动相结合，实现生产规模的扩大。生产规模的扩大将使农户在细化专业分工、开发和利用副产品、购买生产要素以及产品销售方面拥有更多优势，甚至出现规模经济，实现到达生产可能性边界上。②在规模不变的情况下，农户从非正规渠道获得的小额融资用于技术改造和升级，技术的改善或提高可能带来劳动和成本的节约，在促进此类农户利润增加和竞争力提升的同时，也推动此类农户的生产可能性边界向外移动。这时候，人力资本禀赋成为农户选择贷款的条件，农户从正规信贷渠道获取融资应该是首选，但是由于农村正规信贷服务的"缺位"，使得非正规信贷成为正规信贷的补充。③在技术和规模都变化的情况下，农户扩大已经从事的生产经营项目的规模并对其进行技术改造，或者采用新技术开发新项目，实现经营产品品种的升级换代。这时农户生产效率得到提升，要素实现集约，技术与人力资源效率的溢出效应呈现。农户家庭生产经营也在这种要素配置效率的持续改进中，实现生产可能性边界向外移动。但是由于这一过程不仅包含规模扩大和新技术投入双层因素，并且往往也伴随着资本、土地和劳动的集中，需要的资金量巨大，农村内生的非正规小额信贷制度安排，由于资金局限，往往不适应这样的大农户。

上述分析表明，非正规小额信贷一定程度上促进了农村信贷分配的平等，增加了农村中低收入群体获得信贷服务的途径和机会，促进了中低收入群体收入的增长，从而有利于农村贫困缓减。

（2）小额信贷缓减贫困的路径。

本书第 1 章就贫困的多维度定义以及内涵进行了系统的阐释，贫困的多维性意味着穷人并非同质性群体，非正规小额信贷服务缓减农村贫困的途径主要取决于其为何种类型的贫困群体提供了何种形式的帮助。本研究参照哈希米等人（Hashemi et al, 1996）的定义，主要就小额信贷服务于如下四种典型类型的贫困农户的情况进行分析，即从事小规模生产经营但资本缺乏型农户（A 类）、就业机会缺少型农户（B 类）、消费亏空型农户（C 类）、对周期性经济波动和社会震荡表现出较大脆弱性的农户（D 类）。以期能够从中窥视非正规金融服务促进农村贫困缓减的形式与路径。

　　小额信贷服务对 A 类贫困群体生产经营活动的贡献，主要是通过为其家庭非农生产和经营提供资金投入来实现。如果 A 类贫困群体将小额信贷资金用于购买生产经营的原料、必需的生产设备等以使得其生产经营能够得以继续而不至于停止，那么小额信贷要素的作用是帮助这类群体缓减暂时性投入空缺，使得这类群体至少能够维系原有的收入水平和生活水平，通过避免收入波动来降低他们的不确定预期，不至于出现生活质量下降。如果 A 类贫困群体将小额信贷资金用于扩大生产经营，那么将有可能实现规模经济而获得更高的收入，不仅可以帮助自身摆脱贫困，而且能够帮助他们积累财富和资本，进而使他们的社会地位得到提升，自我激励得以增强；如果 A 类贫困群体将小额信贷资金用于技术改造，那么将为其提高生产经营效率，带来劳动和成本的节约，进而获得更多的利润，不仅帮助他们摆脱贫困和积累财富资本，也将进一步帮助他们构筑社会资本，使其有信心有能力投资于规模更大和盈利更多的项目并获得更大的收益，并反过来有能力帮助和扶持更多的贫困群体。

　　小额信贷服务对 B 类贫困群体的贡献途径主要体现在：如果 B 类贫困群体是因缺少外出寻找就业机会的自有资金而导致，非正规渠道获得的小额信贷资金就可以作为其外出务工的费用，并以此帮助其获得新的就业途径和机会；如果 B 类贫困群体是因缺少技术和能力所致，非正规小额借贷资金就可以作为其学习培训、提升自身人力资本的发展资金，通过自身获取收入能力的培养，获得预期的收入回报；如果 B 类贫困群体是因缺少创业创收的资本所致，非正规小额借贷资金就可以作为其创业创收的启动资金。在农村贫困地区，普遍存在着一些闲置的草坪、草坡、草地等私人资源或公共资源，贫困群体通过获得小额信贷去从事开发利用这些闲置资源的小规模经济活动如养殖、种植等已经屡见不鲜。他们既可以将这种开发利用闲置资源的活动当做一种就业活动并从中获得经济收入，也可以在已经就业的情况下，当做一种创收途径，在提高自身劳动生产率的同时改善自身的贫困状况。

　　小额信贷服务对 C 类贫困群体的贡献途径主要体现在：贫困群体的消费亏空一般是由于重大疾病、婚丧嫁娶、建房、子女上学等重大事项所导致，正规金融针对这类消费的放贷是严格限制的。非正规小额信贷不仅为其补充了流动资金，促进他们流动性约束的缓减，而且一定程度上提高了他们的自尊心、自信心与社会地位，进而带来了他们社会福利和其他隐性福利的改善。众所周知，人力资本投资是贫困家庭摆脱贫困的一条重要途径。微型金融提供的小额信贷服务既可以通过家庭收入的增长来刺激积极的教育需求，避免或者降低贫困家庭通过减少储蓄、变卖财产、让子女辍学等方式来平滑消费的可能性和程度，也可以通过改变人们对机会的理解和对收益的认知，继而影响到他们的教育决策，势必将农村思想、文化、知识等方面的贫困产生正面影响。

小额信贷服务对 D 类贫困群体的贡献途径：一般而言，面临冲击时脆弱性往往会导致贫困家庭财产、人员等各项损失，并引起家庭福利水平的下降甚至生活质量的下滑。且越贫困者越脆弱，越贫困者遭受冲击时福利的损失越大，冲击过后恢复的过程慢，恢复的能力弱。特别是在没有外界帮助的情况下，D 类贫困人群在面临冲击时或者终止正在进行的生产，或者减少食物摄入量，或者出卖牲畜、家产甚至使子女辍学以维持极低的生活水平。这不仅使他们丧失了从冲击中尽快获得恢复的可能性，也由于冲击带来的福利水平的下降导致其对子女的教育、健康等发展性投入减少，并由此而陷入脆弱—贫困—更脆弱—更贫困的恶性循环。非正规小额信贷服务于这种类型的贫困家庭，一方面资金补给将使得 D 类贫困群体面临周期性经济波动和社会震荡时能够维持或者基本维持自身原有的生产生活水平，使其生产活动得以持续，家庭财富不至于出现巨大损失，生活质量不至于出现大幅度下滑；另一方面，小额信贷服务也大大增强了他们抵御冲击和突破逆境的能力，增强了他们生产生活和摆脱贫困的信心。这都是贫困群体福利得到改善的重要表现。

综上所述，农村非正规金融机构提供的小额信贷服务某种程度上是正规信贷服务范围和服务对象的拓展与延伸，它通过增加投资、拓展就业途径、增加就业机会、缓减流动性约束、改善生存条件、降低脆弱性、避免收入波动、增加自我激励、构建社会资本等途径，有效促进农村贫困缓减。

2. 储蓄、保险、融资等其他金融服务

微型金融提供的储蓄和小额保险服务与正规金融机构提供的功能相同，作用机制也基本一致，只是在提供的方式和规模上有所差异。微型金融的储蓄是通过强制储蓄或储蓄动员两种方式来吸收的。如孟加拉格莱珉乡村银行

中的自助小组就实行强制储蓄计划，且同时接受公众存款和允许贷款人参股，以此确保自身财务的可持续和促进自身治理结构的改善。印度尼西亚人民银行乡村信贷部储蓄产品的利率和期限是根据不同客户的储蓄额和流动性需求来设计的，从而确保了贷款资金来源的稳定。在保险服务方面，微型金融推行的是小额保险，不仅同样能够帮助贫困家庭抵御外部风险和冲击，同时也增加了部分其他保险工具不具备的功能。如印度西部古吉拉特邦推行的农作物保险同时还具有偿还贷款的功能。

致力于家庭作坊式企业、个人合伙企业、个体工商户以及小型民营公司等小微企业的培育、创建与发展的小微企业融资服务也是微型金融的主导服务产品之一。农村地区以家庭为基础成长起来的小微企业，由于信息披露机制的滞后和抵押担保的缺乏，不仅造成银行等正规金融机构无法有效识别其融资风险，也导致对其进行评估、监管和信息收集的成本高昂。鉴于风险和成本的考虑，银行等正规金融机构在考虑是否对小微企业放贷或融资上都是极其谨慎的。导致小微企业严重的融资约束，阻碍了小微企业的成长与发展。非正规金融部门专门针对小微企业的融资服务，一方面帮助了以家庭为基础的小微企业成功实现自我雇佣并获得收入，另一方面，也为农村地区的其他贫困群体或剩余劳动力创造了以雇佣劳动获取收入的机会和可能，从而有利于促进农村贫困缓减。此外，微型金融提供的小微企业融资服务往往还包含有咨询、培训等其他附加功能，从而使得减贫更加具有针对性。小微企业融资服务对于农村小微企业特别是发展中国家农村地区的小微企业，具有重要意义。

综上所述，农村金融作用于农村贫困缓减的机制是复杂的，取决于间接机制与直接机制的共同效应。其间接作用机制的发挥还会受到市场状况、分配制度、财政转移支付政策等诸多条件的制约，而其直接作用机制的发挥也需要金融服务目标瞄准穷人为前提或者说金融制度安排以降低穷人获取金融服务的门槛为目的。在中国农村地区，正规金融与非正规金融并存，金融排斥与排异并存，信贷配给与资金外流并存，这也将不同程度地影响到中国农村金融缓减农村贫困的效果及其表现。那么中国农村金融发展是促进了农村贫困缓减还是加剧了农村贫困状况？这显然有待于从实证研究中去寻找答案。

| 第 4 章 |

中国农村金融发展现状分析

　　中国农村社会内部存在典型的二元金融结构：一方面政府主导的国有银行、商业银行的分支机构组成了一个组织化程度很高但有限的正规金融市场；另一方面传统的、小规模经营的非正规金融组织，如民间借贷、合会、典当行、企业集资、农村合作基金会、金融服务社以及证券业地下拆借市场等广泛存在于农村经济的各层次。众多的研究已经表明，作为农村金融市场主力军的正规金融面临着"市场失灵"与"政府失灵"的双重约束，导致农村金融市场呈现市场分割、信贷配给的局面。在农户融资需求长期内不能从农村正规金融机构得到有效满足的情况下，农村经济主体内部便产生了以自身偏好方式解决融资的冲动和可能。因此，农村非正规金融应运而生。本章首先系统分析中国农村金融体系的形成与发展逻辑，然后从供需视角深入剖析中国农村金融发展现状。

4.1　中国农村金融体系的形成与发展

　　中国农村金融体系的形成与发展与中国政治体制安排、经济改革与发展阶段有着必然的关联。系统梳理中国农村金融体系形成与发展的历史轨迹，剖析中国农村金融政策演进与发展的逻辑，总结归纳中国农村金融体系形成与发展中存在的问题，对于促进中国农村金融管理体制改革与发展模式创新，提升农村金融减贫的效应与能力具有重要的现实意义。

新中国成立至今，中国已经进行了 60 多年的农村金融体制建设与改革。在这 60 多年里，中国农村金融体系经历了从宏观到微观，从单一到多元，从外生到内生，从国家功能到农村功能等多方面的转变和发展，最终形成了目前政策性金融、商业性金融与合作性金融并存，正规金融与非正规金融并存的多元化、多层次、广覆盖的农村金融体系。综观中国农村金融体系形成与发展的历程，大致可以分为四个明显的发展阶段。

4.1.1 农村金融组织机构的创建与反复（1949～1978 年）

新中国成立后，中国农村经济逐步恢复和发展，但工业发展水平低下，工业化程度低。为了支持农业生产进而为国家工业化建设积累原始资本，中国建立了一套与高度集中的计划经济体制相适应的资源计划配置制度，农村金融体制的建立也必然服从于这种为工业化建设动员储蓄、筹措资金、积累原始资本的制度安排。这一时期，初步创建了以中国人民银行县及县以下分支机构为主体，以农村信用社为代表的国家农村金融组织机构体系。期间由于中国人民银行和中国农业银行在农村基层分支机构设置上的诸多矛盾，农业（合作）银行三次设立并三次被撤销，农村信用社经过 1950～1953 年重点试办以及 1955～1957 年和 1963～1964 年的两轮整顿与建设，得到了初步发展。1958 年 12 月国务院颁布了《关于适应人民公社化的形势改进农村财贸管理体制的决定》，将国家在农村的财政、金融等部门的固定资产、流动资金以及业务管理权限全部转交给人民公社，并要求人民公社统一资金流向，那就是只限于工农业生产资金周转和商品流转方面。这样，农村信用社合作性质的组织管理模式被打破，取而代之的是单一体制的人民公社管理模式。由于人民公社管理混乱，信用社经营规章和秩序被严重破坏。1959 年国家通过《关于加强农村人民公社信贷管理工作的决定》，将下放给人民公社的银行营业所回收，将之前由人民公社管理的信用社进一步下放给生产大队。在"大跃进"时期，生产大队在农村金融领域"五风"的影响下逐步脱离了国家信贷政策约束，出现了信贷资金随意使用和主观放贷等一系列问题。于是，中共中央于 1962 年发布了《关于农村信用社若干问题的规定》，进一步明确了农村金融组织的两种所有制形式，即全民所有制的国家银行和集体所有制的农村信用合作社。农村信用社重新恢复为独立经营、自负盈亏的集体金融组织。但是在农村信用社转制的过程中，信用社管理人员和地方干部随意平调、挪用信用社资金和财产的问题依然严重。为此，在 1963 年中国人民银行联合相关部门发布《关于认真学习和坚决执行〈中共中央、国务院批转中国人民银行关于整顿信用社打击高利贷的报告〉的通知》，在全国范围内掀起了整顿农村信用社和打击农村高利贷的活动高潮。在"大跃进"和"文化大革命"时期，农村信用社的发展一度处于停滞与瘫痪状态①。

整体上看，计划经济时期的农村金融安排只是为支持工业化发展动员储蓄，并没有建立起专门为农业、农村、农民生产和发展服务的农村金融制度和农村金融机构。由于这一时期农村金融机构的典型代表——农村信用社的资金流向被严格管制和集中统一，加之国家实施了一系列针对农村的"低利率""低工资""低农产品与原材料"等价格扭曲政策，农村信用社实际上变成了农村资金输出的管道，农村也就成为了国家工业化战略所需资金的净供给者。

4.1.2 单一农村金融体系的形成与发展（1979～1992 年）

伴随着家庭联产承包责任制和改革开放的实施，国家对农村生产效率的压抑和对农村剩余剥夺状况有所松动。农村作为国民经济的薄弱环节，成为国家新一轮改革先锋。2 亿多农户逐步从人民公社和生产大队的约束中解放出来，各类承包户、专业户、经济联合体、乡镇企业等经济个体和经济组织纷纷出现。农村经济主体的多元化必然引致农村金融需求的多样化，原有城乡合一的金融管理体制表现出极大的不适应性，于是单独设立专门服务"三农"的金融机构成为第一轮真正意义上农村金融体制改革的重点。

这轮改革持续时间较长，改革内容主要表现在如下四个方面：①恢复中国农业银行。1979 年国务院颁布了《关于恢复中国农业银行的通知》，批准恢复中国农业银行，自上而下建立各级组织机构，并明确其"统一管理支农

---

① 本节内容直接或间接引用了周立、周向阳的《中国农村金融体系的形成与发展逻辑》、周立的《中国农村金融体系发展逻辑》和张余文的《中国农村金融发展问题研究》等文献资料中的文字和数据，文中不再加注。

资金、集中办理农村信贷、管理农村信用社、发展农村金融事业"的主要职责与任务。农业银行自此结束了传统的运作目标和模式，将信贷业务扩大到与农业、农村、农民有关的各个领域，积极配合农村经济体制改革，为恢复和发展农村经济提供支持。②恢复农村信用社的"三性"。1981 年 3 月中国农业银行发布了《关于改革农村信用合作社体制，搞活信用合作工作的意见》，明确了从组织机构、资金来源与管理、业务范围、利率与分红等对个方面对农村信用社进行改革。1984 年 8 月国务院批转《〈关于改革信用合作社管理体制的报告〉的通知》，希望通过改革，恢复和加强农村信用社组织上的群众性、管理上的民主性和经营上的灵活性，把农村信用社真正办成群众性的合作金融组织，为农村商品经济发展提供资金支持。1990 年 10 月，中国人民银行印发了《农村信用合作社管理暂行规定》的通知，进一步强调了农村信用社资金管理上"以存定贷、自主运用、比例管理"的基本原则。③支持农村金融组织的多元化发展。1987 年 1 月，中共中央在《关于把农村改革引向深入的通知》中指出："一些乡、村合作经济组织和企业集团建立的合作基金会、信托投资公司，适应不同商品经济发展的要求，有利于集中社会闲散资金，缓和农村资金供求矛盾，原则上应予以肯定和支持"。1991 年 12 月，农业部发布了《关于加强农村合作基金会规范化、制度化建设若干问题的意见》，督促农村合作基金会改善和加强集体资金管理，增加"三农"资金投入。农村合作基金会迅速发展，据统计，到 1992 年全国已经建立乡镇一级的农村合作金融组织 1.74 万个，村一级的合作金融组织 11.25 万个，各级合作金融组织年末筹资额达到 164.9 亿元①。④放松农村民间借贷的管制。随着农村合作金融组织的发展，农村民间借贷的严厉管制也在一定程度上被逐步放开了。早在 1981 年，国务院在《中国农业银行关于农村借贷问题的报告》中就将民间借贷定位为农业银行和农村信用社的补充，肯定了民间借贷的作用。民间借贷起初只是在亲戚朋友之间以无息、互助的方式进行，后来发展到了面向各类农村经济主体的有息、甚至高息的商业化运作形式。银背、钱庄、合会、典当行、高利贷等各种形式的民间借贷纷纷出现，严重扰乱了农村金融秩序，加剧了农村金融市场风险。

---

① 温铁军：《农村合作基金会的兴衰：1984～1999》，上海三联书店 2005 年版。

这一期间的农村金融体制改革与建设，基本建立起了以中国农业银行及其农村基层机构为主体的单一的农村金融组织体系，农业银行的业务范围得到进一步拓展，在支持"三农"发展中发挥了重要作用。但是由于农业银行经营职能与行政职能不明确，政策性业务与经营性业务含混，农业银行指导下的农村信用社在恢复"三性"的过程中也存在走过场、搞形式的问题，使得农村信用社的合作制改革成效大打折扣，没有取得实质性进展。改革中出现的农村合作基金会以及其他合作金融组织，在缓减农村资金短缺上发挥了积极作用，但是也由于政府行政过度干预、违规经营、内部监管制度不健全等多方面原因而逐步偏离了合作制轨道。1988 年中国出现了通货膨胀，尽管1989 年得到一定程度的缓和但是最终在 1992 年全面加剧，农村非正规金融机构琳琅满目，农村金融市场一度陷入混乱，在此宏观背景下，农村金融机构的管理亟待整顿和规范，也迫切需要建立一个相对完善的农村金融体系为农村经济发展提供支撑。

4.1.3 "三位一体"农村金融体系的初步形成（1993～2002 年）

1993 年 11 月，中共十四届三中全会通过了《中共中央关于建立社会主义市场经济体制若干重大问题的决定》，提出了实现金融机构政策性业务与商业性业务分离的设想。明确提出要建立政策性银行、发展商业性银行、组建合作银行。同年 12 月，《国务院关于农村金融体制改革的决定》进一步明确了清理和整顿农村合作基金会组建中国农业发展银行和农村合作银行的政策措施。目的是逐步建立和完善以合作金融为基础，商业性、政策性金融分工合作的农村金融体系。1993～2002 年的农村金融改革也基本围绕这一目标进行，改革内容主要体现在如下四个方面：①成立中国农业发展银行。1994年 4 月，国务院发布了《关于组建中国农业发展银行的通知》，希望建立中国农业发展银行来专门承担从农业银行剥离出来的政策性金融业务。同时代替国家筹集农业政策性信贷资金，承担国家规定的农业政策性金融业务。1995 年农业发展银行全面完成了各省级基层机构的组建。②推进中国农业银行的商业化改革。中国农业银行在剥离了政策性金融业务之后，按照现代商业银行的运营机制，向国有商业银行转变。③实行"行社分离"。1993 年

《国务院关于金融体制改革的决定》明确提出要将农村信用社从中国农业银行独立出来，向合作制发展。1994 年，农村信用社正式迈出了与中国农业银行脱离隶属关系的改革步伐；1997 年中国人民银行发布了《农村信用合作社管理规定》，对脱离农业银行的农村信用社在组织管理、业务授权等方面进行规范。2001 年 12 月中国人民银行印发了关于《农村信用合作社农户联保贷款管理指导意见》的通知，要求各地区根据当地实际，逐步推广农户联保贷款业务，并对农户联保的基本原则、操作方式等进行了规定。④清理整顿农村合作基金会，打击非正规金融。1994 年，农业部联合相关部门发布了《关于加强农村合作基金会管理的通知》，明确了农村合作基金会受农业部指导和管理，由地方农业行政部门主管，接受中国人民银行监督，各级领导和监管部门有权对农村合作基金会的各类违规信贷行为进行处理。1998 年 7 月中国人民银行发布了《非法金融机构和非法金融业务活动取缔办法》，认定除部分小额信贷、亲友之间的互助性借贷外，其他非正规金融组织均属于非法机构，其活动属于非法活动，要予以清理和整顿。1999 年 1 月，《国务院办公厅转发整顿农村合作基金会工作小组清理整顿农村合作基金会工作方案的通知》宣布对农村合作基金会进行全面清理整顿，统一取缔全国农村合作基金会。⑤撤并国有专业银行的农村基层分支机构。1997 年中央金融工作会议决定收缩各国有商业银行县（及以下）分支机构。1999 年前后，四大国有商业银行共撤并回收了县及以下基层分支机构 3100 多家。

这一时期农村金融体制改革与建设，初步建立起了为基层农户服务的合作性金融机构——农村信用社、为工商业服务的商业性金融机构——中国农业银行、为整体农业服务并实施国家政策的政策性金融机构——中国农业发展银行"三位一体"的农村金融体系。但是这一体系的运行并没有能够缓减中国农村资金供求矛盾。农村信用社脱离与中国农业银行的隶属关系之后，内部管理逐步规范，经营状况和资产质量出现明显好转，支农投入增长明显。但是历史包袱沉重、产权不明晰、治理结构不完善、管理体制不顺、政府干预过度等一系列问题也严重影响了农村信用社的可持续发展。中国农业银行在退出农村市场后，以盈利为目标的商业化运行原则使得其逐渐"非农化"，支农变得更加遥不可及。中国农业发展银行由于资金来源不足、业务范围单一，除了代理国家粮食收购贷款业务外，其他支农领域的业务发展缓慢，政策性金融的作用发挥非常有限。随着四大国有商业银行农村基层分支机构的大幅收缩，出现了农村资金供给严重不足与农村资金严重外流的双重困境。据统计，作为支农主力军的农村信用社农业贷/存比在 2001～2002 年间均不足 0.4；只存不贷的邮政储蓄每年从农村抽走的资金约为 6000 亿元；农村信贷资金净流出额从 1996 年的 1912 亿元增长到 2001 年的 4780 亿元[①]。在农村正规金融支农严重缺位的情况下，农村非正规金融尽管受到打压，依然异常活跃。这一时期中国农村金融体制的演变也是政府制度安排的产物。

综观中国农村金融 2003 年之前的改革设计和安排，都是政府主导的从正规金融机构着手，重视金融机构的改革而忽视金融体系的功能的改革与调整。在改革和演进路径上遵循的是自上而下的强制性制度变迁，自下而上的诱致性制度创新被严重压抑（匡家在，2007）。这种路径的依赖和演进与中国农村经济体制的演进路径正好是背道而驰的。其结果就是使得政府成为农村金融体制唯一合法的供给主体，农村正规金融处于垄断地位，而内生于农村经济母体、一定程度上代表着农村金融体制创新的非正规金融组织被严厉打压和排斥。最终导致农村金融领域政府失灵和市场失灵并存，农村资金短缺与农村资金外流并存。

4.1.4 "三位一体"农村金融体系的深化（2003 年至今）

1993～2002 年的农村金融体制改革初步搭建起了一个"三位一体"的农村金融体系框架。但改革最终基本只剩下农村信用社在自身多重角色冲突和经营的风雨飘摇中独自支撑"三农"的局面。随着"三农"问题被连续强调为政府工作的"重中之重"，农村金融体制改革也就自然而然成为中国金融体制改革的"重中之重"，农村信用社作为唯一一家驻扎在农村基层的正规金融机构也就理所当然成为政府新一轮改革的主角。2003 年 1 月国务院在《关于做好农业和农村的意见》中明确提出要深化农村信用社体制改革。同年 7 月国务院印发了《关于深化农村信用社改革试点方案的通知》，要求按照"明晰产权、强化约束机制、增强服务功能"的目标在全国范围内推进农

---

① 本节数据均来自《中国金融年鉴 2003》，中国金融出版社 2004 年版。

村信用社向社区性地方金融机构方向改革。此轮深化改革取得了积极成效，农村信用社自身历史包袱逐步化解，资产质量得到明显改善，产权进一步明晰，支农能力明显增强。据统计，截至 2012 年末，全国农村信用社经营网点扩展到 7.7 万个，占银行业总量的 36.9%，县域员工 63.2 万人，完成了 98.4% 的乡镇金融服务空白和 67.7% 的机构空白覆盖任务。在县域信贷资金的投放上，2013 年全国农村信用社涉农贷款余额达 6.2 万亿元，其中农村贷款余额 5.5 万亿元，农户贷款 3 万亿元，占银行业农户贷款总额的 66.7%，成为 "三农" 获得信贷支持的主渠道。与此同时，自 2003 年以来以 "存量调整" 向 "增量培育" 转变的农村金融改革取得了突破性进展，培育增量的 "新政" 不断推出。主要表现在：①放宽农村金融市场准入政策。2003 ~ 2010 年连续 8 个中央 "一号文件"，都强调要放宽农村金融市场准入政策，鼓励和支持多种所有制形式的农村金融组织发展，培育小额信贷组织，推进农村金融服务与产品创新。2006 年 12 月，银监会发布了《关于调整放宽农村地区银行业金融机构准入政策，更好地支持社会主义新农村建设的若干意见》，明确提出支持包括村镇银行、社区信用合作组织、只放贷不吸储的专业金融公司在内的三类新型农村金融机构发展。2007 年 1 月，中国银监会印发了《农村自己互助社管理暂行规定》和《贷款公司管理暂行规定》，对村镇银行和贷款公司的性质、机构、组织、经营、管理等问题作了明确规定。这些政策推行以来，村镇银行、贷款公司、农村资金互助社等新型农村金融机构纷纷涌现，截止到 2012 年末，全国共开设村镇银行 765 家；小额信贷公司 6080 家。小额贷款对象从传统农户拓展至农村各种经营户、工商户以及中小企业；贷款用途由传统生产经营性拓展到消费性领域；贷款额度根据地区不同调整到 3 万 ~5 万元、10 万 ~30 万元不等；贷款期限也逐步突破农业生产周期性禁锢。②推进中国农业银行与中国农业发展银行改革创新。2007 年金融工作会议决定推进中国农业银行进行股份制改革，以进一步强化其服务 "三农" 的定位和责任。同时把中国农业发展银行办成具有可持续发展能力的真正的农业政策性银行。截至 2008 年末，农业银行累计涉农贷款 7667 亿元，占全行各类贷款总额的 25.9%。③成立邮政储蓄银行。长期以来，农村邮政储蓄 "只存不贷" 无疑是造成农村资金外流的重要因素之一。2006 年，银监会批准建立中国邮政储蓄银行，并积极支持其与农业发展银行、农村信用社合作，开办专门针对农户和农村小微企业的小额信贷业务。2006～2008年，邮储银行累积发放各类小额贷款600多亿元，其中70%以上发放在农村地区；农村合作金融机构发放涉农贷款2.45万亿元，占全国涉农贷款总额的35.5%。④推进农村商业银行上市。由农村信用社改革重组而来的农村商业银行经营实力和资产质量大幅提升，竞争力和可持续发展能力明显增强。并且商业银行一改此前大幅撤并农村分支机构的做法，重新开始了在农村地区布局设点的步伐。如中国农业银行在湖北和内蒙古发起成立了两家村镇银行；中国建设银行在湖南和深圳设立了两家村镇银行；汇丰、花旗等外资金融机构也在所在投资地区设立了7家新型农村金融机构。2008～2010年间，银监会多次释放了鼓励支持条件成熟的农村商业银行上市的积极信号。期间，北京、上海、重庆等地农村商业银行相继上市融资。这是农村合作金融机构在管理体制、产权制度等方面改革取得的实质性进展。⑤推进农村金融产品和服务创新。一方面通过创新农户小额贷款产品和方式，简化农户小额贷款程序，改善农户小额贷款的信用环境，形成了多种创新型小额贷款业务并日趋成熟。如农信社发放的农户小额信用贷款和农户联保贷款；农村村镇银行、小额信贷组织等新型金融机构发放的农户小额贷款；农村政策性金融机构发放的小额到户扶贫贷款；邮政储蓄银行发放的存单小额质押贷款等等。另一方面结合农村金融服务需求特点，积极创新"量体裁衣"式的金融产品，有效扩大抵押担保范围，开发形成了集体林权抵押贷款、"信贷+保险"产品、订单农业质押贷款、农村特殊群体就业创业小额担保贷款、涉农中小企业集合票据和直接债务融资工具等在全国范围内颇具影响力的农村金融创新产品和服务，大大提升了农村金融服务能力。此外，积极推进农业保险试点和发展。当前，农业保险覆盖面稳步扩大，由最初5个省区市的试点区域扩展覆盖到了全国31个省区市。农业保险风险保障能力在实现基本覆盖农林牧渔各主要农业产业的同时，逐步从生产领域（如自然灾害、疫病风险等）向流通领域（如市场风险、农产品质量风险等）延伸。农业保险市场经营主体不断增加，农业保险公司已由试点初期的6家增至2012年的25家，农业保险经济补偿功能持续发挥。2012年全年，中国农业保险保费收入共计240.13亿元，共计为1.83亿农户提供风险保障9006亿元，共计向2818万农户支付赔款148.2亿元，对稳定农业生产、促进农村减贫起到了积极作用。

自 2003 年以来的农村金融增量培育改革，使农户贷款面得到大幅度拓展，农村各类经济主体融资难、融资贵的问题得到了一定程度的缓解。三大涉农正规金融机构之间的分工协作日益增强，功能日趋完善，新型农村金融机构也表现出极大的活力，邮政储蓄也由此前的"只存不贷"向"边存边贷"转变，农村金融服务与金融产品不断推陈出新。基本形成了以中国农业发展银行为主体的政策性金融机构，以中国农业银行、农村商业银行、邮政储蓄银行为主体的商业性金融机构，以农村信用合作社为主体的合作性金融机构共同组成的正规金融供给体系；以及由在改革过程中自然发育和成长起来的不同主体的小额信贷公司、民间金融组织等共同组成的非正规金融辅助性供给体系（见图 4.1）。有力地推动了农村普惠金融发展和农村金融扶贫开发。但有一点需要提出的是，尽管多个中央"一号文件"都重申了"要大力培育和发展小额信贷组织"，但是至今，中国目前以扶贫为宗旨、追求自身可持续发展的绝大部分公益性扶贫小额信贷组织依然处一个自生自灭的状态，政府相关部门鼓励和支持公益性扶贫小额信贷组织发展的政策法规仍未出台。

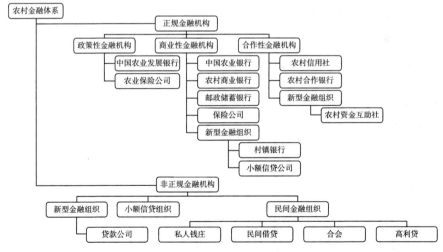

图 4.1 中国农村金融体系组织架构

4.2 中国农村金融需求分析

农村金融制度、农村金融产品和农村金融服务是否符合农村实际，关键在于它的存在是否与农村金融需求实际相吻合。因此，厘清农村金融需求主体的分类及其特征，分析农村金融需求的结构、特点与发展趋势，对于完善农村金融制度与农村金融政策具有重要意义。

中国农村金融的需求主体包括农户、农村企业和非企业组织、政府等。由于不同类型金融需求主体的性质、规模和活动内容不同，且其融资需求的特征、形式、手段与要求不一样，使得农村融资需求表现出多层次性特征。加之现有农村正规金融组织以及市场诱生性的农村非正规金融组织均存在各自的优劣势，从而使得不同农村金融需求主体对现有农村金融组织做出不同选择。下面以资金需求为例，分别就农村三大金融需求主体即农户、农村企业和其他非企业组织、农村公共物品的资金需求进行分析。

4.2.1 农户的资金需求分析

就农村最广大的融资需求主体——农户来看，根据不同农户的特征，可以分为贫困型农户、温饱型农户和市场型农户三种类型。贫困型农户缺乏基本的生产和生活资金，有着贷款的最迫切需求但往往由于缺乏抵押品难以通过正规金融渠道获得融资。因而一般只能通过非正规借贷、政府财政扶贫等比较特殊的方式和渠道获得少量而零散的资金。温饱型农户即已经解决了生活温饱问题的农户。由于这些农户信誉度比较好，贷款回收率比较高，正规金融机构乐意为这些农户发放小额贷款。因此，目前农村主要的正规金融机构——农村信用社基本能够满足温饱型农户因季节性支出如农业生产投入所引致的小额资金需求，而温饱型农户大额度的非农生产经营资金需求仍然需要求助于农村非正规金融组织。市场型农户是指早已脱离了温饱问题，以市场为导向向高层次生活迈进的农户群体，他们所从事的生产经营活动往往是实现农民增收和农村经济结构调整的重要途径。但是由于这部分农户的贷款需求远远大于温饱型农户，且缺乏大额贷款所必需的抵押担保品，农村正规金融机构出于规避风险的考虑，也很少将资金投放到这些管理不够规范、收益不够明朗的市场型农户手中。据有关调查，农村正规金融机构一般情况下平均仅能满足 20% 左右市场型农户的信贷需求，市场型农户大部分资金需求还得通过农村非正规金融渠道获得。

　　下面进一步分析农户资金需求的结构与特点。表 4.1 给出了 2000~2009 年全国农户借贷资金来源与用途情况，数据来源于《全国农村固定观察点调查数据汇编（2000~2010）》。从表 4.1 可以看出，就全国整体范围而言，2000~2009 年每户农户年均累计借入资金为 1737.75 元，这些借贷资金主要来源于民间借贷，每户农户年均通过民间借贷获得的资金为 1093.11 元，占农户年均借贷资金总额的 62.90%。民间借贷资金中又以无息借贷为主，每户农户年均通过无息借贷获得的资金为 684.10 元，无息借贷资金成分平均占农户民间借贷资金总额的 62.58%。与此形成鲜明对照的是，每户农户年均通过银行、信用社获得的资金分别为 234.57 元和 373.65 元，分别占农户年均借入资金总额的 13.50%、21.50%。两者累计起来仅为 35%。这与农村正规金融支农扶贫主力军的地位并不相匹配。从农户借入资金的用途来看，2000~2009 年每户农户年均生活性借款为 943.23 元，生产性借款为 820.92 元，生活性借款要多于生产性借款。每户农户年均生产性借款中，用于农林牧渔生产的借款为 222.18 元，仅占其生产性借款总额的 27.06%。表明农户生产性资金用途并非以农业生产为主。

表 4.1　　　　　　　　2000~2009 年全国农户借贷资金来源与用途　　　　单位：元/户

年份	年内累计借入款金额	借贷资金来源					借贷资金用途		
		银行贷款	信用社贷款	民间借贷		其他	生活性借款	生产性借款	
					无息借款				农林牧渔
2000	1450.43	160.30	276.96	993.20	520.09	19.97	717.33	733.33	151.95
2001	1477.78	151.60	277.49	1026.79	499.46	21.90	913.92	564.45	135.69
2002	1416.00	131.09	239.95	1023.06	541.00	22.00	674.15	741.42	176.26
2003	1709.93	267.26	294.89	1130.84	694.36	16.94	860.64	849.29	211.36
2004	1643.55	240.73	323.13	1045.96	676.71	33.74	758.90	868.56	221.44
2005	1716.50	252.00	362.20	1060.20	688.30	42.10	866.00	848.10	283.00

续表

年份	年内累计借入款金额	借贷资金来源					借贷资金用途		
		银行贷款	信用社贷款	民间借贷		其他	生活性借款	生产性借款	
					无息借款				农林牧渔
2006	1784.40	263.50	407.20	1057.80	706.10	55.90	1000.10	782.80	242.00
2007	1669.30	195.90	447.90	970.70	790.40	54.80	999.20	819.60	261.80
2008	2125.24	286.84	618.86	1151.92	752.30	67.62	1174.56	1084.85	241.14
2009	2384.32	396.47	487.90	1470.66	972.29	29.28	1467.51	916.81	297.17
平均	1737.75	234.57	373.65	1093.11	684.10	36.43	943.23	820.92	222.18

资料来源：根据《全国农村固定观察点调查数据汇编（2000~2010）》整理得到。

从农户借贷资金来源的年度变化趋势来看（见图4.2），年均每户农户累计借入资金总额从2000年的1450.43元增长到2009年的2384.32元，年均增长5.67%。整体上增长趋势明显。其中2002~2003年、2007~2009年出现一个明显的增长变化过程。年均每户农户银行、信用社贷款资金变化趋势与整体上与年均每户农户累计借入资金总额的变化趋势保持相对一致。民间借贷资金在2000~2007年整体上保持平稳，大体保持在平均每户农户1000元左右，自2007年开始，呈现加速增长趋势。年均每户农户其他渠道的借贷资金基本保持稳定，年均为36.43元。

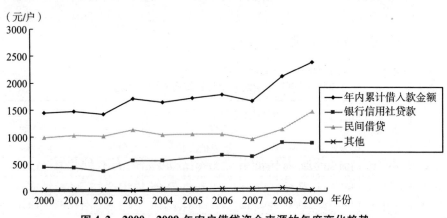

图4.2　2000~2009年农户借贷资金来源的年度变化趋势

从农户借贷资金用途的年度变化趋势来看（见图4.3），10个样本年份中有6个样本年份农户年均生活性借款要高于生产性借款。每户农户年均生

活性借款从 2000 年的 717.33 元增长到 2009 年的 943.22 元，年均增长
3.32%，整体上呈现上升趋势，特别是 2004 年开始至 2009 年，生活性借款
增长速度明显增加。每户农户年均生产性借款整体上也呈现增长趋势，但是
时间上的结构性变化特征明显：在 2001~2005 年间呈现稳步小幅增长趋势，
在 2007~2008 年间呈现加速增长趋势，在 2008~2009 年间呈现快速下降趋
势。每户农户年均生产性借款中用于农林牧渔生产的借款在时间上的变动态
势整体上平稳，稳步从 2000 年的 151.95 元增长到 2009 年的 297.17 元，年
均增长 7.73%。

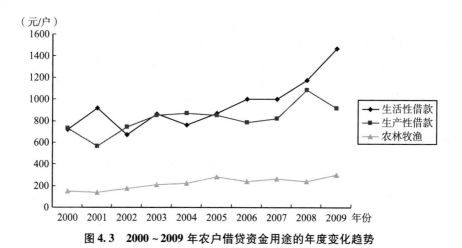

图 4.3　2000~2009 年农户借贷资金用途的年度变化趋势

　　综上所述，农户资金需求的增长趋势明显，资金需求结构以生活性资金需
求为主，农户生产性借贷资金需求以非农业生产为主。农户资金需求主要通过
民间借贷等非正规融资渠道获得满足，其次是信用社、银行等正规融资渠道。

4.2.2　农村企业和其他非企业组织的资金需求分析

　　就农村第二大融资需求主体——农村企业和其他非企业组织来看：首先，
资源型小企业是农村企业的主体，它们大部分是通过乡镇政府投资、农户投
资经营发展起来的。这些农村企业立足于当地资源，生产面向市场的资源产
品，基本处于完全竞争状态。但由于市场供需变化的不确定性和信息不够对

称，其生产经营风险较大，农村正规金融机构在决定是否向其放贷上特别谨慎，导致其资金短缺问题严重。尽管有些小企业能够依靠乡镇政府担保获得部分贷款，有些小企业能够通过农村非正规金融渠道解决部分资金需求，但总体而言，资金短缺始终是农村小企业可持续发展的制约和"瓶颈"。其次，农村非企业组织（包括为保障农村居民合法权利和利益而依法建立的村党组织、村自治组织，也包括为解决农民生产生活中的各种问题而依靠农村居民自身力量建立起来的专业技术协会、专业合作经济组织和社区合作经济组织等农民服务组织，还包括老人协会、婚丧理事会、禁赌协会、计划生育协会等社会团体）中，如果是根据上级要求并作为上级有关部门在农村地区的"末梢"而建立，其资金需求一般通过正规金融机构或者上级拨款获得满足，如果是农村自发建立起来的乡村组织，其资金需求大部分通过社会捐赠、成员捐赠等获得满足，也有小部分组织通过正规金融机构等渠道获得运行资金。

下面进一步分析农村企业资金需求的结构与特点。表 4.2 给出了 2010 ~ 2012 年农村企业贷款情况。从表 4.2 可以看出，农村企业贷款余额从 2010 年的 65581.2 亿元增长到 2012 年的 103623 亿元，年均增长 25.7%，占金融机构农村各项贷款总余额的比重相应地从 12.9% 增长到 15.40%。其中农村中小型企业贷款余额从 2010 年的 37865.8 亿元增长到 2012 年的 70799 亿元，年均增长 36.74%，占金融机构农村各项贷款总余额的比重相应地从 7.4% 增长到 10.5%；农村企业贷款中农林牧渔贷款从 2010 年的 4499.6 亿元增长到 2012 年的 5887 亿元，年均增长 14.38%，但农林牧渔贷款余额占金融机构农村各项贷款总余额的比重始终稳定为 9%。表明尽管农村企业贷款增长趋势明显，但农村企业贷款中的涉农贷款增长速度趋缓。

表 4.2　　　　　　　　2010 ~ 2012 年农村企业贷款情况

年份	农村企业贷款		中小企业贷款		农村企业农林牧渔贷款	
	余额（亿元）	占各项贷款比重（%）	余额（亿元）	占各项贷款比重（%）	余额（亿元）	占各项贷款比重（%）
2010	65581.2	12.9	37865.8	7.4	4499.6	0.9
2011	85093.0	14.6	55345.0	9.5	5178.0	0.9
2012	103623.0	15.40	70799.0	10.5	5887.0	0.9

资料来源：《中国金融年鉴》。

从农村各类非企业组织的贷款情况来看（见表 4.3），相比较农户贷款和农村企业贷款，农村各类非企业组织贷款在金融机构农村各类贷款中的比重要小得多。2010～2012 年，农村各类非企业组织贷款余额从 6415.6 亿元下降到 5650.8 亿元，占金融机构农村各项贷款总余额的比重相应地从 1.3%下降到 0.8%。其中，农林牧渔贷款余额从 2010 年的 903.7 亿元下降到 2012 年的 812 亿元，占金融机构农村各项贷款总余额的比重相应地从 0.2%下降到 0.1%。表明农村各类非企业组织从正规金融机构获得的资金呈现下降趋势，也凸显了农村非企业组织在农村地域中的地位和作用呈现进一步收缩和弱化趋势。

表 4.3 2010～2012 年农村各类组织贷款情况

年份	农村各类非企业组织贷款		农林牧渔贷款	
	余额（亿元）	占各项贷款比重（%）	余额（亿元）	占各项贷款比重（%）
2010	6415.6	1.3	903.7	0.2
2011	5352.6	0.9	805.0	0.1
2012	5650.8	0.8	812.0	0.1

资料来源：《中国金融年鉴》。

4.2.3 农村公共物品的资金需求分析

就农村特殊的融资需求主体——公共物品来看，对农村公共物品和准公共物品的提供必然产生资金需求。一般来说，这类资金需求社会效益大，盈利空间小，主要通过财政拨款、政策性金融机构融资或成功人士捐赠而获得。如用于粮食安全储备、农业基础设施建设、农业结构调整、农业科技、农业基建和技术改造等等。基于农村地区财政支农资金长期不足的现实，政策性金融机构对农村和农业的支持就成为农村公共物品、准公共物品获得所需资金满足的必然选择。

表 4.4 给出了农村地区提供公共物品和准公共物品的资金来源与用途情况。从表 4.4 可以看出，2008～2012 年间农村地区具有公共物品和准公共物品性质的农田基本建设、农业科技和农村基础设施建设三项所获得的信贷资金总和为年均 11072.77 亿元，其中农田基本建设贷款、农业科技贷款和农村基础设施建设贷款分别为 970.502 亿元、245.414 亿元和 9856.854 亿元。表

明农村基础设施建设贷款占据主导地位，平均占三项贷款总和的 89.02%。从贷款的年度变化情况来看，三项贷款总额从 2008 年的 8838.15 亿元增长到 2012 年的 12667 亿元，年均增长 9.4%。其中农田基本建设贷款从 2008 年的 638.11 亿元增长到 2012 年的 1176 亿元，年均增长 16.51%；农业科技贷款从 2008 年的 176.17 亿元增长到 2012 年的 255 亿元，年均增长 9.69%；农村基础设施建设贷款从 2008 年的 8023.87 亿元增长到 2012 年的 11236 亿元，年均增长 8.78%。农田基本建设贷款的增长速度大于农业科技贷款的增长速度，而农业科技贷款的增长速度又大于农村基础设施建设贷款的增长速度。从财政拨付资金来看，2008~2012 年间支持农业生产支出、四项补贴（粮食、农资、良种、农机具）支出、农村社会事业发展支出三项资金总和为年均 8337.62 亿元，其中农业生产支出、四项补贴支出、农村社会事业发展支出分别为年均 3448.28 亿元、1315.96 亿元和 3573.38 亿元，分别占三项支出总额的 41.36%、15.78%、42.86%。表明财政支出资金中，以农业生产支出和农村社会事业发展支出为主。从财政拨付资金的年度变化情况来看，2008~2012 年，支持农业生产支出的资金从 2260.1 亿元增长到 4785.1 亿元，年均增长 20.63%；粮食、农资、良种、农机具四项补贴支出从 1030.4 亿元增长到 1643 亿元，年均增长 12.37%；农村社会事业发展支出从 5363.3 亿元增长到 11767.2 亿元，年均增长 21.71%。农业生产支出和农村社会事业发展支出的增长速度远远大于四项补贴支出的增长速度。

表 4.4　　　　　　2008~2012 年农村提供公共物品的资金来源与用途　　　　单位：亿元

年份	金融机构贷款资金				财政拨付资金			
	农田基本建设	农业科技	农村基础设施	三项合计	支持农业生产支出	粮食、农资、良种、农机具四项补贴	农村社会事业发展支出	三项合计
2008	638.11	176.17	8023.87	8838.15	2260.1	1030.4	2072.8	5363.3
2009	1199	309	12100	13608	2679.2	1274.5	2723.2	6676.9
2010	881.2	276.7	7924	9081.9	3427.3	1225.9	3350.3	8003.5
2011	958.2	210.2	10000.4	11168.8	4089.7	1406	4381.5	9877.2
2012	1176	255	11236	12667	4785.1	1643	5339.1	11767.2
平均	970.502	245.414	9856.854	11072.77	3448.28	1315.96	3573.38	8337.62

资料来源：根据相关年份《中国金融年鉴》和《中国统计年鉴》整理得到。

4.3　中国农村金融供给分析

上述分析表明，农村经济主体信贷需求强烈，那么农村金融供给能否满足这些需求呢？本节从不同的金融供给主体出发来全面分析农村金融供给总体状况。

4.3.1　农村正规金融供给规模与结构

众多的研究与实践表明，由于一系列因素的影响，中国农村正规金融供给严重不足，结构不合理，不能有效地满足农村各大经济主体的融资需求。主要表现在如下两个方面：

一是农村地区正规金融资源供给总量不足。就农业贷款来看（见表4.5），1980～2012 年，中国农业贷款尽管绝对规模从 175.9 亿元增长到27216 亿元，增长了 153.4 倍，但是相对水平却呈现下降趋势，农业贷款占总贷款的比重从 7.3% 下降到 5.7%。同时，尽管中国农林牧渔总产值占 GDP的比重由 1980 年的 42.3% 下降到 2012 年的 17.2%，但农业贷款占各项贷款总额的比重始终位于 7.70 以下，33 年里农业贷款占各项总贷款的平均比重仅为农林牧渔总产值占 GDP 平均比重的 18.3%。就农业贷款增势来看，1980～2012 年中国新增农业贷款占同期新增贷款总量的比重除 1984 年、1997 年和2005 年以外，其余年份均在 10% 以下徘徊。而农业增加值占 GDP 的份额始终在 10% 以上。1997 年，新增农业贷款占同期新增贷款总量的份额最高，但是也只有 11.7%，且仍低于当年农业增加值占 GDP18.3% 的份额。平均来看，历年新增农业贷款占同期新增贷款总量的比重为 5.5%，要比农业增加值占 GDP19.7% 的平均比重低了 14.2 个百分点。表明中国正规金融部门对农业的信贷支持与农业的贡献值并不匹配。就农业保险来看，2007～2012 年，中国农业保险保费收入从 51.8 亿元增长到 240.1 亿元，农业增加值从 28627亿元增长到 52373.6 亿元，尽管农业保险保费收入占农业增加值的比重从0.18% 增长到 0.46%，但是仍远远低于世界平均水平。

表 4.5   1980～2012 年中国农业信贷与农林牧渔总产值

年份	农业贷款余额（亿元）	全国各类贷款余额（亿元）	农业贷款占比（%）	新增农贷占新增总贷款比重（%）	农林牧渔总产值（亿元）	农林牧渔增加值（亿元）	GDP（亿元）	总产值占比（%）	增加值占比（%）
1980	175.9	2414.3	7.3	10.5	1922.6	1371.6	4545.6	42.3	30.2
1981	189.7	2860.2	6.6	3.1	2180.6	1545.6	4891.6	44.6	31.6
1982	212.5	3189.6	6.7	6.9	2483.3	1761.6	5323.4	46.6	33.1
1983	231.2	3589.9	6.4	4.7	2750.0	1960.8	5962.7	46.1	32.9
1984	360.1	4766.1	7.6	11.0	3214.1	2295.5	7208.1	44.6	31.8
1985	416.6	5905.6	7.1	5.0	3619.5	2564.4	9016.0	40.1	28.4
1986	570.4	7590.8	7.5	9.1	4013.0	2763.9	10275.2	39.1	26.9
1987	685.8	9032.5	7.6	8.0	4675.7	3204.3	12058.6	38.8	26.6
1988	814.2	10551.3	7.7	8.5	5865.3	3861.0	15042.8	39.0	25.7
1989	895.1	14360.1	6.2	2.1	6534.7	4228.0	16992.3	38.5	24.9
1990	1038.1	17680.7	5.9	4.3	7662.1	5062.0	18667.8	41.0	27.1
1991	1209.5	21337.8	5.7	4.7	8157.0	5342.2	21781.5	37.4	24.5
1992	1448.7	26322.6	5.5	4.8	9084.7	5866.6	26923.5	33.7	21.8
1993	1720.2	32943.1	5.2	4.1	10995.5	6953.8	35333.9	31.1	19.7
1994	1554.1	40810.1	3.8	-2.1	15750.5	9572.7	48197.9	32.7	19.9
1995	1921.6	50538	3.8	3.8	20340.9	12135.8	60793.7	33.5	20.0
1996	1919.1	61152.8	3.1	0.0	22353.7	14015.4	71176.6	31.4	19.7
1997	3514.6	74914.1	4.7	11.6	23788.4	14441.9	78973.0	30.1	18.3
1998	4444.2	86524.1	5.1	8.0	24541.6	14817.6	84402.3	29.1	17.6
1999	4792.4	93734.3	5.1	4.8	24519.1	14770.0	89677.1	27.3	16.5
2000	4888.9	99371.9	4.9	1.7	24915.8	14944.7	99214.6	25.1	15.1
2001	5711.5	112314.7	5.1	6.4	26179.6	15781.3	109655.2	23.9	14.4
2002	6884.6	131293.9	5.2	6.2	27390.8	16537.0	120332.7	22.8	13.7
2003	8411.4	158996.2	5.3	5.5	29691.8	17381.7	135822.8	21.9	12.8
2004	9843.1	178197.8	5.5	7.5	36239.0	21412.7	159878.3	22.7	13.4
2005	11529.9	194690.4	5.9	10.2	39450.9	22420.0	184937.4	21.3	12.1
2006	13208.2	225347.2	5.9	5.5	40810.8	24040.0	216314.4	18.9	11.1
2007	15429	261691	5.9	6.1	48893.0	28627.0	265810.3	18.4	10.8
2008	17628.8	303467.7	5.8	5.3	58002.2	33702.2	314045.4	18.5	10.7
2009	21622.5	399684.8	5.4	4.4	60361.0	35225.9	340902.8	17.7	10.3

续表

年份	农业贷款余额（亿元）	全国各类贷款余额（亿元）	农业贷款占比（%）	新增农贷占新增总贷款比重（%）	农林牧渔总产值（亿元）	农林牧渔增加值（亿元）	GDP（亿元）	总产值占比（%）	增加值占比（%）
2010	23043.7	452282.5	5.1	2.7	69319.8	40533.6	401512.8	17.3	10.1
2011	24436	556723.7	4.4	1.3	81303.9	47486.1	473104.1	17.2	10.0
2012	27216	601454.9	4.5	6.2	89453.1	52373.6	519470.1	17.2	10.1
平均	6605.1	128658.6	5.7	5.5	25347.4	15121.2	120249.8	30.6	19.7

资料来源：信贷数据来自相关年份《中国金融年鉴》，依据金融机构人民币信贷收支情况计算整理；农林牧渔相关产值数据来源于《中国农村统计年鉴》

二是农村资金外流严重。据《中国金融年鉴》的数据统计，2008～2012年中国农村商业银行存款、贷款余额分别由 6616.58 亿元、4075.59 亿元增长到 49516.02 亿元、32195.64 亿元，但贷存比仅仅上升了 3.42 个百分点，即由 61.6% 上升到 65.02%，5 年里农村商业银行年均存款余额比贷款余额多 8943.83 亿元，短短 5 年累计资金流出就达 44744.16 亿元，远远大于 1995～2005 年年均约 3000 亿元的存贷差额。就农村信用社资金外流情况来看（见表 4.6），1980～2012 年，农村信用社存款、贷款余额分别由 265.1 亿元、81.6 亿元增加到 59724.84 亿元和 38370.09 亿元，年均增长率分别为 18.45%、21.2%，但是贷存比在 33 年里累计仅增长了 6.5 个百分点，由 68.9% 增长到 75.4%，年均增长率仅为 0.28%。1980～2012 年农村信用社存款余额比贷款余额年均多 5102.46 亿元，且流出资金额度呈逐年增长态势（见图 4.4），33 年里累计资金流出高达 168381.1 亿元。此外，邮政储蓄银行尽管在农村金融服务领域占据大半边天，但是由于其长期以来只存不贷，即使近年来以小额贷款的方式向"三农"领域释放出了部分存储资金，但其吸收存款的本能始终覆盖了其发放贷款的责任，在确保农村资金回流上明显乏力。据统计[①]，2012 年中国邮政储蓄银行全部涉农贷款余额不到 0.19 万亿元，而农村地区的储蓄存款余额就超过 2.65 万亿元，贷存比仅为 0.07，邮政储蓄银行仅 2012 年带来的农村资金外流至少在 2.46 万亿元以上。同时，

---

① 数据来自《中国邮政储蓄银行"三农"金融服务报告 2012》。

2007～2012 年，全部金融机构涉农贷款余额从 6.12 万亿元增长到 14.5 万亿元，年均增长速度达 24.4%，而同期农村商业银行、农村信用社、中国邮政储蓄银行三类机构在农村地区吸收的储蓄存款总余额就从 9.11 万亿元增长到 29.17 万亿元，同期农村资金外流也至少在 3.0 万亿元和 14.7 万亿元以上[①]。因此，中国农村地区不仅正规金融供给总量不足，而且资金外流持续存在且呈上升态势，各类正规金融渠道长期的资金外流必然使得农村资金供给日趋紧张，从而进一步加剧了农村资金的稀缺化程度。

表 4.6　　　　　　　　　　1980～2012 年农村信用社存贷款情况

年份	存款 （亿元）	贷款 （亿元）	存贷差 （亿元）	存贷比	年份	存款 （亿元）	贷款 （亿元）	存贷差 （亿元）	存贷比
1980	265.1	81.6	183.5	0.308	1997	10555.8	7273.2	3282.6	0.689
1981	318.6	96.4	222.2	0.303	1998	12191.5	8340.2	3851.3	0.684
1982	388.7	121.2	267.5	0.312	1999	13358.1	9225.6	4132.5	0.691
1983	486.1	163.1	323	0.336	2000	15129.4	10489.3	4640.1	0.693
1984	623.9	354.5	269.4	0.568	2001	17272.7	12744.3	4528.4	0.738
1985	724.9	400	324.9	0.552	2002	19674.1	14674.2	4999.9	0.746
1986	962.3	568.5	393.8	0.591	2003	23765.3	17759.7	6005.6	0.747
1987	1225.2	771.4	453.8	0.630	2004	27348.4	19748.3	7600.1	0.722
1988	1399.8	908.6	491.2	0.649	2005	27698.1	18551.9	9146.2	0.670
1989	1663.4	1094.9	568.5	0.658	2006	30426.8	20458.3	9968.5	0.672
1990	2144.9	1413	731.9	0.659	2007	35166.97	24121.6	11045.4	0.686
1991	2707.5	1808.6	898.9	0.668	2008	41529	27449.01	14079.99	0.661
1992	3478.5	2453.9	1024.6	0.705	2009	47306.73	32156.31	15150.42	0.680
1993	4297.3	3143.9	1153.4	0.732	2010	50409.95	33972.91	16437.06	0.674
1994	5669.7	4168.6	1501.1	0.735	2011	55698.92	36715.91	18983.01	0.659
1995	7172.9	5234.2	1938.7	0.730	2012	59724.84	38370.09	21354.75	0.642
1996	8793.6	6364.7	2428.9	0.724	合计	479169.1	361197.9	168381.1	0.754

资料来源：相关年份《中国金融年鉴》。

---

① 根据相关年份《中国金融年鉴》整理得到。

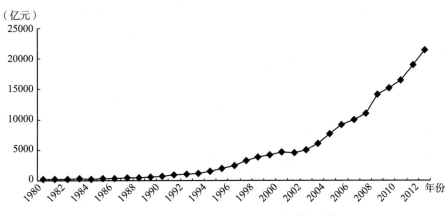

图 4.4 1980～2012 年农村信用社资金外流情况

农村正规金融在信贷资金供给不足的同时，也面临严重的供给结构不合理的问题。主要表现在三个方面：一是农村贫困弱势群体的金融资源获取不足，特别是农村微型企业和农户的金融供给严重匮乏。以地域贷款为例，2012 年中国农村地区贷款余额为 14.55 万亿元，其中农村企业贷款 10.36 万亿元，农户贷款 3.62 万亿元，农户贷款仅占农村地区贷款总量的 24.9%[①]。获得贷款的农户家庭数不到农户总数的 2/5。2012 年当年新增的农户贷款余额为 5000 亿元，仅占同期各项贷款新增总额的 5.5%。就农户贷款的结构来看，2012 年农户生产经营性贷款余额为 3.0 万亿元，占农户各项总贷款余额的 4.4%，同期新增 0.37 万亿元，占同期农户各项贷款新增总额的 4.1%。农户消费性贷款余额为 0.66 万亿元，占农户各项总贷款余额的 1.0%，同期新增 0.13 万亿元，占同期各项贷款新增总额的 1.4%。信贷供给结构中的农户消费性贷款相对匮乏。从贷款期限结构与行业贷款分布来看，以最贴近"三农"的村镇银行为例，2012 年末全国村镇银行年末贷款余额 0.23 万亿元，其中短期贷款余额 0.20 万亿元，占同期村镇银行全部贷款余额的84.8%。且村镇银行单位承贷主要分布在制造业（470 亿元，占比 21.3%）、批发和零售业（210 亿元，占比 9.5%）、农林牧渔业（177 亿元，占比8.0%）。三类行业贷款合计占村镇银行全部单位贷款余额的 77.7%。二是正

---

① 本段相关统计数据根据相关年份《中国金融年鉴》和《中国农村金融服务报告》整理得到。

规金融资源分布不平衡凸显。自 2008 年初开始,金融主管部门多次强调禁止县域金融机构自行撤并县域金融网点,但根据银监会的统计,截至 2012 年末中国县域银行业金融机构服务网点收缩至 7.6 万个,远远少于 2004 年的 13.4 万个、2006 年的 12.4 万个和 2009 年的 12.2 万个。且金融网点分布不平衡,截至 2012 年 9 月,全国仍有 1259 个"零金融机构"乡镇,其中 80% 的"零金融机构"乡镇聚集在西部贫瘠地区。以近年来政府大力扶持的新型农村金融机构村镇银行为例,2012 年中国共有村镇银行 765 家,其中 50% 以上聚集在辽宁、山东、内蒙古、江苏、浙江、河南、安徽、四川等 8 个省区,且上述 8 个省区的村镇银行贷款增量占据全国村镇银行贷款总增量的 60% 以上。三是农村地区正规金融服务重资金归集轻资金发放的特征比较显著。主要表现为:存款覆盖面相对较广,提供存款、汇兑、结算的金融机构与金融服务相对较多。截至目前,中国农村正规金融机构所提供的存款、汇兑、结算等金融服务基本上覆盖了 90% 以上的行政村,机构覆盖面远远高于全球 30% ~ 40% 的平均水平。与此相比照的是农村贷款覆盖面相对较窄,提供贷款等信贷资金供给的金融机构与金融服务非常匮乏。就农业保险结构来看,各类型保险机构在农村地区以提供人身险保障为主,提供生产经营险保障服务的保险机构还相对匮乏。

上述分析表明,中国农村正规金融机构同时存在信贷资金供给规模与结构的双重失衡,使得其在农村金融供给中的制度性和功能性缺失凸显,难以满足农村各类经济主体特别是中低收入农户的信贷需求。在此背景下农村各类经济主体不得不另辟融资渠道。

4.3.2 农村非正规金融供给规模与结构

自 1978 年经济体制改革以来,在中国农村地区广泛地存在着各种不同形态(如友情借贷、关联性借贷,合会、农村合作基金会、非营利性小额信贷组织、地下钱庄、高利贷等)的非正规金融活动,并且随着时间的推移,这些非正规金融活动日趋活跃,在中介功能上逐渐呈现出对正规金融的替代趋势,成为农户特别是中低收入农户融资的主要渠道。国际农业发展基金的研究报告(IFAD,2001)指出,中国农民从非正规金融渠道取得的贷款大约为正规金融渠道的四倍。根据郭沛（2004）年的估算，1997～2002 年中国农村窄口径的非正规金融规模大约在 1800 亿～2750 亿元之间，占正规金融机构农村贷款总额的 14.6% 以上；宽口径的非正规金融规模在 0.22 万亿～0.28 万亿元之间，占正规金融机构农村贷款总额的 20.0% 以上。李建军（2005）通过对福建、河北、山西、云南等 15 个省域农村地下金融规模调查数据的分析，发现农户非正规融资规模指数全国为 55.78，分区域来看，东部六省为 56.45，中部五省为 55.47，西部四省为 62.43。金烨和李宏彬（2009）采用黑龙江、吉林、河南、安徽、山西、江西、湖南、湖北八省 2000 农户的入户调查数据，研究发现调查地区农户在过去一年的贷款中有 51.8% 来自非正规渠道，户均发生额为 2.05 万元。刘莉亚、胡乃红和李基礼（2009）针对全国 31 个省区市 1000 个自然村的入户调查数据分析发现，在农户借款中的约 70% 来自非正规金融渠道，其中生产性借款约占 45.99%，生活性借款约占 54.01%。

就农村非正规金融供给结构来看，现有研究得出的结论较为一致。首先，农村非正规金融的信贷用途以生活消费性为主（林毅夫，1989；徐笑波等，1994；温铁军，2001，汪三贵等，2001；黄祖辉等，2007；潘朝顺，2009）。其次，农村非正规金融发展同样具有区域不平衡性。一般来说，欠发达地区非正规金融较发达地区活跃，但就中国而言，东西部农村非正规金融较中部地区活跃，且组织性较强的农村非正规金融机构主要出现在浙江、广东、福建等沿海地区，中西部内陆农村地区尽管非正规金融机构比较多，但组织性普遍不高（杨福明，2008；邵传林，2011）。以近年来新发展起来的但一直没有纳入中国人民银行监管范围内的以农村扶贫为中心的小额信贷机构为例，2012 年中国小额信贷公司总数 6080 家，从业人员 7.03 万人，6080 家小额信贷公司的分布以经济比较发达地区为主，其中江苏（495 家，占比 8.0%）、安徽（454 家，占比 7.5%）、内蒙古（452 家，占比 7.4%）、辽宁（434 家，占比 7.1%）、河北（325 家，占比 5.4%）、云南（276 家，占比 4.5%）、吉林（265 家，占比 4.4%）、山东（257 家，占比 4.2%）等 8 个省区占据了全国小额信贷机构总量的 48.5% 以上。而经济相对落后的西藏、青海、海南、宁夏分别只有 1 家、19 家、21 家和 90 家小额信贷公司，这 4 个省区小额信贷公司贷款余额占全国小额信贷公司总贷款余额的比重还不足 2%。

2012 年全年全国小额信贷公司 61.7% 以上的贷款存量、59.6% 以上的贷款增量均集中在经济相对发达的江苏、浙江、内蒙古、山东、安徽、辽宁等地①。

4.4　中国农村金融发展的收敛性分析

农村金融供给总量不足与供给结构失衡，使得"三农"领域资金"瓶颈"约束愈趋严峻，因此，改革农村金融体制、缓减农村融资约束成为 21 世纪以来中国决策层和学术界关注的"重中之重"。近年来，政府基于"改革存量，发展增量"的农村金融改革新思路，推出了一系列农村金融"新政"，力图实现农村金融发展与农村经济社会发展的良性互动。那么，中国各地区农村金融发展走势及其焦点对国家政策变更做出了哪些反映？是走向收敛还是发散？在中国实施区域经济金融协调发展的背景下，准确测度中国农村金融发展的政策效应，实证检验各区域农村正规金融、非正规发展的收敛性，对于促进农村金融健康发展，实现农村金融资源的合理配置以及农村金融体制改革的深层次破冰，具有重要的理论价值和现实意义。为此，本节利用中国农村 1998～2010 年 30 个省区市（不包含西藏）的相关统计数据考察中国区域农村正规金融、非正规金融发展的收敛性，以期为准确把握农村金融发展规律和农村金融发展相关政策制定提供决策参考依据。

4.4.1　计量模型与指标数据

参数静态模型以 β 收敛理论为基础。β 收敛理论最早由鲍莫尔在研究收入水平收敛时提出，借鉴该理论，构建如下模型检验农村金融发展的 β 绝对收敛：

$$\frac{1}{T}\ln\left(\frac{FI_{it+T}}{FI_{it}}\right) = \alpha + \beta\ln(FI_{it}) + \varepsilon_{it} \tag{4.1}$$

（4.1）式中，如果估计值 β < 0，说明金融发展初始水平越低，金融发展

①　数据来源于《中国金融年鉴 2013》。

增长率越大，意味着金融基础薄弱地区的金融发展速度要快于金融基础雄厚地区，并逐渐赶上金融基础雄厚地区的金融发展水平，地区间金融发展差距趋于缩小，具备 β 绝对收敛特征。FI_{it+T}、FI_{it}分别表示 i 地区期末、期初的农村金融发展水平。

由于 β 绝对收敛理论依托的假设是不考虑各经济体结构上的差异，所有地区都具有相同的稳定增长路径。但现实中上述假设很难满足，因此学者们引入 β 条件收敛的概念。β 条件收敛是指不同国家之间金融发展的收敛性依资源、技术、制度等的差异而存在。通常在（4.1）式中引入刻画不同地区差异的关键变量来描述 β 条件收敛：

$$\frac{1}{T}\ln\left(\frac{FI_{it+T}}{FI_{it}}\right) = \alpha + \beta\ln FI_{it} + \sum \alpha_j \ln COV_{jt} + \varepsilon_{it} \qquad (4.2)$$

（4.2）式中，如果估计值 β＜0，说明存在 β 条件收敛性。

在已知 β 估计值的情况下，收敛速度 λ 由（4.3）式计算得到

$$\beta = -\frac{(1 - e^{-\lambda\tau})}{\tau}(\tau = 8) \qquad (4.3)$$

根据（4.2）式，本研究的指标数据选取如下：农村金融发展水平（FI_{it}）分别采用农村正规金融发展水平（FIE）和农村非正规金融发展水平（NFI）来表示；农村正规金融发展水平用农户每年户均累计通过银行、信用社借入的资金表示；农村非正规金融发展水平用农户每年户均累计通过民间借贷等非正规渠道借入的资金表示；数据均来源于《全国农村固定观察点调查数据汇编》和《全国农村社会经济典型调查资料汇编》。刻画不同地区性质差异的控制变量（COV）采用农业 GDP（GDP）来表示，农业 GDP 用第一产业的国内生产总值来衡量，数据来源于《中国农村统计年鉴》。

图 4.5 给出了各区域农村正规金融、非正规金融发展水平的年度变化趋势。从图 4.5 可以看出，考察期间，各区域农户户均从非正规金融渠道获得的借贷资金远远大于从银行、信用社等正规金融渠道获得的借贷资金，且东部地区远远高于中、西部地区。东、中、西部地区农村农户户均从非正规金融渠道获得的资金年均分别为 589.13 元/户、300.83 元/户、220.71 元/户；户均从正规金融渠道获得的资金年均分别为 144.57 元/户、65.20 元/户、110.38 元/户。各区域农村农户从正规金融渠道获得的借贷资金以及从非正规金融渠道获得的借贷资金均呈现逐年增长趋势，且正规金融渠道融资的增

长速度远远大于非正规金融渠道融资。其中，东、中、西部地区农村农户户均从非正规金融渠道获得的资金分别从 1998 年的 473. 43 元/户、261. 74 元/户、167. 33 元/户增长到 2010 年的 689. 37 元/户、403. 13 元/户、321. 99 元/户，年均增长率分别 3. 18%、3. 67%、5. 61%；东、中、西部地区农村农户户均从正规金融渠道获得的资金分别从 1998 年的 42. 95 元/户、48. 91 元/户、55. 70 元/户增长到 2010 年的 293. 66 元/户、102. 62 元/户、168. 22 元/户，年均增长率分别为 17. 37%、6. 37%、9. 65%。东、中、西部农村地区正规金融渠道融资的增长速度分别是非正规金融渠道的 5. 46 倍、1. 74 倍和 1. 72 倍。表明尽管各区域农村地区农户非正规金融渠道融资的绝对规模要大于从正规金融渠道融资的绝对规模，但农村正规金融发展态势远远超过了非正规金融发展态势。

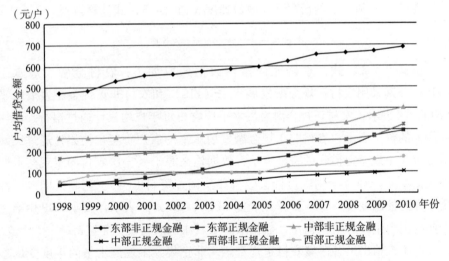

图 4. 5　区域农村正规金融和非正规金融发展水平年度变化趋势

4. 4. 2　实证结果分析

下面借助面板数据和收敛模型来进一步分析各区域内部农村金融发展水平差异及其发展态势。面板数据模型包括混合 OLS、固定效应（Fe）和随机效应（Re）3 种类型，因此首先要选择最优模型。对模型（4. 1）和模型

（4.2）进行检验，发现不论是全国范围还是东、中、西部地区，F 检验的结果在 5% 的显著性水平下拒绝原假设，表明有明显的个体差异，因此排除采用 OLS 模型的可能；进一步的 hausman 检验结果在 5% 的显著性水平下也拒绝了选择 Re 模型的原假设，因此本研究采用 Fe 进行估计。得到农村正规金融、非正规金融收敛性的估计结果如表 4.7 和表 4.8 所示。

表 4.7 区域农村金融发展 β 绝对收敛估计结果

	全国		东部地区		中部地区		西部地区	
	正规	非正规	正规	非正规	正规	非正规	正规	非正规
β	-0.002 (0.039)	0.126*** (0.038)	-0.049* (0.023)	-0.061* (0.034)	0.124 (0.101)	-0.199*** (0.053)	-0.198* (0.110)	0.149** (0.070)
α	0.119 (0.179)	-0.191*** (0.022)	0.394** (0.110)	0.424 (0.346)	-0.433 (0.410)	-1.094* (0.301)	1.016* (0.517)	-0.742** (0.378)
收敛速度 λ	—	—	0.043	0.051	—	0.096	0.068	—
Adj - R²	0.003	0.500	0.301	0.104	0.211	0.563	0.226	0.291
F 值	0.006	11.006	4.745	1.743	1.495	14.161	3.219	4.511

注：*表示 $p < 0.1$，**表示 $p < 0.05$，***表示 $p < 0.01$，括号内为标准差。

表 4.8 区域农村金融发展 β 条件收敛估计结果

	全国		东部地区		中部地区		西部地区	
	正规	非正规	正规	非正规	正规	非正规	正规	非正规
β	-0.029 (0.298)	0.134 (0.226)	-0.241* (0.110)	-0.830** (0.357)	-0.350 (0.261)	0.047 (0.156)	-1.009*** (0.246)	0.196 (0.286)
lnGDP	-0.132 (0.158)	-0.040 (0.058)	0.077* (0.031)	0.653** (0.262)	0.040 (0.133)	0.050 (0.030)	0.149** (0.060)	0.052 (0.089)
lnFIE 或 lnNFI	0.656 (0.615)	-0.059 (0.110)	0.071 (0.047)	-0.371* (0.188)	1.025 (0.696)	0.016 (0.059)	1.184* (0.479)	-0.142 (0.147)
α	-2.449 (2.567)	-0.673 (0.944)	4.324** (1.822)	0.935 (2.572)	-4.647 (2.783)	-0.175 (0.628)	-2.059 (1.432)	-0.751** (0.854)
收敛速度 λ	—	—	0.119	0.155	—	—	0.081	—
Adj_R²	0.147	0.526	0.489	0.412	0.387	0.686	0.693	0.360
F 值	0.518	3.323	2.868	2.106	1.892	6.593	6.779	1.688

注：*表示 $p < 0.1$，**表示 $p < 0.05$，***表示 $p < 0.01$，括号内为标准差。

表 4.7 给出了农村正规金融、非正规金融发展 β 绝对收敛的估计结果。从农村正规金融发展趋势看，1998～2010 年间，全国整体和东部、西部地区系数 β 值均为负值，但全国整体范围内 β 值的不显著，东部和西部地区在 10% 的水平下显著，说明农村正规金融发展的 β 绝对收敛性质只存在于东部和西部地区，而且两个区域的绝对收敛速度分别为 4.3% 和 6.8%。意味着一定程度上东部和西部地区内部农村正规金融发展出现良性累积因果性循环，使得基础薄弱地区农村正规金融发展速度要快于基础相对雄厚地区，使得整个地区农村正规金融发展差距趋于缩小，呈现绝对收敛态势。中部地区系数 β 为正值，但不显著，说明在不考虑其他影响因素的条件下，中部地区农村正规金融发展整体上趋于发散态势，但这种发散态势不明显。

从农村非正规金融发展趋势看，1998～2010 年间，东部、中部地区系数 β 值均为负值，且分别在 10% 和 1% 的水平下显著，说明农村非正规金融发展的 β 绝对收敛性质只存在于东部和中部地区，而且两个地区的绝对收敛速度分别为 5.1% 和 9.6%。一定程度上意味着在这两个地区内部，基础薄弱地区农村非正规金融发展速度要快于基础相对雄厚地区，使得整个地区农村非正规金融发展差距趋于缩小，呈现绝对收敛态势。西部地区和全国范围内的系数 β 为均显著为正值，说明在不考虑其他影响因素的条件下，全国整体以及西部地区内部农村非正规金融发展呈现明显的发散态势。

表 4.8 显示了农村正规金融和非正规金融发展 β 条件收敛性估计结果。就农村正规金融发展趋势来看，全国整体、东部、中部和西部地区系数 β 估计值均为负，但仅东部、西部地区估计系数显著，说明 1998～2010 年间，东部、西部地区农村正规金融发展存在 β 条件收敛性，且东部地区收敛速度（11.9%）大于西部地区（8.1%）。全国省际间以及中部地区农村正规金融发展不存在 β 条件收敛性。意味着我国农村正规金融发展的 "俱乐部条件收敛特征" 明显。从农村非正规金融发展趋势来看，仅东部地区系数 β 估计值为负且在 5% 的水平下显著。表明，我国农村非正规金融发展仅在东部地区存在 β 条件收敛性，且收敛速度相对较快，达 15.5%。

从控制变量上看，东部地区农业 GDP 和农村正规金融对非正规金融发展条件收敛的影响显著，且农业 GDP 对农村正规金融发展条件收敛有显著影响；西部地区农业 GDP 和农村非正规金融对农村正规金融发展条件收敛的影响显著，说明农村经济发展水平和农村正规金融发展水平是影响东部各地区农村非正规金融发展条件收敛的重要因素，而农村经济发展水平和农村非正规金融发展水平对西部农村正规金融发展趋势有显著影响。表明我国东部地区农村非正规金融因受农村经济和农村正规金融发展水平的影响而收敛于稳态，东部地区农村正规金融发展因受农村经济发展水平的影响而收敛于稳态；西部地区农村正规金融发展水平因受农村经济和农村非正规金融发展水平的影响而收敛于稳态。因此，农村经济发展水平和农村非正规（或正规）金融发展水平是引致农村正规（或非正规）金融发展差距的重要原因。

4.4.3　结论与启示

综上所述，东部地区农村正规金融和非正规金融发展同时存在 β 绝对收敛性质和 β 条件收敛性质；西部地区农村正规金融发展同时存在 β 绝对收敛性质和 β 条件收敛性质；中部地区农村非正规金融发展存在 β 绝对收敛性质。东部地区农村非正规金融发展条件收敛主要受农业 GDP 和农村正规金融发展水平影响；东部地区正规金融发展条件收敛主要受农业 GDP 发展水平影响；西部地区农村正规金融发展条件收敛主要受农业 GDP 和农村非正规金融发展水平影响。因此，农村经济发展水平和农村正规（或者非正规）金融发展水平是引致农村非正规（或者正规）金融发展水平差距的重要原因。我国各区域地理环境和经济社会发展水平不平衡，东部地区经济社会发展水平比较高，中部地区多为农业大省，产业结构定位于农产品和原材料基地，加之国家实施的"东部优先，西部大开发"非均衡发展战略，造成了中部农村地区在金融资产存量和流量上落后于东部，在金融资源增量上落后于西部的局面，同时由于城乡"二元结构"和金融抑制，导致中部农村地区金融弱化现象严重（杨胜刚和朱红，2007），加上区域内部农村金融监管和金融制度不完善，金融协调发展政策、措施不到位，使得农村正规金融、非正规金融发展差距呈现进一步扩大趋势。而东部农村地区不论是政府外生植入的正规金融资源还是内生于农村社会的非正规金融资源都比较丰裕，加之农村金融监管和金融制度比较健全，区域内部农村正规金融和非正规金融发展差距进一步缩小，呈现均衡发展趋势；西部地区政府外生植入的正规金融资金比较雄厚，政府植入的资金本身就是用来扶贫济弱的，因此农村正规金融发展水平比较均衡，地区差距呈现缩小趋势。而内生于农村本土社会的非正规金融在农村金融监管失范和制度缺失情况下，同时被正规金融机构和现代监管制度严重排异，非正规金融发展遇到的阻力相对于东部地区要更大，而这些阻力本身因地域、经济、政策等因素的差异而具有不平衡特征，从而导致西部农村地区非正规金融发展呈现不平衡特征。

鉴于以上结论，本研究认为短期内所显示的农村正规金融或者非正规金融发展的非均衡性是客观的，也是必然的，但是致力于缩小农村正规金融、非正规金融发展差距是中国农村金融发展战略当前和今后相当长时期内需要解决的重要问题。因为农村金融发展差距持续扩大必然会影响农村金融和农村经济发展的整体效率。因此应进一步推进区域农村金融在适度差异中协调发展。具体而言，可以从如下三个方面入手：首先，进一步放开现有政策中关于农村非正规金融的约束成分，给予农村非正规金融更明晰的发展定位与政策支持。其次，加快农村金融改革步伐，促进农村非正规金融机构与正规金融机构的相互合作，建立有效的资金融通机制实现两者之间的良性互动与功能互补。打破农村金融资源流动性不足的限制，引导农村金融资源由资金密集地区向资金匮乏地区流动。最后，提供必要的制度安排，实现农村内生非正规金融机构的良性循环发展，帮助其实现更加灵活的经营，使其能安心扎根农村充当农村资金输送的"毛细血管"，积极主动服务"三农"。

4.5　中国农村金融发展的问题探讨

农村金融体系形式上的逐步完备一定程度上推动了农村金融服务能力的提升和农村反贫困进程。伴随着农村金融体系的改革和发展，中国农村金融机构可持续发展能力不断增强，农村存贷款持续增加，农村金融服务已基本覆盖了中国绝大部分农村地区。尽管如此，现有农村金融体系仍然不能全面满足农村各大经济主体的融资需求和农村经济社会发展需要，且未来的发展模式还有很大的可塑性。长期以来存在的农村金融产品单一，农村金融业务以存款、汇兑为主，贷款、保险、理财等产品匮乏的局面还有待从根本上得到改善。农村金融供给总量不足，结构不尽合理，弱势群体特别是微型企业和贫困农户发展依然面临严重的金融服务不足也有待从根本上得到改观。这些表象问题的存在是农村金融体系内在症结的反映。本节将结合上文农村金融发展现状的分析，深入剖析中国农村金融发展的内在症结，厘清这些内在症结也是未来深入推进农村金融体制改革所必需的"起点"和"初始条件"。

4.5.1　农村金融生态难以有效承载农村金融健康发展

农村金融自身健康发展与有效推进农村减贫的良性互动必须建立在良好的农村金融生态环境基础之上。农村金融生态环境是农村金融组织生存发展的外在条件。当前中国农村宏观经济发展与稳定程度不高，地方政府对农村金融活动的干预"越位"与"缺位"并存，金融法律法规的完善程度与执行程度相对滞后，农村信用环境不健全，农村监管环境的规范程度不高。这些问题的存在一定程度上制约了农村金融的可持续发展。

首先，中国农村宏观经济环境比较严峻。历史原因形成的长期的城乡二元经济结构，形成了一种不利于"三农"的政策环境，出现了城乡要素、收入、分配、福利、技术、价格等方面的不均衡配置。在城市工业化高速增长的同时，农村经济增长乏力，城乡差距逐步扩大。在经济决定金融的原则下，农村经济发展的落后也就决定了农村金融发展的落后和农村金融资产质量与效率的低下。农村经济投入与产出规模、收入与消费规模、生产与流通规模等都牵制了农村金融融量规模，抑制了农村金融需求。而农业靠天吃饭的特性、农村较低的市场化程度、农业弱势的自我积累功能、农村产业结构的不合理以及农村经济结构调整的滞后等决定了中国农村相对薄弱的经济基础。农村经济基础的薄弱决定了其对信贷资金的吸收、消化能力不强，直接后果就是导致资金不敢轻易进入农村领域，造成农村金融供给不足。在农村金融供给不足的情况下，金融机构处于贷款的安全性与收益性考虑，一般会出现服务目标群体偏移，以实现在承担较小的风险的同时获取相对较高的收益。

第二，政府干预中"越位"与"缺位"并存，农村金融的市场化程度低。中国农村金融体系在自上而下的强制性演进过程中，中央对金融资源纵向管理跨区域条块分割的分配方式以及地方政府事权与财权严重不对等的尴尬，不仅使得政府对农村金融活动的干预成为必然，也使得农村金融自下而上的诱致性制度创新被严重压抑。农村金融的强制性演进导致政府和市场的"双重缺位"，而"双重缺位"导致了市场发育不全。在市场发育不全条件下，当其他金融的发展无法实现对政府金融市场份额腾退的有效替代时，政府的行为边界就不应该过度收缩。不然就有可能摧毁其他金融孕育和成长的基础。事实上，在农村金融自身发育存在束缚与扭曲时，完全寄希望于市场本身的自我修复和完善，即使具有可能性，也必然会是一个痛苦而漫长的过程，并且需要付出高昂的过渡成本。中国农村金融发展中固然不能完全排斥政府的作用，但是过度的政府干预同样会导致事与愿违。以农村信用社的改革与发展为例，自农村信用社的管理权下放给地方政府之后，地方政府同时作为"内部人"和管理者在某种程度上已经很难代表国家的偏好和利益行事，这种行政化干预的后果就是导致农村信用社信贷资源"错配"和风险外部化，并使其最终偏离市场化改革的逻辑初衷。同时，在当前农村相对宽松的监管环境和市场化导向下，农村金融机构相继滋生出了各种机会主义行为，而政府在这方面却并无多大作为。种种迹象显示，有些地方政府出于自身或局部利益考虑，或者"越位"指令农村金融机构将信贷资金投向一些低效益的政绩性建设项目，或者利用行政权力为关系户"点贷"，或者借发放扶贫贷款之机，巧立税收名目从中牟利，或者纵容、默许辖区内能使自身利益最大化的借贷主体逃废农村金融机构的债务，间接争夺农村金融资源，这些问题的存在进一步恶化了农村信贷需求者的微观经济环境。而农村金融机构自身不规范的治理也一定程度上为政府部门权力寻租、转嫁改革成本提供了条件。权力寻租在低利率的扶贫贷款上存在很大空间。据有关调查统计，贫困农户申请扶贫贷款的实际成本构成除了利息成本外，往往还包括支付给农村金融机构工作人员的回扣、"跑贷款"的时间成本和交通成本以及其他"关系"成本。这种情况下，贫困农户所能享受到的扶贫贷款的优惠将大打折扣甚至不复存在。政府对农村金融机构干预失当，导致农村金融市场发育度不高，市场化程度偏低，市场交易环境差，也进一步削弱了农村金融机构的支农与减贫能力。

　　第三，农村金融发展的制度环境不理想。首先是法制环境的缺失，这体现在农村金融生态和金融扶贫立法思想的缺位、法律体系的缺陷以及执法效率与司法规则的缺失等方面。目前"有法不依、执法不严"成为农村地区法制建设中根深蒂固的顽疾。一方面，现行法律法规本身的缺陷使法律对农村债务人履约不力或者拒绝履约等行为缺乏硬性约束，农村地区某种程度上"不疼不痒"型的执法力度加大了金融机构依法维护自身金融债权的难度；另一方面，农村金融机构通过法律诉讼的执行费用偏高，加上有的地方政府处于各种利益考虑，直接或者间接阻碍诉讼和司法进程，农村金融机构"赢得了官司也赢得了债务"的情况常有发生。其次，农村信用环境亟须改善。当前，中国农村金融需求主体信用观念相对淡薄，市场风险意识不强。部分农户对银行的小额贷款还贷意识差，由于信息不对称，发展较好的中小企业虚报收支以"合理避税"，发展较差的中小企业粉饰财务报表以"骗取贷款"。加之部分中小企业在选择生产发展项目的时候往往盲目跟风，风险意识不强，导致企业亏损进而无法归还贷款。这些问题的存在严重打击了金融机构放贷的积极性。此外，农村征信体系建设滞后，尚没有建立其覆盖相对较广、标准相对统一的相互通透的农户信用体系，一定程度上增加了非银行信息收集难度，加大了放贷风险。

第四，外部监管存在诸多问题。在制度设计中，银监会自身还没有充分把好农村金融市场准入关，过程监管亟待加强，退出机制也有待进一步明确和硬化。如在新型农村金融机构监管主体上，形成了银监会与地方政府两大监管序列。村镇银行、农村资金合作社、贷款公司由银监会负责监管，而小额信贷机构由地方政府负责监管。银监会由于实行层级监管制，到农村金融机构这一最底层级，往往由于监管链条长而带来了高成本，由于监管时效性差而出现了监管信息失真的情况。地方政府监管过于宽松，监管手段比较单一。监管主体的不一致必将导致监管标准、宽严度把握的不一致。此外，农村保险市场不论是外部政策环境、公众认识，还是内部体制、技术等都亟待完善和提高。截至目前，相关部门还没有出台专门针对新型农村金融机构的监管办法或者监管条例，也没有形成一套相对完整的农业产业风险防范机制。中国农村金融机构尚难以借助外力对风险进行有效监控、防范与化解。

4.5.2　农村金融体系内部组织机构之间存在矛盾冲突

当前中国农村金融组织体系的主体是中国农业发展银行、中国农业银行、农村信用合作社。政府对"三农"的资金供给和信贷支持政策，主要是通过这三大金融机构实施并完成的。三大金融机构作为主要面向"三农"的金融服务机构，初步形成了一种政策性金融、商业性金融与合作性金融分工协作的农村金融服务格局。但由于该体系中政策性金融、商业性金融和合作性金融机构之间的作用边界与利益关系没有理顺，内在矛盾冲突严重，一定程度上强化了农村正规金融机构的制度性与功能性缺失程度。

就政策性金融主体中国农业发展银行来看，中国农业发展银行作为农村金融市场"公共金融产品"提供的主体，其初始制度设计的先天性缺陷与实际运行机制的不完善，导致了其自身运作格局的困境与艰难。首先，政策性与金融性含混的主体性质定位导致其运行机制不顺。中国农业发展银行作为国家主要的政策性金融机构，其功能本质上具有财政"无偿拨付"与金融"有偿借贷"的双重特征。一方面，基于政策性，其必须融洽信贷政策与农业政策，实现政府的政策意图；另一方面基于自身天然的金融属性，其必然追求信贷安全与投资收益，以实现自身可持续发展（江浩，2012）。中国农业发展银行这种集政治目标与经济目标于一体的模式，决定了其自身的运行机制必须具有合适的边界以实现两者之间的均衡。而现实情况是，中国农业发展银行自建立以来，由于政府过度干预，其金融属性就一直从属于其政治属性，其独立行使的法人权力受到压抑，特别是成立之初至21世纪初，中国农业发展银行基本上被演变成政府的"投资公司"。这种背景下，其资产与负债失衡、激励与约束机制软化、内部治理低效、风险控制能力不强、功能缺位等问题层出不穷，使得农业发展银行往往有扶贫之心而缺扶贫之力。其次，弥补性与导向性功能缺位导致其扶贫功能弱化。创设主旨在于弥补"市场失灵"以实现对农村金融资源空缺进行配置的农业发展银行，其"弥补性"功能的顺利发挥对风险相对较高且社会效应相对较大的贫困地区或者贫困领域无疑具有十分重要的作用，同时对凸显农业发展银行自身政策性金融的"导向性"功能意义也十分重大。然而现实情况是，由于直接吸收社会闲置资金受到限制，严重依赖的国家拨补资金也常常不能按时到位，中国农业发展银行不得不付出高成本以通过商业性经营机构发行金融债券或向央行借款来获得融资，这与其自身的扶贫贷款贴息补偿形成了巨大的利益反差，造成其权利与义务的严重不对称。同时，中国农业发展银行自身资金来源的短期性与政策性金融资金投放的长期性矛盾尖锐，严重影响了其服务"三农"的积极性。另外由于中国农业发展银行的业务范围主要定位于农产品收购流通方面，即使近年来逐步将业务范围向农村基础设施建设、农业科技、农业综合开发等领域拓展，但拓展领域信贷资金配比依然相当低。并且，伴随着农产品流通体制的创新与粮食体制的市场化改革，作为以农产品特别是粮食为主要服务客体的中国农业发展银行，在推进自身经营机制转型与服务模式创新方面还相对滞后。加上中国农业发展银行至今都无法将自身经营服务触角延伸至乡镇及其以下地域，这显然适应不了中国目前高度分散化的农业经营模式。上述因素使得中国农业发展银行既难以弥补农村金融市场失灵，也难以发挥政策性资金的杠杆作用引导其他性质资金投向"三农"领域，束缚了其金融功能的释放。最后，政策性目标与商业性目标之间的边界模糊导致中国农业发展银行的经营轨迹逐渐出现偏移。中国经济体制的市场化改革在一定程度上决定了中国金融发展的市场化主线。中国农业发展银行逐步向市场化运作模式转型也将成为必然。实践中，自身商业性业务的拓展与四大国有银行商业化转型的示范效应，使得中国农业发展银行逐利倾向日趋强烈，以致"市场化运行与商业化转型"、"政策性业务与商业性业务"以及"经济效益与社会效益"之间的界限日趋模糊。特别是其近年来推出的准政策性业务，进一步模糊了农业发展银行与商业性金融机构应有的职能区别。随着农业发展银行非营利性和政策性功能的逐步淡化，其势必将强化对自身经济效益的追求而忽略对社会效益的照顾，进而使其信贷营运逐步向市场偏移，加上制度层面和法律法规的弱化，农业发展银行自身固有的农业政策性金融的根本属性正在逐渐消失。至今，作为国家信贷扶贫的重要力量和国家主要的农业政策性金融机构，农业发展银行并没有如政策期望那样真正承担起统一管理扶贫开发等涉农政策性金融服务的重任。

因此，努力的方向应该是进一步明确政策性金融的作用边界，使其真正将目标市场定位于商业性金融不愿或不能覆盖的具有社会正外部性的领域，发挥补充性功能而非替代性功能，使得政策性金融的存在不再破坏市场的公平竞争原则，损伤市场效率。

就商业性金融主体农业银行来看，农业银行虽然作为目前定位于面向"三农"，服务县域的金融机构，其经营重心也是经历了农村—城市—农村的纠结历程。中国农业银行于 1953 年正式成立，1957 年与中国人民银行合并，1963 年在中央政府要求与支持下，重新得以建立，1965 年国家为了精简机构，再次将中国农业银行并入中国人民银行。为了推动农村信贷事业发展，国家于 1979 年重新恢复了中国农业银行。1995 年开始，中国农业银行开始探索现代商业银行的运营机制。在这之前，中国农业银行的经营重心一直是农村领域。1996 年，应国务院《关于农村金融体制改革的决定》要求，农业银行与农村信用社脱轨，并大幅撤并农村基层分支机构，逐步开始退出农村信贷市场，将经营重心转向城市。1997 年农业银行开始正式步入向国有商业银行转型的发展阶段。2007 年开始至今，农业银行应国家明确要求进行股份制改造，并重新回归农村，开展面向"三农"的金融服务试点，如在农村开展惠农卡和农户小额贷款业务试点，开始承担提供农村商业性金融的使命。但是，农业银行目前的发展以及扶贫均存在一些问题。一方面，农业银行为了适应商业化改革要求，自 1996 年开始大幅撤并农村金融分支机构并在系统内部精简机构、裁减冗员，这虽然在一定程度上提升了自身组织机构运行效率，但是也促成了农村资金严重外流，并很大程度上牵制了国家扶贫贷款特别是小额扶贫贷款的发放。另一方面，随着农业银行向商业银行的逐步转型，其自身逐利的商业性目标逐步吞噬了其扶贫的公益性、政策性目标。在利润最大化倾向与农村资本回报率低下的矛盾冲突下，逐步商业化的农业银行事实上已经很难实现真正从城市回归农村，从非农产业回归农业的转轨。农业银行扶贫功能持续弱化，甚至出现了即使是国家信贷扶贫资金也难以通过农业银行准确到达目标贫困群体手中的情况。以农业银行作为扶贫的特色产品和标志性工程的农户小额贷款为例，自 2007 年试点以来，农户小额贷款虽然在一定程度上促进了农村地区信贷资金约束的缓解，并成为解决农户发展资金不足和促进农村经济发展的有效途径，但是随着农户小额信贷规模的逐渐扩大，农户小额信贷也出现了诸如贷款期限与农户经营项目实际不相吻合、低贷款利率导致收益不能覆盖成本、高风险致使其贷款条件和抵押担保机制苛刻，传统经营意识和行为方式的惯性导致其内部风险管理与防范机制缺失等问题。这些问题的出现，使得农业银行在小额贷款对象的选择上不得不突破国家确定的农村低收入阶层的限制，选择那些拥有一定的家庭资产并能够提供足额抵押担保的并非真正意义上的贫困人口作为放贷对象，使得农村贫困群体并没有成为国家金融扶贫的实际受益者。

就一直被要求向合作制方向转型的农村信用社来看，自 1996 年与中国农业银行分离以来，经过 2003 年以来的深化改革，不仅使得自身资本规模窄小、所有权虚置、经营机制不健全、内部人控制、产权不明晰等问题得到明显改善，而且也从此前长期亏损的状态中解脱出来并成功实现盈利，从根本上解决了自身的生存问题。但是在缓减农村融资问题上，农信社并没有发挥出实质性的功效。由于实行合作制的先天基础和后天动力都相对缺乏，在优胜劣汰的市场化竞争中农村信用社始终表现出明显的效率低下、创新迟滞、发展缓慢等问题。一方面，农村信用社是在政府主导下一手建立并发展起来的，受政府隐形保护惯性的影响，自身创新动力严重不足，经营约束机制相对软化。另一方面，农村信用社的运营模式是一种介于合作信用与商业信用之间但偏向于商业信用的模式，这种模式在市场化条件影响下，表现出日渐强烈的商业化倾向。在这种倾向驱使下，其金融支持重心向风险相对较小而回报相对较高的非农产业、地域集中也就成为必然，这直接导致农村信用社最原始的服务"三农"的公益性和合作性特征被覆盖，其满足农户金融需求的功能不仅没有被强化反而被进一步弱化了。此外，随着农村经济的发展和农业产业机构的转型升级，农村金融服务需求也呈现多元化特征，但农村信用社中间业务受到限制，业务拓展渠道、经营范围和空间都比较狭窄，业务职能也基本停留在复制或者跟随其他商业银行的发展步伐上，其服务"三农"的水平和能力难以得到大幅提升。农村信用社集合作性、商业性和政策性于一身，面临多重角色和多元目标的冲突，这严重影响了其运行绩效、支农减贫功能和自身的可持续发展。此外，就作为"边际增量"出现的新型合作性金融机构来看，它们固然是激发农村"内生性"金融发展的理想路径，但是，其可持续发展需要破解中国农村长期以来分散化的小农生产关系症结。伴随着农村家庭结构性约束的逐步瓦解和国家制度性监控权力向市场的逐步让渡，农户信用将不可避免的从亲缘信用向契约信用转变，而目前农村新型合作性金融机构似乎还没有在这种关系的转变中表现出很大的适应性。

在三大正规金融机构无法满足农村资金需求、有效服务"三农"的背景下，农村非正规金融组织的培育与发展就成为弥补农村金融减贫缺陷的理性选择。但现实情况是，中国农村的非正规金融支持体系还远远没有真正规范地建立起来。第一，农村非正规金融一定程度上还存在"合理不合法"的地位尴尬，使得农村非正规金融机构难以有效发挥金融功能的同时也阻碍了农村金融差异化竞争格局和互补型市场状态的形成。第二，农村非正规金融存在法制漏洞与体制缺陷。一方面，非正规金融作为农村金融市场的"杂牌军"，其多变的组织形式，较差的稳定性和较大的随意性，决定了其向"非法金融"地带靠近的可能性。另一方面，非正规金融缺乏成熟的准入、运行与退出机制。随着农村市场化改革的深入，其萌生于熟人社会、依赖于内心自制的约束、以道德为根基的担保机制也面临着前所未有的"诚信危机"，组织制度不规范与内部管理的无序进一步加大了其金融风险，进而严重削弱了其作为农村金融减贫"排头兵"作用。第三，农村非正规金融的运行效率也是有条件的。非正规金融组织的信息优势严格依赖于其活动范围的大小，其资金来源的局限也决定了其贷款资金只能在有限的空间进行配置，造成效率的损失。同时，农村非正规金融的小规模经营将使得其运作成本偏高，难以实现规模经济。此外，当前农村非正规金融产品和服务方式与贫困地区的实际金融需求也存在一定的错位。这些问题导致非正规金融服务不仅只能覆盖小部分贫困群体，而且致使其支农、减贫的深度和强度都受到限制。

由此可见，中国政府主导的、自上而下的强制性农村金融改革，更多的是以农村金融机构的自我完善、部门之间的利益调整而非解决农村融资难题为目标，这种供给导向的金融制度变迁脱离了农村经济社会发展的实际需求。其改革的实际绩效自然偏离农村金融制度设计的初衷，没有形成农村金融的有效供给与合理配置，出现了政策性金融经营轨迹偏离既定轨道，商业性金融支农功能弱化重新充当起农村资金外流的渠道，以农村信用社为代表的合作性金融在多元目标冲突下逐步偏离合作化发展的政策设计意图，并且在利益驱使下努力朝商业化方向改造；自身困难重重的农村非正规金融意图突破层层阻碍，顽强地向农村信用社支农减贫"主力军"的地位挑战。因此，目前农村正规金融供给渠道仍旧趋向于萎缩，农村大部分低收入群体的融资需求仍不同程度被漠视，农村的产业利润与金融利润仍趋向于逃离农村，农村资金外流的趋势仍旧明显，农村资金短缺仍然严重。事实上，在市场经济原则下，追求利润是所有金融组织生存和发展的必然选择，需要思考的是强制性的定性合作性金融、政策性金融不能以营利为目的是否也至少应该以确保其利率能够覆盖风险为前提呢？

4.5.3　农村金融供需规模失衡与供需结构"错配"并存

当前，农村金融供给规模不能满足农村经济主体的融资需求已经达成共识，并且被决策层和学术界密切关注。但是农村金融供给结构是否与农村经济主体的融资需求结构相匹配还很少被问知。主流观点认为农村经济主体的融资需求以生产经营为主，因此中国有史以来农村正规金融机构的信贷供给存量与增量均集中于"三农"中的生产经营性领域，消费性信贷供给被严格限制。而事实表明，在低利率诱使下，有机会获取生产经营性借贷的贷款人将资金用于真正需要的消费性开支的情况屡见不鲜。这无疑与政策制定者试图通过生产性信贷资金的注入来促进农村减贫和农村经济社会发展的良好愿望是背道而驰的。中国历次自上而下的农村金融改革在扩大农村信贷供给规模的同时都是将正规信贷产品局限于生产经营性用途，这可能忽略了农村"真正"的信贷需求，也一定程度上忽略了农村金融机构的供给意愿。农村金融供需不仅存在规模上的"失衡"，也存在结构上的"错配"。中国农村金融供给需要与农户"真正"的信贷需求相匹配。然而，中国历次农村金融体制改革都是典型的供给导向型，这也导致中国目前的农村金融体系还不具备有效识别农户潜在的"真正"的信贷需求的能力、技术与积极性。因此，中国农村金融体系在未来的改革和发展中，需要破解的不仅仅是农村金融供给与需求的均衡问题，由供给主导向需求主导转变进而实现农村金融供给与需求的有效匹配也将是不得不正视和加以考虑的。

| 第 5 章 |

中国农村贫困测度与评价

贫困是发展中国家普遍存在的一个社会问题。中国是世界上最大的发展中国家，其贫困人口主要集中在农村地区。因此，缓解和消除农村贫困是中国政府的长期奋斗目标，也是构建社会主义和谐社会的重要途径。而深刻认识农村贫困将是深入推进农村贫困缓减的基本前提。为此，本章将从多维视角来全面阐释中国农村贫困状况，并从量的角度测算中国农村贫困指数。同时考虑到中国目前还没有相对完整、统一的农村贫困程度测度的评价指标体系，本章将从经济、社会、环境与生态三个维度构建农村贫困程度评价指标体系，并利用此评价指标体系，对各地区农村多维贫困程度进行综合评价与研究。在此基础上，进一步就中国农村金融反贫困政策及其存在的问题进行全面分析。

5.1　中国农村贫困及其成因的多维透视

5.1.1　中国农村贫困现状考察[①]

了解中国农村贫困现状、分析引致农村贫困的原因，是推动农村反贫困

---

① 本节所使用的相关统计数据主要来自《中国农村贫困监测报告 2011》，中国统计出版社；《中国统计年鉴》（2000～2013），中国统计出版社。

的前提。改革开放以来，中国农村反贫困取得了重大进展。以官方贫困标准
计量，尽管贫困线从 1978 年的 100 元提高到 2010 年的 1274 元，但农村绝对
贫困人口从 1978 年底的 2.5 亿人减少到 2010 年底的 2688 万人，年均减少
697.3 万；农村贫困发生率相应的从 1978 年的 30.7% 下降到 2010 年的
2.8%，年均下降 0.87%；农村居民人均纯收入从 1978 年的 133.6 元增加到
2010 年的 7912.0 元，年均增长 228.78 元。中国也以此而成为世界上最早实
现联合国千年发展减贫目标的发展中国家。然而，随着扶贫攻坚的深入推进，
中国农村减贫依然面临严峻压力和挑战。

从数量上看，贫困人口规模依然庞大，且地区分布不均。中国科学院的
《2012 中国可持续发展战略报告》指出，如果按照 2011 年以农村居民家庭人
均纯收入 2300 元/年（以 2010 年为不变价格）的贫困标准计算，中国农村贫
困人口数量和覆盖面将由 2010 年的 2688 万人扩大到 1.28 亿人，占农村总人
口的 13.4%，占全国总人口的近 10%。因此，农村贫困规模依然庞大。同
时，由于区域、城乡、部门、人际之间发展的不平衡日益突出，农村贫困群
体的脆弱性依然明显。

从类型上看，农村贫困的多元化特征凸显，经济、社会、自然生态等多
维贫困相互交织，贫困形势依然严峻。就经济方面来看，尽管 2000~2013 年
中国农村居民收入和消费都有所增长，但城镇居民（人均可支配收入）与农
村居民（人均纯收入）的人均收入绝对差距从 4026.6 元扩大到 18059.2 元，
人均收入比相应的从 2.78∶1 扩大到 3.03∶1。其中，城镇与农村的人均转移
性收入绝对差距从 2000 年的 1362 元增长到 2013 年的 6226 元，增长了 4.57
倍；城镇居民与农村居民的人均消费绝对差距从 2000 年的 3327.9 元扩大到
2013 年的 11397.1 元，增长了 2.42 倍。而贫困农村地区的情况就更加不容乐
观。以 2010 年为例，2010 年中国农村居民收入和消费都有所增长，农村居
民人均纯收入为 5919 元，但农村贫困人口人均纯收入水平仅为全国农村居民
人均纯收入的 33.8%，比 2000 年还要低 2.3 个百分点。如果以 2010 年为不
变价格计算，农村贫困人口人均纯收入水平比全国农村人口人均收入水平要
落后 20 年左右。2010 年全国县市经济发展平均水平为 22467 元/人，而 592
个贫困重点县的平均水平为 11170 元/人，为全国平均水平的 49.7%。从消
费来看，2010 年，中国农村居民人均生活消费支出为 4382 元，其中恩格尔

系数为 41.1%，而农村贫困人口人均生活消费支出仅为 1490 元，为全国农村居民平均消费水平的 34.0%，且用于基本生存消费的恩格尔系数高达 64.4%。据统计，2010 年，农村贫困人口人均家庭设备及服务消费支出、交通及通信消费支出、医疗保健消费支出分别为 60 元、94 元和 72 元，三项消费占全国平均水平的比重分别为 25.6%、20.4% 和 13.1%。在全国农村所有的贫困户中有 52.6% 的贫困户消费大于收入，生活入不敷出。就财政收入来看，农村贫困地区财政普遍困难，经常处于入不敷出的状态。2010 年，全国 592 个扶贫重点县的地方财政收入为 1355 亿元，人均 559 元，财政支出 6937 亿元，人均 2861 元，人均财政支出是人均财政收入的 5 倍多。从收入分配状况来看，随着城乡收入差距进一步扩大，农村居民内部收入分配状况也呈现进一步恶化趋势。2000~2011 年，中国农村居民内部收入的基尼系数已经由 0.336 上升到 0.390，农村居民总体收入分配差距呈现逐步扩大趋势。据《中国农村贫困监测报告 2011》统计，全国农村收入最低的 20% 人口的全部纯收入仅占农村居民总体纯收入的 5.8%，而收入最高的 20% 人口的全部纯收入占到农村居民总体纯收入的 43.9%。不仅如此，农村内部高低收入组农户收入差距也进一步扩大。2003~2012 年，农户人均收入水平 5 等分分组中，低收入组农户人均纯收入从 865.9 元增长到 2316.2 元，年均增长 11.55%；高收入组农户人均纯收入从 6346.9 元增长到 19009.0 元，年均增长 12.96%；高收入组与低收入组的人均纯收入绝对差距从 5481.0 元扩大到 16692.8 元，年均增加 1245.76 元；中低收入组农户人均纯收入从 1606.53 元增长到 4807.5 元，年均增长 12.95%；中高收入组农户人均纯收入从 3206.79 元增长到 10142.1 元，年均增长 13.65%；中高收入组与中低收入组的人均纯收入绝对差距从 1600.26 元扩大到 5334.6 元，年均增加 414.92 元。此外，不同类型农户之间的收入差距也进一步扩大。在中国农村地区，以农业收入为主的住户约占农村住户总数的 2/3 以上，但整体上看，以农业收入为主的住户的平均收入水平还远远不及以非农业收入为主的住户平均收入水平的 60%。

就社会层面来看，据统计，以 1274 元的贫困线标准，2010 年中国农村贫困人口 2688 万，贫困发生率为 2.8%。其中东、中、西部地区分别为 124 万、817 万、1751 万，贫困发生率分别为 0.4%、2.4% 和 16.1%。东、中、西部地区贫困人口占全国农村贫困人口总量的比重分别为 4.6%、30.3% 和

65.1%。2010 年，中国扶贫重点县农村贫困人口占据全国农村贫困人口总数的63%，达1693 万人，扶贫重点县的贫困发生率是全国平均水平的3 倍，达8.3%。从生活条件来看，近年来，中国农村居民生活条件有了很大的改善。从居住条件来看，农村居民人均住房面积从 2000 年的 24.82 平方米增加到2012 年的 37.1 平方米，人均住房价值也从 2000 年的 187.41 元/平方米增加到2012 年的 681.9 元/平方米，年均分别增长 4.57% 和 15.43%。但是，农村贫困户人均住房面积及其住房价值与农村贫困水平还相距甚远，以 2010 年为例，2010 年农村居民人均住房面积为 34.1 平方米，人均住房价值为 391.7元/平方米，但农村贫困户人均住房面积仅为 23.2 平方米，人均住房价值仅为 163.73 元/平方米，分别相当于全国农村人均水平的 68.8% 和 41.8%。当年，全国农村中 78% 的农户饮用上了安全水，但是贫困农户中饮用安全水的仅占 62.1%。从文化教育水平来看，中国农村居民教育文化水平有了大幅提高，2000～2012 年，全国农村居民家庭每百个劳动力中不识字或者很少识字的人数从 8.09 人下降到 5.30 人，中专及其以上人数从 2.31 人增加到 5.59人；全国农村居民人均受教育年限从 2000 年的 7.51 上升到 2012 年的 8.32。但是各地区农村居民教育文化水平差距仍显巨大。经济相对发达地区的农村居民家庭劳动力文化程度远远高于经济相对落后地区。以北京和西藏为例，2012 年两地农村居民人均受教育年限分别为 10.58 和 4.08；分别高于全国平均水平 2.26 个百分点、低于全国平均水平 4.24 个百分点。其中，北京、西藏农村地区中专以上文化程度的农村居民人数之比为 77∶1，小学以下文化程度的农村居民人数之比为 1∶36。同时，据统计，2012 年即使是农村贫困户中的适龄儿童（7～15 岁）在校率也达到 97.1%，比全国平均水平低 1.4 个百分点。但贫困户中，16 岁以上成人文盲率仍然高达 13.2，比全国农村平均水平高出 5.3 个百分点。从医疗保健水平来看，随着农村合作医疗的逐步普及，农村居民看病难、看病贵的问题得到了进一步缓减。但是整体上农村医疗环境和医疗设施、社会保障发展水平滞后，医疗保险与社会保障覆盖率还比较低，贫困农村地区的情况就更不理想。无论是每万人拥有卫生院床位数与医疗人员人数，还是社会保障覆盖率与人均社会保障筹资额，都远远低于农村地区平均水平。

就环境与生态方面来看，目前中国农村贫困人口主要集中在中西部地区，从地形分布上看，贫困人口呈现向自然条件恶劣、资源匮乏、生态脆弱的山区集中的趋势。据《中国农村贫困监测报告》的统计，2000~2010年山区贫困人口占全国农村贫困人口的比重从48.7%增加到52.7%，远远高于山区人口在农村总人口中的比重。现阶段，少数民族集中居住地区、高寒地区、沙漠化地区、地方病高发地区、水土严重流失地区等集中了中国农村大部分贫困人口。近年来，随着农村经济社会的发展和城镇化建设的快速推进，农村集镇建设框架无序拓展，城市工业污染不断向农村地区转移，在农村环境综合整治格局和整理能力还相当滞后的情况下，农村贫困地区环境污染逐步加剧。主要表现为：畜牧家禽、水产养殖、农地污染日益严重；由于贫困地区的燃料普遍采用廉价的煤炭或者通过木材、农作物秸秆等就地焚烧获取，造成严重的大气污染；由于缺乏环境保护意识，生活垃圾、生活废水以及白色污染、农药污染不仅到处可见，而且有增无减；加之贫困地区法制建设落后，居民乱采滥伐、私自将农地转变为非农用地的情况普遍存在，使得地区水域河床的自净能力被严重削弱，土壤潜育化严重，由环境破坏引致的各类灾害频发。

由此可见，中国农村贫困现状不容乐观，贫困形势还很严峻，反贫困任务依然艰巨。

5.1.2 中国农村贫困的成因分析

中国农村贫困的深层次原因是多方面的，既有经济、社会方面的因素，也有环境、生态以及机制体制方面的因素，这些因素互为因果、互为条件，相互交织，构成中国农村目前综合性贫困现状。

1. 经济因素

中国农村生产方式普遍落后，生产手段原始，市场规模小，生产质量水平偏低，基础设施落后，经济基础薄弱。特别是与生产生活息息相关的能源水利、电力交通、通信信息等远远难以满足生产和经济发展需要。贫困地区产业结构单一，农林牧渔产值占据了GDP中的绝对比重，而农业生产内部又以粮食生产为主导。同时，受传统体制影响，农村地区"小而全"式的自给自足，地区、部门之间的条块分割、行政封锁，以及公共产品供给和基础设施建设的落后，导致农村市场发育不全，市场透明度不高，市场行情不清，诱发了诸多盲目生产、重复建设的现象。同时，城乡工农业产品之间不等价交换形成的"剪刀差"，剥夺和抽取了农民和农业部门创业的价值，直接导致了农民利益受损，农业生产效益降低，农业再生产能力下降。长此以往，造成农村地区经济发展水平普遍不高。此外，农村地区消费市场建设还相对滞后，消费机制还不健全，消费环境与农村地区经济社会发展还不相适应，消费模式还普遍处于生存型和温饱型层次，消费作为拉动经济发展的"三驾马车"之一，在农村地区还远远没有发挥应有的作用。上述因素都一定程度上限制了农村贫困地区经济的发展，使得这些地区以农业收入为主要收入来源的农民难以在整体经济的推动下发展生产，增加收入，摆脱贫困。

2. 社会因素

中国农村贫困的外在形式是低人均收入、低物质供给以及低生产效率，而背后隐含的却是人文、权力等多方面的社会贫困。其中，社会因素中的人文贫困是隐藏在经济贫困背后比经济贫困更深重、更难以摆脱的贫困。在中国农村特别是贫困农村地区，由于居民的生活长期处于贫困状态中，已经形成了一种陈旧僵滞的生活方式、懒散怠惰的行为规范和畸形落后的价值观念体系，即特有的"贫困文化"。这种"贫困文化"深深牵制和禁锢了他们的思想、行为和精神，使得他们驻足贫困，消极沉沦。教育、科技水平低下是贫困文化在农村贫困地区的主要表现之一。尽管文化教育、科研推广都已经被证明是现代农村和农业经济增长的源泉，但是在中国贫困地区，受小农意识、急功近利等意识影响，成人受教育程度普遍偏低，青少年失学率普遍较高。据统计，截止到 2010 年，中国 592 个扶贫重点县 15～50 岁的青壮年文盲率仍高达 7%；7～15 岁适龄失学儿童中因家庭经济困难而失学的比例也高达 15.6%；因家庭缺少劳动力、自己不想读等家庭和自身原因失学的比例更是高达 47.8%。这些因素使得先进文化和科学技术都游离于贫困群体生产生活之外。加之贫困文化下错误的生育观，更进一步促进了贫困地区贫困人口的加速膨胀，在医疗、教育、文化跟不上人口增长速度的情况下，因病致贫、因愚致贫、因灾致贫现象多发。因此，观念保守陈旧、文化教育滞后是形成中国农村贫困的重要原因，从文化视角看，在促进农村贫困缓解的进程中，帮助贫困者增加收入固然重要，帮助他们更新思想道德观念、转变传统生活和经济方式，重塑现代人格与行为规范同样将是反贫困战略中不可或缺的重要组成部分。

3. 环境因素

环境因素是中国农村地区经济社会发展的持久性制约因素，是贫困形成的基础性原因。中国农村贫困地区地理区位偏僻、自然条件较差、生态环境脆弱、人地矛盾突出，气候多变，且大多分布在偏、远、边地区。就区位来看，主要集中在生态脆弱的四个区域，即南方红壤丘陵地区、西南石山岩溶地区、西北荒漠化地区和北方黄土高原地区。南方丘陵和西南石山区植被稀少，耕地资源贫瘠，旱灾、水灾、风灾侵袭频繁；西北荒漠和黄土高原地区土地风化、碱化和水土流失严重，旱灾、风雹、雪灾频繁，生产和生活条件差。这些地区地质构造复杂，远离中心城市，在经济发展要素如资金、技术、人才等的获取上受到限制，严重制约了当地经济的发展。即使有的地区自身具有富饶的矿产、自然资源，但是由于交通、通信、电力、技术、资金等各方面条件限制无法加以开发和利用，自身资源优势也无法转换成为经济优势。此外，农村贫困地区居民生态保护意识薄弱、无节制开采、漠视环境污染、盲目布局生产等以牺牲环境换取经济发展等人为因素导致的生态环境破坏日益严重，生态环境的恶化必然导致自然灾害的发生，自然灾害的频发又将反过来加剧生态环境恶化，使得两者陷入恶性循环，必然阻碍贫困地区经济社会的发展，影响贫困地区减贫进程。

4. 体制机制因素

中国农村城乡分离的二元社会经济体制是导致中国农村贫困的重要原因。首先，中国农村贫困地区存在大量的剩余劳动力，若能实现这些劳动力的顺利转移无疑将是缓减农村贫困的重要一环。但是现行城乡分离的户籍制度使得农村剩余劳动力难以顺利、有效进入劳动力大市场，即使进城实现了非农就业转移的农民工，其就业歧视问题也很突出，劳动权益难以得到保障，绝大部分属于城市中的弱势、边缘群体。其次，在城乡分离的二元社会经济体制下，与城市公共产品的国家供给体制不同，农村公共产品供给体制是以制度外筹资为主、制度内筹资为辅，农村社会成员不同程度地分担了农村公共产品供给的责任，这不仅进一步加重了农民的负担，也注定了农村公共文化体系、医疗防疫体系、救济与保障体系等公共体系无法与城市相媲美，农村居民社会权力与城市居民严重不平等。最后，中国城乡金融发展的二元结构，导致农村地区最重要的发展要素——金融资源供给不足与使用效率低下并存，导致农业生产和农村发展后劲不足。加之农村贫困地区法制建设滞后，农村各类组织还远远不能如城市组织那样很好地发挥自治、公共服务和公共管理的职能，对政府及其行政管理部门当中或多或少存在着的短视性决策行为、政策运行不规范以及腐败寻租行为等，难以进行有效监督，这更加加剧了农村贫困的形成。

5.2 基于 FGT 贫困指数的中国农村贫困测度

上节的分析表明，贫困是一个多维的概念，收入尽管可以一定程度上反映经济维度上的贫困，但如基础设施、思想文化等其他维度的贫困却并不一定能够随收入增加而改善。那么，中国农村多维贫困程度到底如何？能否从量的角度对农村多维贫困程度进行实际测量呢？基于数据获取和方法局限，本节采用 FGT 贫困指数实证测度中国农村贫困状况。

5.2.1 模型、方法与数据

由福斯特等（Foster，Greer and Thorbecke，1984）提出的 FGT 贫困指数，其基本定义的离散型和连续型表达式分别如（5.1）式和（5.2）式：

$$P_\alpha = \frac{1}{n} \sum_{i=1}^{q} \left(\frac{z - x_i}{z} \right)^\alpha \tag{5.1}$$

$$P_\alpha = \int_0^z \left[\frac{(z - x)}{z} \right]^\alpha f(x) \, dx \tag{5.2}$$

上式中，x 为农村居民收入，z 是贫困标准即贫困线，n 代表总人口数，q 为贫困人口数，f(x) 是收入分布的密度函数。α 为贫困厌恶系数（$\alpha \geq 0$），其值越大，表明对贫困的厌恶程度越高。当 $\alpha = 0$ 时，$P_0 = H$，表示贫困人口占总人口的比例，即贫困发生率（H），反映贫困发生的广度。当 $\alpha = 1$ 时，$P_1 = \frac{1}{n} \sum_{i=1}^{q} \frac{z - x_i}{z}$，为贫困距指数，也称为贫困深度指数（PG），表示贫困人口的收入与贫困线之间的相对差距，反映贫困发生的深度；当 $\alpha = 2$ 时，$P_2 = \frac{1}{n} \sum_{i=1}^{q} \left(\frac{z - x_i}{z}\right)^2$，为平方贫困距指数，相当于个体相对贫困缺口 $\frac{z - x_i}{z}$ 的加权平均值，也称为贫困强度指数（SPG），反映贫困人口之间收入的不平等程度，是贫困广度（H）和贫困深度（PG）的补充。由此可见，P_0 描述的是贫困人口的数量，P_1 描述的是贫困人口的贫困程度，P_2 描述的是贫困人口中低收入阶层的状况。因此，本书结合这三个指标从贫困广度、贫困深度和贫困强度三个维度全面测度中国农村贫困状况。

在 FGT 贫困指数的测算中，贫困线（即贫困标准）的选取非常重要。因为贫困线选取的差异会导致对农村贫困程度的估计发生比较严重的偏差。在中国农村贫困的估计中，最为常用的贫困线分别是世界银行的"1 天 1 美元"的国际贫困线标准和国家统计局公布的农村绝对贫困线标准。由于中国在2005 年前没有参加过测算购买力平价的国际比较项目，关于人民币和美元之间的购买力平价标准并无公认统一的数据，不同估计之间的差距非常悬殊（杨俊等，2008），因此本研究选用国家统计局公布的农村绝对贫困线（见表5.1），尽管有存在低估农村贫困的可能，但相比较而言，这样做更便于贫困历史、区域的比较以及减贫效果的评估。

表 5.1　　　　　　　　　　1985～2010 年中国农村贫困线　　　　　　单位：元

年份	1985	1990	1991	1992	1993	1994	1995	1996	1997	1998	1999
贫困线	206	300	304	317	350	440	530	580	640	635	625
年份	2000	2001	2002	2003	2004	2005	2006	2007	2008	2009	2010
贫困线	625	630	627	637	668	683	693	785	1196	1196	1274

资料来源：国家统计局住户调查办公室编：《中国农村贫困监测报告 2011》，中国统计出版社。

计算 FGT 贫困指数的公式是基于参数化洛仑兹曲线转化而来的，包括两种：Beta 模型和 GQ 模型。GQ 模型计算比较简单，但在贫困线较低时计算的准确性不高。因此，本书采用 Beta 模型，利用各省份农村农民人均收入水平分组数据测算各省份农村的贫困指数，农民人均收入分组数据来源于相关年份《中国农业年鉴》。由于《中国农业年鉴》以村为单位按农民人均收入水平分组的数据中，浙江 2007 年和 2008 年 1000 元以下收入分组数据缺失，江苏 2003 年 1600 元以下收入分组数据、2005 年和 2007 年 1300 元以下收入分组数据以及 2008 年 2000 元以下收入分组数据缺失，本书采用插值法补齐；而西藏数据全部缺失，北京、天津、上海大部分数据缺失，故本书考察的地区仅包含除上述四个地区之外的 26 个省区市（重庆并入四川考察）。

5.2.2 中国农村贫困广度、深度与强度分析

表 5.2 给出了 2003～2010 年 26 个省份农村 FGT 贫困指数平均值。从表 5.2 可以看出，考察期间，各地区农村贫困程度呈现不平衡趋势。平均而言，青海省农村 FGT 贫困指数最大，贫困形势最为严峻；其次依次是宁夏、甘肃和河南，都是农村贫困较为严重的地区。吉林农村 FGT 贫困指数最小，贫困形势较为乐观，其次是辽宁、山东和河北。考察期间中国各地区农村贫困广度、贫困深度和贫困强度整体上都呈现逐步缓和趋势。

表 5.2　　　　　　　2003～2010 年各地区农村贫困指数的平均值

地区	H	PG	SPG	地区	H	PG	SPG
河北	5.33	3.63	1.14	湖北	8.27	4.37	1.93
山西	7.08	4.44	2.29	湖南	9.18	4.22	2.00
内蒙古	6.27	2.48	1.01	广东	6.89	2.92	1.10
辽宁	4.52	2.70	1.28	广西	10.28	4.74	2.16
吉林	3.10	1.67	0.97	海南	8.89	3.77	1.32
黑龙江	11.14	5.96	2.90	四川	8.79	3.89	1.78
江苏	9.00	4.98	2.78	贵州	12.24	6.37	2.62
浙江	5.89	3.31	1.32	云南	10.81	5.29	2.44
安徽	10.18	4.90	2.01	陕西	6.05	2.98	1.13
福建	6.31	3.68	1.22	甘肃	21.79	8.98	4.09
江西	13.07	6.30	2.18	青海	27.60	12.62	5.67
山东	5.20	2.78	1.11	宁夏	26.52	11.93	5.34
河南	19.86	9.55	3.80	新疆	10.70	5.31	2.46

图5.1、图5.2、图5.3分别给出了2003年、2006年和2010年各省区市农村贫困广度、贫困深度和贫困强度指数值。从图5.1可以看出，随着时间的推移，各省份农村贫困广度指数整体上呈现逐步下降趋势。2003年、2006年和2010年各省区市农村贫困广度指数基本稳定在0.37以下，其中甘肃、青海、宁夏、河南等均保持了相对较高的贫困广度值，表明这些地区农村贫困人口比重还比较高；而辽宁、吉林、内蒙古、山东、山西、河北等均保持了相对较低的贫困广度值，表明这些地区大部分农村人口的收入已经跨越了贫困线，处在贫困线之下的贫困人口比重比较小。就地区变动情况来看，各地区农村贫困广度变化趋势呈现出不平衡性，除上述贫困广度值相对就低的地区外，河南、湖南、海南、宁夏等省区农村贫困广度指数随时间变动幅度相对较小，表明这些地区农村贫困人口规模基本稳定。甘肃、青海等省区农村贫困广度指数随时间变动幅度相对较大，且整体上呈现逐步下降趋势，表明这些省份农村贫困人口规模下降较快，农村反贫困效果明显。其中青海省农村贫困广度从2003年的36.61%下降到2010年的19.26%，年均下降2.41个百分点；甘肃省农村贫困广度从2003年的30.06%下降到2010年的16.96%，年均下降1.87个百分点。整体上，中国各省份农村贫困广度指数从2003年的［0.0627，0.3662］水平区间下降到2010年的［0.0125，0.1925］水平区间，表明中国各地区农村贫困广度差距得到大幅缩小，农村贫困规模大幅下降。

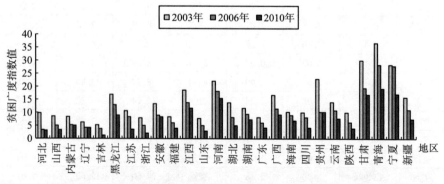

图5.1　部分年份各地区农村贫困广度指数（H）值对比

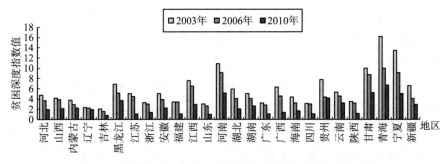

图 5.2 部分年份各地区农村贫困深度指数（PG）值对比

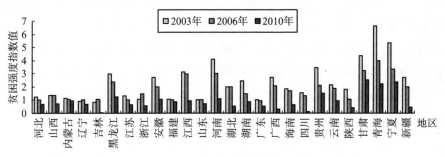

图 5.3 部分年份各地区农村贫困强度指数（SPG）值对比

从图 5.2 可以看出，2003 年、2006 年和 2010 年各省份农村贫困深度指数基本稳定在 0.18 以下。其中青海、宁夏、甘肃、河南均保持了相对较高的贫困深度值，表明这些地区农村贫困人口的收入与贫困线之间的相对差距还比较大，贫困深度还比较深。而吉林、辽宁、山东、广东等省均保持了相对较低的贫困深度值，表明这些地区农村贫困人口收入得到了较快增长，贫困人口收入与贫困线之间的差距逐步缩小。就地区变动情况来看，各地区农村贫困深度变化趋势同样呈现出不平衡性，山西、内蒙古、辽宁、吉林等省区农村贫困深度指数随时间变动幅度相对较小，表明这些省区农村贫困深度相对比较稳定；而宁夏、青海、广西、河南等省区农村贫困深度指数随时间变动幅度相对较大，且整体上表现出明显的下降趋势，说明这些省区农村贫困群体的收入增长比较明显。其中青海农村贫困深度从 2003 年的 16.12% 下降到 2010 年的 6.69%，年均下降 1.34 个百分点；宁夏农村贫困深度从 2003 年的 13.41% 下降到 2010 年的 5.01%，年均下降 1.20 个百分点。整体上，中国各省区市农村贫困深度从 2003 年的 ［0.0204，16.12］ 水平区间下降到 2010 年的 ［0.0078，0.0669］ 水平区间，表明中国各地区农村贫困深度差距得到大幅缩小，农村贫困群体收入增长速度得到大幅提升。

从图 5.3 可以看出，2003 年、2006 年和 2010 年各省份农村贫困强度指数值基本稳定在 0.07 以下，其中河南、青海、宁夏等省区均保持了相对较高的贫困强度值，表明这些地区农村贫困群体内部之间的收入分配差距较大，收入不平等程度较深。而内蒙古、辽宁、广东、山东等省区均保持了相对较低的贫困强度值，表明这些地区农村贫困群体内部之间的收入分配差距相对较小，收入不平等程度较轻。就地区变动情况来看，各省区市农村贫困强度从 2003 年的 ［0.0083，0.0663］ 水平区间下降到 2010 年的 ［0.0005，0.0239］ 水平区间，且整体上看，贫困强度值较小的省区市农村贫困强度指数随时间变动的幅度相对较小，贫困强度值较大的省区市农村贫困强度指数随时间变动的幅度相对较大，说明尽管有些地区农村贫困群体内部之间的收入分配状况不容乐观，但是这种收入分配差距正在逐步得到改善。

5.3 中国农村多维贫困程度评价指标体系研究

从多维度去识别贫困和测量贫困已经基本形成了共识，但是目前中国尚未形成相对完整和相对统一的用来衡量农村多维贫困程度的评价指标体系。现有研究中普遍的做法是采用收入增长、GDP 增长率等经济维度的单一指标来反映农村整体贫困状况。事实上，贫困的多维性决定了农村贫困程度评价的多维性，仅仅用农村经济维度的贫困状况来表示农村整体贫困状况显然无法全面、科学地反映中国农村多维贫困程度的客观事实。因此，有必要结合中国农村贫困与反贫困实际，构建一套科学的、完整的农村贫困程度的多维评价指标体系，这也是科学评价中国农村反贫困成效的基础和关键。

对应于贫困识别的经济维度、社会维度、环境与生态维度，本节也从经济、社会、环境与生态三个维度来构建农村贫困程度的评价指标体系。其中经济维度贫困是核心，反映农村经济与农民收入水平的改善情况；环境与生态维度贫困是基础，反映农村反贫困成果的稳定性；社会维度贫困是目的，是构建和谐社会的需要。在遵循科学性、综合性、可行性、动态性、可操作性原则以及充分借鉴前人研究成果的基础上，各个维度贫困程度评价指标的选择与构成如下。

5.3.1　经济贫困程度的评价指标

农村反贫困经济绩效的评价既需要考虑农村经济增长水平，也需要考虑农村经济增长质量。在经济增长水平方面，本研究主要采用收入、分配与消费三个层面 7 个指标来衡量。其中，选取农村人均纯收入、农村地区贫困发生率（逆向指标）来考察农村总体经济实力和农村居民实际收入、扩大再生产以及改善生活的能力；选取农村居民收入的基尼系数来考察农村地区收入分配的改善情况；选取农村人均粮食占有量来考察农村居民占有基本生活资料的情况；选取年末户均生产性固定资产来考察农户进行生产的劳动强度和农户生产的可持续性；选取农村人均消费水平和农村恩格尔系数来考察农村居民的消费水平与消费结构情况。在经济发展质量方面，选取乡镇企业劳动生产率、农村产业结构调整度、农业机械化水平和人均劳动生产率 4 个指标来衡量。其中，乡镇企业劳动生产率采用乡镇企业总产值与乡镇企业从业人员的比值来表示，衡量乡镇企业发展质量水平；农村产业结构调整度采用农村非农产业产值占农村经济总产值的比重来表示，是衡量农村反贫困成效的重要指标；农业机械化水平采用单位农作物播种面积所使用的农业机械动力来表示。采用人均劳动生产率和耕地生产率作为衡量农业规模经营的主要技术经济指标。其中，人均劳动生产率用农村地区人均经济收益即农村经济总收益与农村人口的比重来表示，耕地生产率用单位耕地面积的粮食产量来表示。

5.3.2　社会贫困程度的评价指标

社会维度贫困程度的考察范围甚广，本研究从人口与生活、教育文化、医疗保健三个主要方面来综合考察农村社会贫困程度。人口与生活方面主要采用人口自然增长率、农村社会抚养比、农村人均住房面积、农村改水受益率、农村人均用电量、每百户农户移动电话拥有量、每百户农户摩托车拥有量共7个指标来衡量。其中农村社会抚养比用农村老年与少儿抚养比之和来表示；人均住房面积用来反映农村居民居住条件改善情况；改水受益率用农村水改受益人口占农村总人口的比重来表示，反映了农村饮水安全普及情况，也是农村物质性基础设施改善状况的一个重要衡量指标。移动电话、摩托车拥有量用来反映农村居民通信与交通出行情况，是衡量农民生活信息化水平和交通出行便捷程度改善的重要指标。教育文化方面，主要采用农村学龄儿童在校率、农村劳动力人均受教育程度、每百户农村住户彩色电视机拥有量、人均精神文化生活消费支出占比4个指标来衡量。其中学龄儿童在校率采用农村6～14周岁（小学和初中）学龄儿童在校学习人数比重来表示，用来反映农村地区儿童教育参与情况与结果；农村劳动力人均受教育程度用来反映农村劳动力的总体文化素质情况。由于电视机在农民的精神文化生活中居于非常重要的位置，电视机的普及情况对于综合反映农民的精神生活来说非常具有代表性。因此，采用每百户农村住户彩色电视机拥有量作为衡量指标之一。此外，采用人均精神文化生活消费支出比重来反映农村居民人均用于购买书报杂志、音响影视等文化用品，以及用于文化教育、娱乐服务等支出在农村居民全部生活消费支出中占有的比重和位置情况。医疗与社会保障方面，采用每千农业人口占有的医疗床位数、"新农合"参合率和人均社会保障水平共3个指标来表示。其中每千农业人口占有的医疗床位数用来反映农村医疗设施与医疗条件情况；"新农合"参合率和人均社会保障水平分别用来反映农村医疗保障和社会保障的覆盖情况，是衡量农村地区医疗保障、社会保障健全程度的重要指标。

5.3.3　环境与生态贫困程度的评价指标

农村环境与生态维度贫困程度的评价是目前反贫困绩效评价中被普遍忽略的评价对象。事实上，农村环境、生态的改善不仅是农村反贫困成效的重要体现，也是稳固反贫困成果进而推动农村经济社会可持续发展的重要基础和条件。基于这一维度指标的重要性，本书从自然环境和农业生态两个方面来衡量农村环境与生态贫困程度。自然环境改善方面采用水土流失治理率和自然灾害成灾率两个指标来衡量。其中，水土流失治理率用水土流失治理面积/土地面积表示；自然灾害成灾率用自然灾害成灾面积/受灾面积表示，为逆向指标。农业生态方面采用人均耕地面积、有效灌溉面积占比、旱涝保收面积占比、农作物病虫鼠害防治面积占比、森林病虫害防治面积占比共 5 个指标来衡量。人均耕地面积采用耕地总面积/乡村总人口表示；有效灌溉面积占比用有效灌溉面积/灌溉面积表示；旱涝保收面积占比用旱涝保收面积/有效灌溉面积表示；农作物病虫鼠害防治面积占比用农作物病虫鼠害防治面积/总发生面积表示；森林病虫害防治面积占比用森林病虫害防治面积/总发生面积表示。

5.3.4　中国农村多维贫困程度的评价指标体系

基于以上三个维度的指标选择，构建中国农村多维贫困程度的评价指标体系如表 5.3 所示。

表 5.3　　　　　　　　中国农村多维贫困程度的评价指标体系

维度	维度组成	指标符号	原始指标或生成指标	指标方向	指标单位
经济维度	发展水平	X_1	农民人均纯收入	正	元/人
		X_2	农村地区贫困发生率	逆	%
		X_3	农村居民收入的基尼系数	逆	—
		X_4	人均粮食占有量	正	千克/人
		X_5	户均生产性固定资产	正	万元/人
		X_6	人均消费水平	正	元/人
		X_7	农村恩格尔系数	逆	%
	发展质量	X_8	乡镇企业劳动生产率	正	元/人
		X_9	农村产业结构调整度	正	%
		X_{10}	农业机械化水平	正	千瓦/公顷
		X_{11}	人均劳动生产率	正	万元/人
		X_{12}	耕地生产率	正	千克/公顷

续表

维度	维度组成	指标符号	原始指标或生成指标	指标方向	指标单位
社会维度	人口与生活	X_{13}	人口自然增长率	逆	%
		X_{14}	农村社会抚养比	逆	%
		X_{15}	人均住房面积	正	人/平方米
		X_{16}	改水受益率	正	%
		X_{17}	人均用电量	正	千瓦时/人
		X_{18}	每百户农户移动电话拥有量	正	台/百户
		X_{19}	每百户农户摩托车拥有量	正	辆/百户
	教育文化	X_{20}	农村学龄儿童在校率	正	%
		X_{21}	农村劳动力人均受教育程度	正	年/人
		X_{22}	每百户农村住户彩色电视机拥有量	正	台/百户
		X_{23}	人均精神文化生活消费支出比重	正	%
	医疗与社会保障	X_{24}	每千农业人口占有的医疗床位数	正	个/千人
		X_{25}	"新农合"参合率	正	%
		X_{26}	人均社会保障水平	正	元/人
环境与生态维度	自然环境	X_{27}	水土流失治理率	正	%
		X_{28}	自然灾害成灾率	逆	%
	农业生态	X_{29}	人均耕地面积	正	公顷/人
		X_{30}	有效灌溉面积占比	正	%
		X_{31}	旱涝保收面积占比	正	%
		X_{32}	农作物病虫鼠害防治面积占比	正	%
		X_{33}	森林病虫害防治面积占比	正	%

5.4 基于熵权综合指数法的中国农村多维贫困程度的测算与评价

5.4.1 熵权综合指数法的原理与思路

熵（entropy）这一概念最早是由德国物理学家鲁道夫·克劳修斯在1850年提出来的，主要用来衡量能量在空间中均匀分布的程度。1948年信息论的创始人克劳德·艾尔伍德·香农将熵的概念引入信息论中，用来度量信源的不确定性与粒子运动的混乱程度。随后，熵的概念逐步泛化至自然科学与社会科学的诸多领域。在综合评价领域，熵权法的原理是根据各指标数据集合所提供的某种信息量（无序度、有效性）的大小，客观地确定指标体系中各个指标权重的赋权方法。从而能够有效避免主观赋权法中人为因素的影响问题。综合指数法是指通过指数化的方法，将指标体系中不同计量单位、性质的指标统一转化为同度量的个体指数，并通过降维处理最终转化成为一个无量纲的综合指数的分析方法。综合指数法中各指标的权重采用熵权法赋值，将使得最终测算结果更加客观、科学。熵权综合指数法的理论建模如下：

1. 建立决策矩阵

假设参与评价对象集合为 $M = (M_1, M_2, \cdots, M_m)$，指标集合为 $D = (D_1, D_2, \cdots, D_n)$，评价对象 M_i 中指标 D_j 的样本值为 x_{ij}，其中 $i = 1, 2, \cdots, m$，$j = 1, 2, \cdots, n$。则初始决策矩阵可以表示为

$$I = \begin{bmatrix} x_{11} & x_{12} & \cdots & x_{1n} \\ x_{21} & x_{22} & \cdots & x_{2n} \\ \vdots & \vdots & & \vdots \\ x_{m1} & x_{m2} & \cdots & x_{mn} \end{bmatrix} \tag{5.3}$$

2. 决策矩阵标准化

由于初始决策矩阵中各评价指标对总体指标体系影响的指向存在差异，因此，需要对初始决策矩阵中的数据进行标准化处理。一般而言，将与总体指标体系指向相同的指标（越大越好）定义为效益型指标，并遵照（5.4）式将其进行标准化处理；将与总体指标体系指向相反的指标（越小越好）定义为成本型指标，并遵照（5.5）式将其进行标准化处理：

$$x'_{ij} = \frac{x_{ij} - \min(x_j)}{\max(x_j) - \min(x_j)} \tag{5.4}$$

$$x'_{ij} = \frac{\max(x_j) - x_{ij}}{\max(x_j) - \min(x_j)} \tag{5.5}$$

指标标准化处理后，就可将（5.3）式转化为标准化矩阵，记为

$$x' = (x'_{ij})_{m \times n} \tag{5.6}$$

3. 计算特征比重和信息熵值

第 j 个指标下的第 i 个评价对象的特征比重通过下式计算得到

$$p_{ij} = \frac{x'_{ij}}{\sum\limits_{i=1}^{m} x'_{ij}} (0 \leq p_{ij} \leq 1) \qquad (5.7)$$

同时，进一步通过斯梯林公式得到第 j 个指标的信息熵值，即

$$e_j = \frac{1}{\ln(m)} \sum\limits_{i=1}^{m} p_{ij}\ln(p_{ij}) \ (\text{当 } p_{ij}=0 \text{ 或者 } 1 \text{ 时定义 } p_{ij}\ln(p_{ij})=0) \qquad (5.8)$$

一般而言，信息熵值越小，意味着 x'_{ij} 值之间的差异越大，能够提供给被评价对象的信息也就越多。

4. 定义差异系数与确定熵权

得到熵值后，将差异系数定义为 $d_j = 1 - e_j$，因此，d_j 越大，其在指标体系中的重要性也就越高，熵权也就越大。用 w 表示熵权，则第 j 项指标的权重可以通过（5.9）式得到

$$w_j = \frac{d_j}{\sum\limits_{k=1}^{n} d_k} (j = 1, 2, \cdots, n) \qquad (5.9)$$

5. 计算综合指数

利用指标权重 w_j 和各指标的标准化数据 x'_{ij}，得到各对象对指标的标准化数据加权值 g_{ij}，即

$$g_{ij} = w_j \times x'_{ij}, \ (1 \leq i \leq m, \ 1 \leq j \leq n) \qquad (5.10)$$

再将各层级各对象所对应的相应指标 g_{ij} 通过（5.11）式逐层加总，即可得到评价指标体系的综合指数 G_{ij}：

$$G_{ij} = \sum\limits_{j=n}^{n} g_{ij} \qquad (5.11)$$

5.4.2　指标与数据

参照表 5.3 的评价指标体系，就 2000～2011 年中国农村多维贫困程度进

行测算与综合评价。实际操作中鉴于目前专门针对各省区市农村地区人口自然增长情况的数据统计还不健全，而"新农合"项目 2008 年才基本实现全国普及，各省区市相关数据的统计严重缺失，因此，农村地区人口自然增长率（X_{13}）和"新农合"参合率（X_{25}）不纳入评价计算当中。根据熵权综合指数法的计算步骤对剩余的 31 个指标进行计算与处理。所有数据的处理均采用 SPSS 16.0 计量软件进行。数据来自相关各年的《中国农业年鉴》《中国人口与就业统计年鉴》《中国农村统计年鉴》。

5.4.3 2001～2011 年中国农村多维贫困程度测度与评价

表 5.4 给出了采用熵权综合指数法计算得到的 2001～2011 年衡量中国农村多维贫困程度的 31 个指标的权重值。按照本书的逆向与正向指标定义，综合指数值越大，则贫困程度越小，综合指数值越小，则贫困程度越大。从表 5.4 可知，经济维度指标中 X_3、X_1、X_2 是衡量经济发展水平指标中平均权重排名前三的指标，平均权重分别为 0.0344、0.0334、0.0330；X_9 是衡量经济发展质量的指标中平均权重排名第一的指标，平均权重为 0.0330。表明农村收入的基尼系数（X_3）在农村经济发展水平指标中的重要程度最大，其次是农村人均纯收入；农村产业结构调整度（X_9）在农村经济发展质量指标中的重要程度最大。社会维度指标中，X_{15}、X_{19} 是衡量农村人口与生活指标中平均权重排名第一、第二的指标，平均权重分别为 0.0336、0.0331；X_{21}、X_{22} 是衡量农村教育文化水平的指标中平均权重排名第一、第二的指标，平均权重分别为 0.0334、0.0333；X_{24}、X_{26} 是衡量农村医疗与社会保障水平的指标中平均权重排名第一、第二的指标，平均权重分别为 0.0333、0.0331。表明农村人均住房面积（X_{15}）在农村人口与生活条件指标中的重要程度最大，农村劳动力人均受教育程度（X_{21}）在农村教育文化指标中的重要程度最大，每千农业人口占有的医疗床位数（X_{24}）在农村医疗与社会保障指标中的重要程度最大。环境与生态维度中，X_{28} 是衡量农村自然环境状况的指标中平均权重排名第一的指标，平均权重为 0.0331，X_{31}、X_{32} 是衡量农村生态状况的指标中平均权重排名第一、第二的指标，平均权重分别为 0.0337 和 0.0333。表明自然灾害成灾率（X_{28}）在农村自然环境指标中的重要程度最大，旱涝保收面

积占比（X_{31}）在农业生态指标中的重要程度最大。同时，进一步比较发现，同一指标的权重值在不同年份的变动范围都比较小，表明不同年份各指标在对应指标维度中的重要程度保持相对稳定。因此，在对农村贫困程度进行综合评价时，系统考虑经济、社会、环境与生态等多个维度的贫困状况是比较科学的。

表 5.4　　　　　2001～2011 年农村多维贫困程度测度指标的权重值

指标	2001 年	2002 年	2004 年	2005 年	2007 年	2008 年	2010 年	2011 年	平均
X_1	0.0332	0.0323	0.0336	0.0335	0.0333	0.0335	0.0349	0.0334	0.0334
X_2	0.0329	0.0330	0.0327	0.0331	0.0329	0.0326	0.0342	0.0328	0.0330
X_3	0.0340	0.0341	0.0345	0.0345	0.0342	0.0344	0.0358	0.0344	0.0344
X_4	0.0316	0.0315	0.0319	0.0315	0.0315	0.0314	0.0232	0.0308	0.0307
X_5	0.0305	0.0308	0.0294	0.0293	0.0290	0.0292	0.0267	0.0297	0.0292
X_6	0.0304	0.0309	0.0308	0.0306	0.0307	0.0310	0.0323	0.0315	0.0310
X_7	0.0320	0.0320	0.0318	0.0315	0.0317	0.0322	0.0336	0.0320	0.0320
X_8	0.0321	0.0330	0.0323	0.0309	0.0317	0.0302	0.0325	0.0308	0.0316
X_9	0.0330	0.0329	0.0330	0.0331	0.0328	0.0326	0.0340	0.0329	0.0330
X_{10}	0.0311	0.0316	0.0320	0.0317	0.0317	0.0294	0.0334	0.0321	0.0318
X_{11}	0.0316	0.0316	0.0319	0.0317	0.0318	0.0319	0.0333	0.0321	0.0320
X_{13}	0.0326	0.0324	0.0274	0.0326	0.0326	0.0334	0.0344	0.0303	0.0321
X_{14}	0.0274	0.0280	0.0274	0.0273	0.0280	0.0283	0.0189	0.0284	0.0270
X_{15}	0.0336	0.0336	0.0337	0.0333	0.0334	0.0335	0.0349	0.0334	0.0336
X_{16}	0.0323	0.0324	0.0328	0.0335	0.0330	0.0335	0.0222	0.0334	0.0319
X_{17}	0.0305	0.0307	0.0305	0.0301	0.0300	0.0301	0.0216	0.0300	0.0295
X_{18}	0.0315	0.0319	0.0325	0.0325	0.0324	0.0326	0.0340	0.0323	0.0324
X_{19}	0.0327	0.0327	0.0331	0.0329	0.0330	0.0331	0.0346	0.0331	0.0331
X_{20}	0.0323	0.0323	0.0327	0.0325	0.0324	0.0329	0.0340	0.0326	0.0326
X_{21}	0.0334	0.0333	0.0335	0.0334	0.0331	0.0331	0.0346	0.0333	0.0334
X_{22}	0.0330	0.0328	0.0334	0.0333	0.0331	0.0332	0.0346	0.0333	0.0333
X_{23}	0.0328	0.0325	0.0329	0.0327	0.0326	0.0326	0.0343	0.0327	0.0328
X_{24}	0.0326	0.0331	0.0336	0.0334	0.0333	0.0334	0.0344	0.0328	0.0333
X_{26}	0.0329	0.0329	0.0332	0.0331	0.0329	0.0331	0.0343	0.0322	0.0331
X_{27}	0.0322	0.0321	0.0323	0.0320	0.0318	0.0319	0.0334	0.0320	0.0321
X_{28}	0.0331	0.0323	0.0329	0.0327	0.0332	0.0332	0.0342	0.0331	0.0331

指标	2001 年	2002 年	2004 年	2005 年	2007 年	2008 年	2010 年	2011 年	平均
X_{29}	0.0310	0.0310	0.0311	0.0310	0.0312	0.0314	0.0331	0.0317	0.0313
X_{30}	0.0331	0.0327	0.0327	0.0328	0.0331	0.0329	0.0343	0.0328	0.0329
X_{31}	0.0337	0.0331	0.0338	0.0331	0.0336	0.0337	0.0352	0.0337	0.0337
X_{32}	0.0334	0.0334	0.0335	0.0332	0.0332	0.0323	0.0348	0.0333	0.0333
X_{33}	0.0332	0.0333	0.0334	0.0332	0.0327	0.0332	0.0345	0.0330	0.0332

表5.5给出了2001~2011年各地区农村各维度贫困程度的综合指数平均值。从表5.5可知，总体以及各维度综合指数平均值东部大于中部，中部大于西部。表明考察期间农村总体贫困程度以及各维度贫困程度东部低于中部，中部低于西部。总体综合指数平均值最大的省域是上海，其次是北京。两个省域综合指数平均值都在0.6以上，表明考察期间上海农村总体贫困程度最低，北京次之。上海市农村经济、社会、环境与生态维度的综合指数平均值均稳居全国第一，表明上海市农村总体贫困程度最低得益于其农村经济贫困、社会贫困、环境与生态贫困的全面改善。北京市农村经济、社会维度的综合指数平均值均稳居全国第二，但是其环境与生态维度的综合指数值排在全国第十位，表明北京市农村总体贫困程度低主要得益于其经济贫困和社会贫困的改善，而环境与生态贫困方面的改善与发展相对滞后，一定程度上制约了其农村总体贫困缓减进程。天津、浙江和江苏总体综合指数平均值都在0.5以上、0.6以下，平均综合指数值分别位列全国的第三、第四和第五位，表明这三个省域农村总体贫困程度相对较低。其中天津市农村总体贫困程度不高主要得益于其经济维度和社会维度贫困程度低（全国排名均为第三位），而环境与生态贫困的改善滞后显然是其农村总体贫困程度下降的主要制约因素之一（全面排名第二十四位）。浙江省农村社会、经济、环境与生态三个维度的综合指数平均值都处在全国第四和第五的排名位置，表明其经济、社会、环境与生态三个维度的贫困程度相对均衡。而江苏的情况与天津的类似，排名第十二位的环境与生态综合指数平均值同样意味着其环境与生态贫困的改善相对滞后于其经济、社会贫困的改善。总体综合指数平均值最小的省域是贵州，其次是西藏，两个省域综合指数平均值都在0.3以上，表明考察期间贵州省农村总体贫困程度最高，西藏次之。贵州省农村经济、社会、环境

与生态维度的综合指数平均值排名均比较靠后，表明贵州省农村总体贫困程
度深主要是受自身相对落后的经济、社会以及环境与生态发展水平和发展质
量的制约。西藏地区除经济维度外，社会、环境与生态维度的综合指数平均
值排名均为全国倒数第一，表明西藏地区农村总体贫困程度深主要是受其落
后的社会、环境与生态发展水平的影响。此外，就其他地区的情况来看，吉
林、黑龙江农村环境与生态贫困程度的缓减远远滞后于社会、生态以及整体
贫困程度的缓减；而江西、四川、云南、湖北、湖南恰好与此相反。

表5.5　　　　　　2001~2011年各地区农村贫困程度综合指数平均值

地区	经济维度	社会维度	环境生态维度	总体	地区	经济维度	社会维度	环境生态维度	总体
北京	0.2378	0.2541	0.1175	0.6094	湖北	0.1186	0.1631	0.1242	0.4059
天津	0.1915	0.2438	0.1002	0.5354	湖南	0.1030	0.1455	0.1134	0.3619
河北	0.1524	0.1987	0.1221	0.4732	广东	0.1253	0.1679	0.1016	0.3948
山西	0.0985	0.1904	0.0902	0.3791	广西	0.0895	0.1296	0.0879	0.3071
内蒙古	0.1362	0.1933	0.1176	0.4470	海南	0.1077	0.1518	0.0878	0.3472
辽宁	0.1722	0.2084	0.1173	0.4979	重庆	0.0925	0.1309	0.1089	0.3323
吉林	0.1608	0.2041	0.0960	0.4609	四川	0.0990	0.1373	0.1262	0.3624
黑龙江	0.1352	0.2048	0.1060	0.4459	贵州	0.0557	0.0860	0.1053	0.2469
上海	0.2497	0.2959	0.1434	0.6891	云南	0.0624	0.1185	0.1311	0.3119
江苏	0.1715	0.2168	0.1148	0.5031	西藏	0.1623	0.0589	0.0657	0.2869
浙江	0.1814	0.2135	0.1260	0.5209	陕西	0.0957	0.1937	0.0888	0.3782
安徽	0.1096	0.1467	0.1063	0.3626	甘肃	0.0566	0.1519	0.1035	0.3120
福建	0.1367	0.1941	0.1256	0.4565	青海	0.0951	0.1483	0.0849	0.3282
江西	0.1028	0.1380	0.1353	0.3761	宁夏	0.1095	0.1613	0.1058	0.3767
山东	0.1621	0.2099	0.1146	0.4865	新疆	0.1304	0.1373	0.1113	0.3790
河南	0.1228	0.1529	0.1112	0.3869	全国	0.1186	0.1631	0.1242	0.4117

进一步比较发现，各地区农村经济、社会维度贫困程度的差异明显大于环
境与生态维度贫困程度的差异，经济维度综合指数以及总体综合指数平均值差
异最大的都是上海与贵州，上海市总体综合指数平均值是贵州的2.79倍，其中
经济、社会、环境与生态维度综合指数平均值分别是贵州的4.48倍、3.44倍、
1.36倍。社会、环境与生态维度综合指数平均值差异最大的都是上海与西藏，

上海市社会、环境与生态维度综合指数平均值分别是贵州的 5.02 倍、2.18 倍。从区域差异来看，经济、社会、环境与生态维度以及总体综合指数平均值最高的东部地区分别是最低的西部地区的 1.74 倍、1.56 倍、1.12 倍、1.48 倍。

就各维度综合指数平均值的年度变化情况来看（见图 5.4），总体综合指数平均值最小的年份是 2002 年，最大的年份是 2007 年，尽管在不同的年份有所波动，但总体综合指数平均值整体上呈现上升趋势，表明考察期间中国农村总体贫困程度呈下降趋势。经济维度综合指数平均值最小的年份是 2004 年，最大的年份是 2009 年，2004~2009 年间整体上逐步上升，在 2009 年达到最高点之后又逐步回落。社会维度综合指数平均值最小的年份是 2002 年，最大的年份是 2008 年，2002~2003 年综合指数平均值从 0.1477 上升到 0.1844，并且基本将这一水平保持至 2008 年初，自 2008 年初开始至考察期末综合指数值先逐步下降之后再出现小幅回升。环境与生态维度综合指数平均值最小的年份是 2006 年，最大的年份是 2007 年。整体上看，经济维度综合指数平均值各年度波动幅度最小，环境与生态维度综合指数平均值波动幅度最大。同时，进一步根据各维度综合指数平均值不同年度的波动方向，可以发现，总体综合指数平均值在 2002 年和 2009 年的大幅波动主要是受社会和环境与生态维度综合指数波动的影响；2003 年和 2011 年的波动主要是受社会维度综合指数波动的影响；2004 年和 2005 年的波动主要是受经济与社会维度综合指数波动的影响；而 2006 年、2007 年和 2008 年的波动主要是受环境与生态维度综合指数波动的影响。因此，多维度贫困的同步缓减，尤其是环境与生态维度贫困、社会维度贫困的下降与稳定对农村总体贫困的下降与稳定具有相当重要的意义。

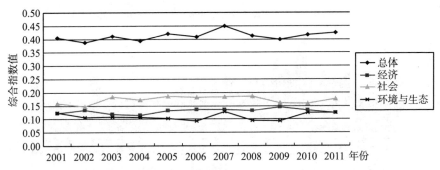

图 5.4　2001~2011 年农村各维度贫困程度综合指数平均值的年度变化情况

图 5.5～图 5.8 分别给出了各地区农村总体贫困综合指数以及经济、社会、环境与生态维度综合指数值的年度变化情况。综合这 4 副图可以看出，各地区经济维度综合指数值的年度变化趋势与总体贫困综合指数的年度变化趋势基本保持一致，表明经济贫困对农村总体贫困的影响占据主导地位，经济发展水平的不断提高无疑将是各地区农村总体贫困缓减的动力之源。除山西、吉林、黑龙江、天津等少数省域外，其他大部分省域社会维度综合指数值的年度变化趋势与总体贫困综合指数的年度变化趋势也基本保持一致，表明大部分省域社会贫困对农村总体贫困的影响同样占据非常重要的地位，社会贫困的缓减将对农村总体贫困程度的降低起到积极的促进作用。而就环境与生态维度综合指数值与总体贫困综合指数来看，各地区各年度大部分地区环境与生态维度综合指数值变动方向与总体贫困综合指数大体保持一致，但是变动幅度远远大于总体贫困综合指数，表明环境与生态对农村总体贫困的影响虽然不是最为关键的，但环境与生态的改善对于促进农村总体贫困的缓减同样是不可或缺的。

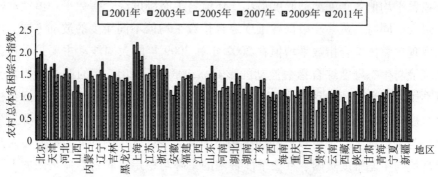

图 5.5　各地区农村总体贫困程度综合指数值的年度变化情况

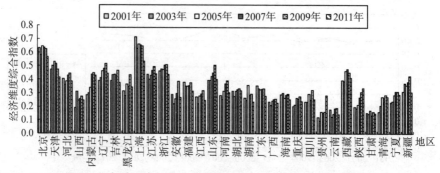

图 5.6　各地区农村经济贫困程度综合指数值的年度变化情况

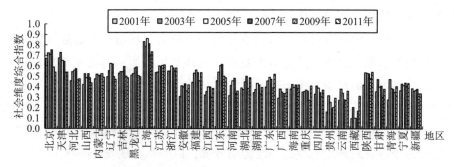

图 5.7　各地区农村社会贫困程度综合指数值的年度变化情况

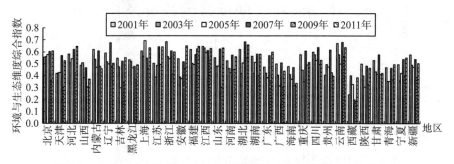

图 5.8　各地区农村环境与生态贫困程度综合指数值的年度变化情况

分地区看，河北、内蒙古、江苏、安徽、福建、江西、山东、河南、湖北、湖南、重庆、四川、贵州、云南、青海、西藏、陕西、宁夏等大部分省区市农村总体贫困程度呈现逐步下降趋势；而山西、吉林、黑龙江、广东、广西、新疆等省区农村总体贫困程度整体上徘徊不前。山西省农村总体贫困程度较深且贫困缓减进程徘徊不前与其缓慢的农村经济发展水平以及不断恶化的环境与生态有很大关系；吉林和广东农村总体贫困程度虽然不是很深但是均受不断恶化的环境与生态所拖累；黑龙江和广西主要受其停滞不前的经济、社会贫困缓减进程的影响；新疆主要受其社会贫困缓减进程缓慢甚至倒退的制约。北京、辽宁、天津从 2007 年开始农村贫困程度呈现进一步加深趋势，主要原因都是因为其环境与生态发展水平与其经济、社会发展水平严重不匹配。甘肃和海南农村总体贫困程度有小幅上升，这不仅与其长期徘徊不前的经济、社会发展水平有关，也与其趋向于倒退的环境与生态发展水平有很大关系。考察期间，上海、浙江平均贫困程度低且保持相对稳定，原因是其各维度贫困程度相对平衡，且各年度进展平稳。

综上所述，中国农村贫困的形成是经济、社会、环境与生态多维度贫困综合作用的结果。其中，经济贫困对农村总体贫困的影响占据主导地位，其次是社会贫困，而环境与生态贫困虽然对农村总体贫困的影响效应不及经济、社会贫困，但是其对于加快推进农村贫困缓减进程却是不可或缺的。因此，在农村未来反贫困进程中，着力于推进农村经济、社会发展水平提高的同时，也应统筹推进农村环境、生态的改善与发展，以顺利实现农村减贫。

5.5　中国农村金融反贫困政策及其评价

5.5.1　农村金融反贫困政策变迁及其成效

针对农村存在多维贫困的客观现实，中国政府一直致力于农村反贫困事业，并且将农村金融作为反贫困的基本政策工具。中国农村金融反贫困政策总体上以信贷扶贫政策为主导，其政策变迁是一个政府主导的渐进式演进过程。期间经历了从"治标型"政策到"治本型"政策的转变以及从注重金融扶贫存量调整到统筹兼顾金融减贫存量调整与金融减贫增量发展的政策转变历程。具体可以分为三个比较明显的阶段：

1. 1986～1993 年，信贷扶贫首次引入扶贫开发计划

尽管金融被认为是缓减贫困的重要政策工具，但中国开始实施真正意义上的信贷扶贫政策还是 1986 年。新中国成立至 20 世纪 80 年代初期，政府主要通过粮食调拨、物品救济等自上而下的小规模救济式扶贫方式对农村贫困地区进行直接救助与接济。80 年代中期，随着中国农村土地经营制度变革——家庭联产承包责任制红利效应的逐步释放完毕，中国城乡发展差距特别是居民收入差距开始迅速扩大。为此，中国政府于 1986～1993 年间开始实施有计划、有组织、大规模的扶贫开发计划，并首次将信贷扶贫纳入整体扶贫框架。这一时期的信贷扶贫政策是在政府严格干预下实施的，以贫困县为

重点进行区域型扶贫开发，其内容主要是推行低利率的扶贫贷款。当时，这些低利率的扶贫贷款一方面为贫困农户发展种养殖业、解决温饱问题进而改善生活条件立下了汗马功劳；另一方面也为扶持农村乡镇企业以及发展农村地区劳动密集型项目、促进农村经济发展和农民增收做出了突出贡献。尽管如此，由于承担扶贫贷款责任的金融机构在扶贫贷款资金投放规模与结构、扶贫贷款对象选择、授信额度、利率与还款期限等方面都受到政府严格干预，自身扶贫工作自主性与能动性差，加上低利率的扶贫贷款本身存在规模有限、瞄准机制不完善、贷款回收率低等问题，最终导致扶贫贷款很难有效到达真正的贫困农户手中，反贫困成效甚微。

2. 1994～2003 年，农村信贷扶贫政策的初步延伸

1994 年，中国政府出台了《国家八七扶贫攻坚计划》，这是中国历史上第一个有明确目标与任务、明确对象与范围、明确措施与途径、明确期限的开发式扶贫计划。计划明确提出继续执行信贷扶贫政策，增加信贷扶贫贷款资金，建立信贷扶贫资金的约束与激励机制，适当放宽扶贫贷款条件，有针对性地延长信贷资金贷款期限，调整信贷扶贫资金投放结构与范围，指导信贷资金瞄准国家重点扶持的贫困县，使之与政府部门的其他资金配套、集中投放。计划同时要求各国有商业银行每年必须自行安排一定规模的信贷资金对贫困地区有选择地进行项目开发贷款扶持。同时，将统一办理国家扶贫贷款的金融机构由人民银行和专业银行调整为中国农业发展银行，实现了政策性金融与商业性金融的分离分立。目的是力争通过 20 世纪末最后七年的扶贫攻坚，基本解决当时全国 8000 万贫困人口的温饱问题。这一时期，小额信贷扶贫模式得到了初步认可。1994～1996 年间，许多国内和国际组织将孟加拉国乡村银行模式的小额信贷项目引入中国，在部分贫困地区进行的探索性尝试取得了巨大成功。于是，中国政府于 1997 年正式开始小额信贷试点，在政府指导下 200 多个贫困县开始将中央、省级政府提供的扶贫贴息贷款用于小额信贷项目。1996 年，国务院出台了《关于农村金融体制改革的决定》，农村信用社正式从中国农业银行分离出来，作为独立的金融机构面向"三农"服务，并积极探索合作制改革。1999 年和 2000 年，为了使农民懂得如何向农村信用社贷款以及如何高效地使用贷款，中国人民银行先后出台了《农村信用社农户小额信用贷款管理暂行办法》和《农村信用合作社农户联保贷款管理指导意见》，在这两个指导性文件的引导下，各地农村信用社也将其从央行承接的低息支农再贷款资金以小额信贷的形式进行发放与推广。这一时期，政府主导下的农村金融体系改革成为中国历史上金融扶贫的突出特点，但是由于国有商业银行大幅撤并和缩减县域及其以下地区分支机构带来的县域经济贷款份额的急剧下降，使得县域及其以下农村地区资金严重外流，加之农村金融体系并不完善，农村地区金融服务虽然有了一定程度的改善，但金融反贫困的作用发挥仍然非常有限。

2001～2003年以来，政府扶贫贴息贷款开始逐步从幕后扶贫走向台前扶贫，作为金融扶贫的重要力量加入到农村扶贫开发的队伍之中。但是，伴随着承担扶贫贷款业务的农业银行弃农回城的战略转向以及由此带来的农行基层分支机构的逐渐萎缩，扶贫贷款尤其是扶贫贴息贷款锐减，信贷扶贫一度跌入低谷。2003年，中国政府出台了《深化农村信用社改革试点方案》，推进农村信用社向由不同经营主体构成的主要面向"三农"服务的社区型地方金融机构发展。

这一时期，农村金融反贫困政策都是政府主导的自上而下的安排，主要是对原有农村金融扶贫工具的适用性改良与调整。其中的一个不可避免的重大缺陷就是金融机构没有涉足扶贫与减贫的能动性与主动性，寻租严重，扶贫资金使用效率低下，反贫困效果不明显。为此，自2004年开始政府开始调整金融反贫困政策思路，开始了农村金融反贫困政策的全方位探索。

3. 2004年至今，农村金融反贫困政策的转型与拓展

自2004年起，中国正式开启了将扶贫贴息资金和扶贫贷款管理权限下放到省甚至县的改革试点，开始了市场经济条件下信贷扶贫工作新机制的有益探索，扶贫贴息贷款在历经"低谷"后再次登台。2008年，为进一步发挥扶贫贴息贷款的"杠杆作用"，进一步化解政府、银行、企业和农户三方的矛盾与冲突，尽快帮助农村贫困群体提高自我发展能力，稳定农村扶贫成果，多部门联合颁发了《关于全面改革扶贫贴息贷款管理体制的通知》，将扶贫贴息贷款资金和扶贫贷款的管理权限全部下放到省级，其中针对农户的扶贫贴息资金及其管理权限进一步下放到县级；任何愿意参与扶贫工作的正规金

融机构都可以称为扶贫贷款承贷单位；扶贫贷款可以通过直接或者间接两种方式发放，利率也由此前 3% 的固定利率转变为固定贴息利率，其中到户贷款和项目贷款分别按照 5%、3% 的年息予以补贴。同时进一步降低门槛，扩大扶贫贴息贷款规模，调整扶贫贴息贷款投资结构和方向，以满足贫困户和扶贫企业的融资需求。从这时候开始，扶贫贴息贷款正式成为连接银行和农户的"纽带"，以独立自主的身份承担起推进农村信贷扶贫的重任。

伴随着扶贫贴息贷款的改革，政府也出台了其他一系列金融反贫困政策措施。2004～2010 年，中国政府连续颁布了 7 个"中央一号文件"，几乎每一个文件都提到要进行农村金融体制改革与创新，全面推进"三农"发展与农村扶贫开发。如 2004 年的"一号文件"明确提出要增加"三农"信贷资金投放，支持发展多种所有制形式的农村金融组织，鼓励各类担保、保险机构面向"三农"拓展担保、保险业务，缓解农村资金外流。2006 年的"一号文件"提出国家开发银行要加入到支持农村基础设施建设和农业资源开发的金融扶贫队伍行列，引导邮政储蓄资金返还农村，鼓励在县域内设立多种所有制的社区金融机构，大力培育由各种非正规组织或者自由人发起的小额贷款组织，引导农户发展资金互助组织，推进农业政策性保险试点工作，规范民间借贷。同年，银监会出台了《关于调整放宽农村地区银行业金融机构准入政策更好地支持社会主义新农村建设的意见》，确立并优化了农村资金互助社、贷款公司、村镇银行等新型农村金融机构设立的外部环境。2008 年的"一号文件"提出要进一步放宽农村金融机构准入政策，积极培育小额信贷组织，加快落实县域内金融机构将一定比例的新增存款投放当地的政策，探索通过批发或转贷等途径解决农村信用社及其他农村金融机构资金来源不足的问题。同年，中央出台了《关于小额信贷公司试点的指导性意见》《关于村镇银行、贷款公司、农村资金互助合作社、小额贷款公司有关政策的通知》《农村中小金融机构行政许可事项实施办法》《关于加快农村金融产品和服务方式创新的意见》等政策文件，大力促进新型农村金融机构发展和农村金融扶贫开发。2009 年的"一号文件"提出要增强农村金融服务能力，制定县域金融机构新增存款主要面向当地投放的实施办法，大力发展小额信贷和微型金融服务，出台对涉农贷款的定向税收减免和费用补贴办法、政策性金融对农业中长期信贷支持具体办法以及农民专业合作社开展信用合作试点的具体办法。同年，银监会制定了农村金融机构三年（2009~2011年）扩展计划，计划利用三年时间在金融机构覆盖面较低的县域、国家扶贫开发重点县以及中小企业活跃县域新设立村镇银行（1027家）、贷款公司（106）家、农村资金互助社（191家）共计1294家新型农村金融机构。为配合这一计划的开展，财政部出台了《关于县域金融机构涉农贷款增量奖励工作试点工作的通知》，对上年末涉农贷款余额同比增幅超过15%的金融机构，按2%给予奖励。同时出台了《关于实施涉农金融机构定向费用补贴的通知》，对达到监管要求并实现上年末贷款余额同比增长的金融机构（其中村镇银行存贷比大于50%），中央财政按照贷款余额的2%给予补贴，并对5万元以下的农户贷款给予税收减免，大力支持新型农村金融机构发展与推进农村减贫。

2011年，中央大幅上调国家贫困标准，将农民人均纯收入2300元（2010年不变价格）作为新的国家扶贫标准，这一标准相对于在2009年的扶贫标准基础上增加了92%。按照这一标准，全国贫困人口总量超过了1亿，扶贫任务艰巨。2011年《中国农村扶贫开发纲要（2011~2020）》提出"继续完善国家扶贫贴息贷款政策"，"积极推动贫困地区金融产品和服务方式创新，鼓励发展小额信贷，努力满足扶贫对象发展生产的资金需求"，"尽快实现贫困地区金融机构空白乡镇的金融服务全覆盖"，"引导民间借贷规范发展"，"加强贫困地区农村信用体系建设"。需要指出的是，截止到2011年末，全国共新设立691家新型农村金融机构，其中村镇银行635家，农村资金互助社46家，贷款公司10家，虽然远远没有达到2009年制定的《农村金融机构三年扩展计划》的组建目标，但可以肯定的是这些已经组建的新型金融机构使得涉农信贷规模出现快速增长，一定程度上促进了贫困群体信贷约束的缓解。2012年中央"一号文件"提出了加大农村金融政策支持，提升农村金融服务水平的总体要求，提出了探索农业科技专利质押融资业务、推进农村信用体系建设、发展涉农贷款租赁业务、完善农村金融机构差别化监管政策、提高涉农贷款风险容忍度等一系列新的政策措施。为充分发挥金融扶贫工作合力，2013年中国人民银行发布了《关于建立连片特困地区扶贫开发金融服务联动协调机制的通知》，明确了依托联动协调机制推进集中连片贫困地区片金融扶贫开发工作。这些政策措施的实施，开启了农村金融扶贫新的发展阶段。农村金融扶贫模式不断推陈出新。如宁夏推出了以村级"资金互助社"为平台、以互助社社员为服务对象，以互助资金与信贷资金相互捆绑的"千村信贷·互助资金"模式；甘肃推出了强调"输血"与"造血"功能并重的"双联惠农贷款"专属金融产品，广西推出了"龙头企业＋基地＋农户"金融扶贫模式；广东推出的乡村金融服务站等。为全面做好贫困地区的金融服务工作，2014 年，中国人民银行、财政部等七部门联合印发了《关于全面做好扶贫开发金融服务工作的指导意见》，提出在开发式扶贫、商业可持续、因地制宜和突出重点四大原则下，针对贫困地区基础设施建设、经济发展和产业结构升级、就业创业和贫困户脱贫致富，以及生态建设和环境保护四大重点支持领域，积极做好扶贫贴息贷款政策与贷款投放、优化金融机构网点布局、改善农村支付环境、推广农村小额贷款、拓展贫困地区融资渠道、构建贫困地区风险保障网络、加强贫困地区金融消费权益保护等十大重点工作，确保金融扶贫能力和水平的稳步提升。

2004 年以来的农村金融反贫困政策，着力推进扶贫开发政策与金融政策实施的有机结合，着手构建农村金融扶贫与金融减贫支持体系，合力营造金融扶贫与金融减贫大环境。注重金融机构的商业化目标与扶贫的社会效益有机结合，促进金融扶贫与减贫的可持续发展等。这是金融减贫由"治标"型政策向"治本"型政策的转型，跨出了由单一注重金融扶贫与减贫存量调整向兼顾金融扶贫与减贫存量调整与增量发展并行的实质性一步，也开启了农村金融扶贫与金融减贫新的发展阶段。金融反贫困颇具规模，并且反贫困成效良好。全国 30 个省区市实现了乡镇金融服务全覆盖，小额信贷等新型农村金融机构成为中国农村反贫困战略的重要组成部分，集中连片特殊困难地区以及偏、远、边地区反贫困进程都取得了积极成效。这一时期的金融反贫困政策有力推动了农村金融发展和农村反贫困进程。

5.5.2 农村金融反贫困过程中存在的主要问题

中国政府对农村金融扶贫、减贫的重视以及积极参与，为推动农村金融发展和农村反贫困进程做出了重大贡献。但是也存在一些问题，主要表现在如下三个方面：

1. 目标偏移问题

涉农金融业务成本高、风险大，在利率受管制的前提下涉农金融业务特别是面向贫困群体的金融业务往往利润微薄，有时还很有可能要搭上自身的服务成本。这是导致农村金融服务偏离农村贫困群体的症结所在。以农村金融减贫的新生力量小额信贷为例，伴随着其内源性融资局限的突破以及外源性融资扩张的要求，商业性小额信贷公司将逐步取代非营利性的政策性小额信贷组织成为中国农村金融减贫的主要模式。在商业化利益驱使下，其资金来源拓展和公司能力扩张带来的诸如成本增加、风险增大等问题，将使得小额信贷机构不可避免地偏离贫困群体，诸如扩大放贷规模，将小额信贷转化为大额信贷；拓宽服务对象，将服务对象从穷人拓展到富人，以降低风险，提高经济收益，实现自身的可持续发展。特别是一些小额信贷公司运行成熟并扩张到一定规模之后，就向银行类金融机构转型发展，其服务目标向富裕群体偏移也就更容易发生。

同时，就政府扶贫贴息贷款看，政府设置贴息贷款资金的目的主要是为了帮助、支持贫困地区的贫困群体开展农业生产与经营、就业创业等增值创收活动。但在中国农村，贴息贷款的财政投入总量有限、模式单一、发展也很不均衡。加之贴息贷款资金在管理、监控方面均存在漏洞，在目标对象的选择上也存在诸多不足，加之中国政府扶贫工作的指导思想是以经济开发促进扶贫开发，其扶贫目标往往被经济开发目标所替代，使得贴息贷款资金偏离目标贫困群体而严重"外溢"，进而使得贴息贷款实际目标达成率和覆盖率大打折扣。尽管中国政府一直强调要加强对贴息贷款资金的管理与治理并且也付诸了实际行动，但收效并不令人满意。大量灌入的指导性贷款不仅难以有效破解农村"市场失灵"，而且一定程度上影响了整体金融扶贫效率。

2. 效率缺失问题

当前，中国农村金融体系以政府主导发展的组织化程度相对较高的正规金融机构为主体，并且排斥非正规金融组织。组织化的正规金融机构不仅在处理中国农村的特质性成本与风险上无能为力，而且对贫困群体的信贷需求特别是非生产性贷款需求也因缺乏担保抵押而难以满足。农村金融组织体系本身的缺陷以及金融服务与职能的缺位，使得其减贫功能弱化，进而不可避免地影响了农村金融减贫效率。农村资金不足与资金外流并存，农村金融供给不足与需求不足同时并存，非农、非贫领域资金富余，而贫困地区、贫困人口、弱质产业等普遍存在严重的金融抑制，进一步造成金融减贫效率缺失。以现有农村金融机构的区域布局为例，目前，东部和沿海农村地区金融机构网点较多，农村金融服务的覆盖面相对较广，但中西部地区、集中连片特困地区农村金融机构网点和覆盖面均相对匮乏。加之国有商业银行在市场化经营原则和逆向选择情况下选择"洗脚上岸"，业务重心上移；政策性银行在商业化和政策性业务混淆不清、边界不明的情况下始终没有能够在经济效益与社会效益中寻求到一个合适的平衡点，迟迟未能深入贫困地区布网设点；而新型农村金融组织还处于起步阶段，且大部分设立在较发达的地区，对贫困地区的帮扶还略显"望成莫及"。同时，金融减贫意味着将货币资金转化为资本资金，进而转化为现实的货币收入，并实现贫富差距缩小，这一过程需要财政的配合与支持。而目前中国财政杠杆还没有如政策与制度预期那样成为撬动农村金融扶贫、减贫的有力支点。对于具有较强正外部性的农村金融基础设施、外部经济环境、农村信用体系建设、中介服务体系、社会保障体系等农村金融生态建设方面，政府财政长期处于"缺位"状态。财政与金融各自遵循自身的资金配置原则相互隔绝、独立运行，两者"单干"的格局使得反贫困过程中财政无法克服自身固有的弱点，金融也难以改善其所处的外部环境。加上农村金融体系本身不完善，农村金融扶贫、减贫效率缺失也就在所难免。此外，目前的金融政策、财政政策、扶贫政策还没能实现有机结合，各类政策的扶贫、减贫合力还没有有效形成，也一定程度上影响了金融扶贫、减贫效率。

3. 财务不可持续问题

农村金融减贫的可持续性建立在农村金融机构自身发展的可持续性基础之上。当前，中国农村金融体制不健全，金融机制不完善，作为反贫困主要工具的农村金融机构特别是新型农村金融机构，尚未真正建立起资金来源的可持续循环机制。首先，自身财务不可持续问题凸显。据《中国农村金融服务发展报告 2011》的统计，2010 年末，以小额信贷为主要业务的农村信用社涉农贷款不良贷款率为 11.53%，尽管比例比 2006 年的 27.93% 下降了 16.4个百分点，但不良贷款余额并没有出现明显下降。同时，小额信贷机构发放贷款的成本难以回收，盈利水平普遍偏低。据统计，主要提供小额信贷的农村新型金融机构在 2007 年和 2008 年均没有实现盈利，而 2009 年和 2010 年的权益报酬率也分别仅有 2.25% 和 5.56%，盈利水平远远低于其他银行业金融机构。偏高的不良贷款率以及偏低的盈利水平严重影响了农村新型金融机构的可持续发展。新型金融机构出于规避自身财务不可持续的目的而出现"惜贷""惰贷"的情况也就在情理之中。资金来源的不可持续性同样进一步加剧了农村小额信贷机构自身财务状况的恶化。目前中国农村大部分小额信贷机构只能发放贷款，不能吸收存款。小额贷款机构主要依靠内生来源资金放贷，虽然外部社会捐赠能够补充其部分资金来源，但是捐赠资金同样具有不可持续性和不充足性，难以作为小额信贷机构资金来源的可靠保证。在资金来源不可持续情况下，小额信贷机构自身的可持续发展成为难题。其次，组织管理上的不可持续性同样存在。小额信贷机构根植于农村落后的经济、金融发展环境，这就决定了其难以确立一套现代化的管理制度从人力资本管理、内部运行管理、贷款风险技术管理等层面进行组织管理吸收与创新，无法实现组织管理的可持续性。这无疑也将影响到小额信贷机构自身发展和减贫动机的可持续性。如何实现农村金融机构面向"三农"深入减贫的同时又能确保其可持续发展，实现金融减贫在效率与公平之间的平衡将始终是中国政府深化农村金融体制改革所面临的首要问题。

| 第 6 章 |

中国农村金融减贫效应分析

　　农村金融对农村贫困缓减的影响是一个复杂的过程。中国农村金融既包含正规金融部分也包含非正规金融部分，由于不同类型金融缓减农村贫困的机制存在差异，且农村正规金融、非正规金融对农村贫困的影响既受金融政策及其时效性的影响，有其纵向时序上的效应和特征，也受经济社会发展地区差异的影响，有其横向上的效应和特征。为了对这些问题进行深入研究，本章分别基于动态视角和静态视角就农村金融发展的减贫效应进行实证研究。首先基于动态视角，采用状态空间模型及中介效应检验方法分析农村正规金融、非正规金融在促进农村贫困缓减的过程中是直接效应占主导还是间接效应占主导。然后基于静态视角，采用 PSTR 模型就农村金融对农村贫困的结构性影响效应（线性还是非线性）进行判别，并采用相应模型研究农村正规金融、非正规金融对农村贫困广度、贫困深度与贫困强度的影响效应与影响特征，以及对农村经济贫困与社会贫困的影响效应与影响特征。以期通过纵向与横向、时序与面板的实证对比与分析，揭示农村金融减贫效应的典型特征与基本规律。

6.1　农村金融发展对农村贫困的影响：
　　　　直接效应与中介效应

　　第 2 章的理论分析表明，农村金融发展主要通过直接机制与间接机制共同作用于农村贫困缓减。直接机制强调的是直接面向贫困农户的金融服务带来的直接缓减贫困的效应，即直接效应；间接机制强调的是非直接面向贫困农户的金融服务通过促进农村经济增长和收入分配改善这两大中介进而间接带来的缓减贫困的效应，即中介效应。那么，长期而言，农村金融在缓解农村贫困的过程中是直接效应占主导还是中介效应占主导？就农村金融机构最重要的一项金融服务——信贷服务来看，如果在缓减农村贫困的过程中直接面向贫困农户投放的信贷比非直接面向贫困农户投放的信贷作用更强，是否意味着增加直接面向贫困农户的信贷供给，发挥农村金融减贫的直接效应才是缓减农村贫困的更优选择？遗憾的是，由于农村金融对农村贫困影响的直接与间接机制并非简单的资金叠加与要素直接作用，其间存在着复杂的交互性、共生性、外延性，加上权威统计数据不可获原因，目前还鲜有学者就这一问题进行系统探讨。本书拟采用变参数状态空间模型和中介效应检验方法，在统一框架下系统研究农村金融发展对农村贫困影响的直接效应与中介效应成分，以期为此方面的研究提供一个新的研究思路。

6.1.1 状态空间模型及其实证模型设立

状态空间模型是一种典型的动态时域方法，一般用于多变量时间序列，被用来估计不可观测的时间变量，如理性预期、测量误差、长期收入、不可观测趋势和循环要素等等。它将不可观测的状态变量（也称可变参数）并入到可观测模型进行联合估计，整个计算过程借助于强有力的卡尔曼滤波（Kalman filter）技术来实现基于所有可得信息对状态向量的最理想的递推，既能够捕捉到不同时期变量关系的动态特征，也能够很好地克服变量之间由于结构变动所带来的不能估计或者估计偏误的问题。状态空间模型的特点和优点都是提出了"状态"的概念。事实上，经济系统所存在的一些状态是不可观测的，而这种不可观测的变量往往反映了系统所具有的真实状态，因而被称为状态向量。状态空间模型建立了可观测变量和系统内部状态之间的关系，可以通过估计各种不同的状态向量达到分析和观测系统的目的（李勇和王有贵，2011）。由于最小二乘回归的系数估计只是求出了状态变量的平均效应，而忽略了其中的动态效应和变化过程。因此固定参数线性回归模型和

ARIMA 模型都是状态空间在状态恒定不变下的特殊形式。状态空间模型包括两个部分，即状态方程和观测方程。状态方程描述的是从目前状态向下一个时刻状态转换的关系，它通过设定可变参数的变动方式来描述相邻时刻的状态转移变化规律，能反映出动态系统在输入变量作用下每一时点上的状态。观测方程以被解释变量为系统输出，以解释变量为系统输入，描述的是观测序列（被解释变量、解释变量）与系统状态之间的内在关系。

基于状态空间模型的设置原理，考虑到农村金融发展缓减农村贫困的中介效应检验需要利用三个观测方程：被解释变量 lnPOR 对解释变量 lnF 和中介变量 lnECO 的观测方程，被解释变量 lnPOR 对解释变量 lnF 的观测方程，中介变量 lnECO 对解释变量 lnPOR 的观测方程，因此，本节的状态空间模型可以表示为：

状态模型 1：
$$\text{lnPOR}_t = c_0 + sv_1 \times \text{lnECO}_t + sv_2 \times \text{lnF}_t + \varepsilon_t \tag{6.1}$$
$$sv_1 = sv_1(-1), \quad sv_2 = sv_2(-1),$$

状态模型 2：
$$\text{lnPOR}_t = c_1 + sv_3 \times \text{lnF}_t + \varepsilon_t \tag{6.2}$$
$$sv_3 = sv_3(-1),$$

状态模型 3：
$$\text{lnECO}_t = c_2 + sv_4 \times \text{lnF}_t + \varepsilon_t \tag{6.3}$$
$$sv_4 = sv_4(-1)$$

上述三个状态空间模型中，上面的式子为观测方程，下面的式子为状态方程。其中 POR 表示农村贫困水平；ECO 表示农村金融发展促进农村贫困缓减的中间变量，基于第 3 章农村金融发展缓减农村贫困的间接机制的分析，选取农村经济发展水平来表示；F 表示农村信贷水平。$sv_i(i = 1, 2, 3, 4)$ 为对应的状态变量，表示解释变量对被解释变量影响的可变系数，可变系数全部设置为递归形式，$c_i(i = 0, 1, 2)$ 为常数项，ε_t 为随机扰动项。

6.1.2 指标选取与数据来源

对本节计量模型所用到的变量指标作如下说明：农村信贷水平（F）采用农村人均信贷水平表示，数值上采用农业贷款与乡镇企业贷款之和与农村总人口的比重来表示。数据来自相关年份《中国金融年鉴》。农村经济收入（ECO）采用农村人均经济收益来表示，数值上等于农村经济总收益与农村人口之比来表示，数据来源于相关年份《中国农业年鉴》。农村贫困水平（POR）采用农村绝对贫困水平即农村贫困发生率来表示，数据来源于相关年份《中国农村贫困监测报告》。上述指标数据时间跨度为 1986～2010 年，为了尽可能降低异方差和共线性问题，将所有数据进行对数处理。

6.1.3 估计结果与结论分析

1. 单位根检验与协整检验

进行变参数状态空间模型估计之前，首先需要进行单位根检验，以确定各时序变量的稳定性。本节所有数据处理均采用 EViews 8.0 分析软件进行。各变量单位根检验的结果如表 6.1 所示。

表 6.1 各变量的 ADF 单位根检验结果

变量	水平检验结果			一阶差分检验结果		
	t 统计量	P 值	检验结论	t 统计量	P 值	检验结论
lnPOR	−2.432	0.355	不平稳	−5.557	0.001	平稳
lnECO	1.753	0.977	不平稳	−2.524	0.014	平稳
lnFCE	−3.126	0.123	不平稳	−3.614	0.013	平稳

表 6.1 显示，3 个变量的水平序列并不是平稳的，但其一阶差分序列都是平稳序列，说明 6 个变量都是一阶单整，因此，可以进行协整分析。为了进一步确定需要进行状态空间模型估计的变量之间是否存在长期关系，避免伪回归现象发生，下面分组对各变量进行协整秩检验，本节同时采用协整秩迹检验（trace statistic test）和最大特征值检验（max statistic test）来对各组变量分别进行协整秩检验。

2. 农村金融发展缓减农村贫困的动态效应分析

（1）协整检验。

根据状态空间模型（6.1）、（6.2）、（6.3）为基础，分别以 lnPOR、lnECO、lnF 为被解释变量、中介变量和解释变量，以此构成的状态空间模型组的协整秩检验结果如表6.2所示。

表 6.2 状态空间模型的协整秩检验结果

假设	特征值	协整秩迹检验			最大特征值检验		
		迹统计量	临界值	P 值	最大特征值统计量	临界值	P 值
None*	0.617	31.616	29.797	0.031	22.056	21.132	0.037
At most 1	0.274	9.561	15.495	0.316	7.349	14.265	0.449
At most 2	0.092	2.211	3.841	0.137	2.211	3.841	0.137

表 6.2 的协整检验结果显示，包含时间序列趋势项和常数项的协整秩迹检验、最大特征值检验的结果均显示，可以在 5% 的显著性水平下拒绝"协整秩为 0"的原假设，但不能拒绝"协整秩为 1"的原假设，表明 lnPOR、lnECO、lnF 三个变量之间显著存在一个长期均衡关系。

（2）状态空间模型的估计与分析。

接下来对状态空间模型进行估计，首先，各解释变量滞后阶数根据赤池信息准则（AIC）和施瓦茨信息准则（SC）来确定，其次，为了避免模型估计残差可能存在的序列相关性，需要确定模型的自回归项 AR 项的阶数和移动平均项 MA 项的阶数，通过对不同 AR 阶数和 MA 阶数组合模型的时算和比较，最终确定以 AR 为 2 阶、MA 为 1 阶进行。运用卡尔曼滤波对状态空间模型（6.1）、（6.2）、（6.3）进行估计，结果如表6.3所示。表 6.3 显示，模型（6.1）、（6.2）、（6.3）的状态变量 sv_1、sv_2、sv_3、sv_4 都是显著的。

表 6.3 状态空间模型的卡尔曼滤波估计结果

模型	状态变量	最终状态值	Z 统计值	P 值	对数似然函数值	AIC 信息准则	SC 信息准则	Hanman - Quinn 信息准则
6.1	sv_1	−0.246	−2.919	0.004	−25.081	2.166	2.263	2.194
	sv_2	−0.322	−2.405	0.016				
6.2	sv_3	−0.868	−74.015	0.000	−18.418	1.633	1.731	1.660
6.3	sv_4	2.220	103.370	0.000	−32.930	2.794	2.892	2.821

为了确定上述状态空间模型的卡尔曼滤波估计结果是否有效，进一步对

模型（6.1）、（6.2）、（6.3）的残差进行单位根检验，其结果显示估计的上述状态空间模型的残差在5%的显著性水平下都是平稳序列，且其残差序列各阶自相关系数和偏相关系数显示，在5%的显著性水平下模型估计的残差不存在序列相关。因此状态空间模型（6.1）、（6.2）、（6.3）的设定是正确的，其卡尔曼滤波估计结果也是有效和可靠的。下面，根据各状态变量时间上的动态变化轨迹（见图6.1），就农村金融发展对农村贫困影响的动态效应进行分析：

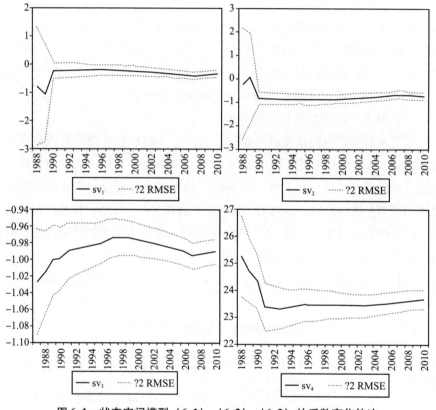

图6.1　状态空间模型（6.1）、（6.2）、（6.3）的系数变化轨迹

从图6.1可以看出，农村经济收益、农村金融发展与农村贫困之间存在长期均衡关系，但是两者对农村贫困的影响并不一致，大体上呈现此消彼长的趋势。具体而言，在20世纪90年代之前，农村经济收益对农村贫困的影响为负（sv_1），且大体上经历了一个先减少后增加的过程，表明这个阶段农村经济收益增长显著缓减了农村贫困，且以 1999 年的减贫效应最为明显。此后，其对农村贫困影响的弹性系数一直稳定在 "－0.2" 左右的位置，表明在控制了农村金融发展变量的情况下，农村经济收益增长一定程度上带来了农村贫困的缓减。由于模型（6.1）控制了中介变量农村经济收益，农村金融发展对农村贫困的影响弹性（sv_2）就实际上代表了其缓减农村贫困全部的直接效应，其变化轨迹大体上经历了 "上升—下降—稳中有升" 的动态变化过程。1989 年以前，农村金融缓减农村贫困的直接效用是极其有限的；自 1989 年开始到 1991 年，农村金融的直接减贫效应出现一个显著提升过程，其弹性系数从 0.16 下降到 －0.90；自 1992 年开始到 2000 年，农村金融的直接减贫效应保持相对稳定，其弹性系数始终稳定在 －0.89 左右。直接效应呈现上述阶段性变化特征的原因是：20 世纪 90 年代以前是中国农村金融的萌芽时期，不仅农村金融政策和发展充满变数，而且直接面向农户投放的信贷少之又少，导致直接效应甚微。随着 90 年代以来农村金融业务的逐步扩展，直接面向农户投放的信贷得到增加，农村金融缓减农村贫困的直接效应也得到增强。

sv_3 是农村金融发展对农村贫困影响的可变系数，代表了农村金融发展对农村贫困的影响，包括直接效应和中介效应在内的全部效应。考察期间，sv_3 始终为负，但在 1986～1999 年呈现明显的上扬趋势，其弹性系数从 －1.031 稳步上升到 －0.985，表明这个时期农村金融缓减农村贫困的总体效应出现下降。自 2000 年开始 sv_3 开始呈现下降趋势，且一直持续到 2007 年，尽管在 2007 年末再次出现小幅反弹，但其弹性系数始终没有超越历史峰值。究其原因，2000 年以来中国政府密集出台了一系列农村金融改革政策和措施，目的是建立商业金融、合作金融、政策性金融和小额信贷组织互为补充、功能齐备的农村金融体系。由于这一时期的改革都凸显了由 "存量调整" 转向 "增量培育" 来完善农村金融服务体系的思路和政策探索，触动了农村信贷约束的本质，改革颇显成效，农村金融缓减农村贫困的总体效应得到进一步提升。2007 年以来减贫效应出现小幅下降，主要原因是随着农村扶贫攻坚的深入推进和绝对贫困面的大幅下降，进一步消除农村地区 "剩余贫困" "顽固性贫困" 的任务将更加艰难，导致农村金融促进农村贫困缓减的进程放缓，农村金融发展的减贫效应出现小幅下降。

sv_4 是农村金融发展对农村经济收益影响的可变系数，其在 1986～1990 年间出现一次显著下降，弹性系数由 2.543 下降到 2.340，随后持续稳定在 2.35 水平左右，考察期间始终显著为正，表明农村金融发展显著带动了农村经济增长，这也进一步反映了中介效应的存在。

（3）中介效应与直接效应的检验与测算。

上述分析证明了农村金融发展对农村贫困影响的中介效应与直接效应并存，并且效应呈现结构性变动趋势。那么中介效应和直接效应各自在农村金融的减贫效应中占据多大的地位？为了弄清楚这个问题，本节采用温忠麟（2004）提出的综合性中介效应检验方法和程序来进行农村金融发展缓减农村贫困的中介效应检验，这种综合性检验方法综合了贾德和肯尼（Judd and Kenny，1981）、伯龙和肯尼（Baron and Kenny，1986）等学者提出的多种独立检验方法的优点，能在保障较高统计功效的前提下同时控制检验出现第一类错误的概率（即弃真概率）和第二类错误的概率（即存伪概率）。检验的程序如图 6.2 所示。

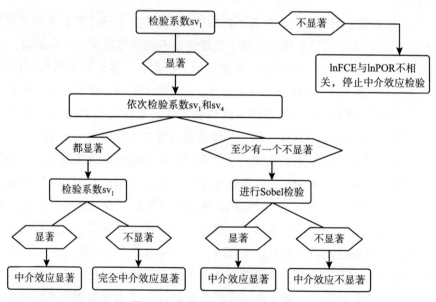

图 6.2　中介效应检验过程与方法

按照上述检验程序，首先对 sv_3 进行显著性检验，发现在各个时点上，sv_3 对应的 t 统计值均在 5% 的显著性水平下显著。因此，下一步依次检验 sv_1 和 sv_4 的显著性。检验发现在各个时点上，sv_4 对应的 t 统计值均在 5% 的显著性水平下显著，而 sv_1 的检验结果比较复杂，需要就检验显著时点和不显著时点分别予以讨论：①sv_1 在 1986 ~ 1999 年时间段以及 2001 年时点上不显著，但是其 Sobel 检验的 Z 统计值均低于其临界值 1.96。因此，认为 1986 ~ 1999 年时间段以及 2001 年时点上农村金融促进农村贫困缓减的中介效应显著。②sv_1 在 2000 年时点以及 2002 ~ 2010 年时间段显著，进而检验 sv_2 的显著性。检验结果显示，在 1987 年时点上，sv_2 的 t 统计值均小于临界值 1.65，意味着在 10% 的显著性水平下均不显著。因此，认定其为完全中介效应，即农村金融发展的减贫效应全部是通过农村经济增长所间接引致，其中介效应占比为 100%。在其他时点上，sv_2 的 t 统计值均大于临界值 1.65，意味着在 10% 的显著性水平下均显著，因此存在显著的部分中介效应，即农村金融发展作用于农村贫困缓减是通过其中介效应与直接效应共同来实现的。对此，按照麦金农等（MacKinon et al, 1995）提出的方法，可以由 $\dfrac{sv_1 \times sv_4}{(sv_1 \times sv_4 + sv_2)}$ 计算得到中介效应占比。历年的中介效应占比及其变动趋势如图 6.3 所示。

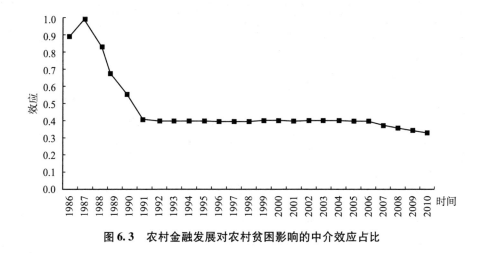

图 6.3　农村金融发展对农村贫困影响的中介效应占比

从图 6.3 可知，考察期间农村金融对农村贫困的影响效应中平均有

45.83%的比例来自农村经济增长的中介效应。具体的时段变化情况如下：在考察初期的1986~1991年时段，中介效应平均占比高达70.17%，即农村金融缓减农村贫困的效应70.17%是通过农村经济增长的中介途径而实现的。原因在于：这一时期农村金融体系以农业银行及其农村基层机构为主体，在政府统一指导下主要为"三农"提供信贷服务。在以家庭联产承包责任制为基础的农村经营体制下，各农村金融机构基本只是慎重选择经营效益有保障的大客户供贷，而个体农户信贷资金的需求农村金融机构普遍采取的是有选择性、有针对性的信贷配给来部分缓减，且其主要来源是低利率的扶贫贷款。加上这一时期农村非正规金融被认为是非法的，其生存和发展受到严重压抑。农村正规信贷远远难以满足的农户信贷需求也很难通过非正规金融渠道解决。在个体农户信贷需求受到严重约束和农户生产生活水平本身不高的情况下，农户直接通过获取信贷服务来缓减自身贫困的机会和可能都比较小。因此，中介效应占据绝对的主导地位。1992~2010年，农村金融缓减农村贫困的中介效应平均占比为38.14%。其中，1993~2006年农村金融影响农村贫困的中介效应占比始终稳定在40%左右的水平。原因是这一时期中国农业和农村经济工作的中心任务是推进农业和农村经济结构的战略性调整。随着国家政策的推动和农村经济发展水平的提高，农村经济结构日益多元化，农村经济发展呈现市场化、产业化、货币化和城镇化的新趋势，从而使得农村金融需求主体对金融产品和金融服务的需求也发生了很大的变化，对资金的需求从规模上和种类上都提出了新的要求。需求的变化必然导致供给的变化，农村金融供给逐渐呈现出规模化和多样化特征，不仅加大了专门针对贫困农户的贴息贷款规模，农村地区能够提供抵押品的农户的生产经营性信贷也逐步得到授信。进而导致农村金融缓减农村贫困的中介效应降低而直接效应提高。2007~2010年，农村金融促进农村贫困缓减的中介效应占比进一步小幅下降，由2007年的40.85%下降到2010年的33.93%。原因是这一时期农村金融增量发展迅速，以扶贫为宗旨的小额信贷、村镇银行、农村资金合作社等新型金融机构不断涌现显然有力促进了农户直接信贷可获性的提高，从而使得农村金融发展缓减农村贫困的直接效应上升而中介效应下降。这一结果与上面状态空间模型的估计结果是一致的，因此本书的结论是稳定的。

综合以上研究可以发现，考察期间中国农村金融发展对农村贫困缓减的总体效应显著，并且在大体上呈现先下降后上升的动态变化过程。农村金融发展在促进农村贫困缓减的过程中中介效应与直接效应并存，并且两大效应在时间上均存在结构性变动特征：1986～1992 年期间农村金融缓减农村贫困的中介效应明显大于直接效应；1993～2010 年期间农村金融缓减农村贫困的直接效应要明显高于中介效应。具体而言，考察期间整体上农村金融对农村贫困的影响效应中平均有 45.83% 的比例来自农村经济收益增长的中介效应，其中 1986～1992 年期间的中介效应占比为 70.17%，1993～2010 年期间的中介效应占比为 38.14%。

长期以来，中国农村金融机构出于防控风险的目的，过于强调借贷需求主体的初始资源禀赋。农村信贷供给的主要对象是盈利较好的企业、有良好社会关系或者稳定收入来源的组织以及部分拥有足够抵押品的中高收入农户。据《中国金融年鉴》2011 年的统计，2010 年末农村地区贷款总余额为98040.0 亿元，其中农户贷款余额为 26043.2 亿元，仅占当年农村总贷款余额的 26.56%。农村企业和其他各类组织贷款余额占比高达 73.44%，但是由此带来的缓减农村贫困 33.93% 的中介效应占比显然与其贷款数量 73.44% 的绝对地位并不匹配。原因一方面可能是农村企业和其他各类组织的信贷资金使用效率低下，对农村经济增长的促进作用不大，进而对农村反贫困的作用也就有限；另一方面，农村企业和其他各类组织贷款有效促进了农村经济增长，但是农村经济增长并没有带来对等的减贫效果。而直接面向农户特别是贫困农户投放的信贷，有的被用于小规模生产经营，有的被用于消费以缓减自身在食物营养、教育文化、医疗健康等方面的流动性约束。这些借贷资金虽然不会很快产生经济效益，但其直接用途是解决贫困居民生活、生产与未来发展的困难，某种程度上来说具有重要的间接生产性，甚至比投向农村企业和其他各类组织的信贷更加具有产出效益和减贫效应。农村信贷在缓减农村贫困的过程中，直接面向贫困农户投放的信贷所产生的直接减贫效应要明显大于投放到其他企业或者组织的信贷所产生的间接减贫效应。

这些年来，我们一直在宣扬深入推进农村减贫，然而，在这种针对普通农户的过于苛刻的授信机制下，农村有限的信贷供给中面向非农户信贷需求主体的资金投入始终居高不下，农户特别是贫困农户长期存在远远不能被满足的信贷需求。尽管直接面向农户的信贷供给有着可观的减贫效应，但这些被农村信贷所排斥的贫困群体，又怎么能依靠信贷真正实现脱贫与发展？正如万广华（Wan，2004）的研究所指出的，信贷约束下的资本投入差距是中国农村内部收入差距的第二大诱因。因此中国农村金融减贫政策不能再囿于旧有的思维框架，有必要针对农村经济社会结构的转变作出相应的调整。未来积极有效的政策思路应该是正视农村居民的信贷需求，扩大农户的信贷范围尤其是增加专门针对农村贫困群体的信贷品种，积极探索和改进农村贫困居民贷款的授信方式，改变信贷在农村不同收入群体之间的歧视性分配现状，有效提高贫困群体的信贷供给，逐步矫正农村金融减贫的效率扭曲。同时，适当放宽农村金融机构的市场准入，鼓励和促进各类贴近农户的新型金融机构规范发展也将是加快推进农村贫困缓减的重要一环。中国城乡"二元金融"结构以及农村社会内部严重的金融排异，导致了正规金融在农村金融市场中的垄断地位和农村信贷资金配置的低效，也牵制了农村贫困缓减进程。贴近农户的各类正规或者非正规的新型金融机构作为农村金融增量发展的重要组成部分，一定程度上能够弥补农村资金缺口，提高农村金融市场资金配置效率，在缓减农村贫困群体融资困难和推进农村金融体制的纵深改革等方面都将发挥重要的作用。因此，政府应该积极出台相关政策鼓励农村"存量"金融机构和"增量"金融机构进行适度竞争与有效合作，实现双方在信息、资金、履约机制等方面的优势互补，促进农村信贷约束特别是贫困农户信贷约束的根本性缓减，以加快推进农村反贫困进程。

6.2　农村金融发展对农村贫困的影响：线性效应与非线性效应

理论分析表明，完善的农村金融体系能通过农村经济增长、收入分配等间接渠道和金融服务直接渠道促进贫困缓减。但是农村金融体系的不完善、功能的弱化乃至与经济发展水平的严重不匹配也有可能进一步加深农村贫困程度。因此，农村金融发展水平应该与农村经济社会发展阶段相适应。由于多重因素的影响，农村金融发展对农村贫困的影响也就不可能是简单的资金叠加与要素分配，其间存在着复杂的交互作用与共生性、外延性。当前，我国城乡二元金融结构特征明显，农村金融体系相对滞后，农村金融发展水平还比较低。在不同的发展阶段，农村金融对农村贫困的影响很有可能存在差异，即两者之间很有可能不是简单的线性关系，但是现有关于金融减贫效应的研究大多在线性模型框架下展开。上一节基于动态视角与时序数据分析了农村金融对农村贫困影响的直接效应与中介效应。本节基于静态视角与面板数据进一步识别农村金融对农村贫困的影响效应是呈现线性结构特征还是非线性结构特征，并从纵向贫困视角深入分析农村金融发展对农村贫困广度、贫困深度与贫困强度的影响效应与影响特征。

基于农村金融作用于农村贫困的复杂机制以及上一节研究发现的农村金融对农村贫困影响效应的结构性变动特征，本书认为，在农村金融（含正规金融和非正规金融）发展较低水平区间和较高水平区间，一方面由于资金供给、服务面存在差异；另一方面由于不同时期金融政策不同或者政策同一但强度不同，使得农村金融的覆盖广度、覆盖深度以及覆盖强度存在差异，从而很可能使得其对农村贫困的影响效应存在差异。据此，首先提出如下研究假说：

假说一：农村正规（非正规）金融发展对农村贫困程度的影响是非线性的，当农村正规（非正规）发展水平达到某一临界值时，其缓减农村贫困的效应将由某种低水平均衡向某种高水平均衡转变。

由于制度结构、融资方式、交易机制等方面有着本质的不同，加之信贷资金供给数量和资金目标投向也有着很大的差别，农村正规金融和非正规金融不仅内部各自有着不同的组织绩效，而且外部有着不同的减贫效应。为此提出第二个研究假说：

假说二：农村正规金融、非正规金融对农村贫困缓减的效应是不同的，其对农村贫困广度、贫困深度和贫困强度的影响呈现不同的特征，存在显著差异。

6.2.1 PSTR 模型估计原理与实证模型构建

为了探究农村金融发展与农村贫困缓减之间可能存在的非线性关系，本书采用面板平滑转换模型（PSTR）进行实证研究。PSTR 模型是面板门槛回归（PTR）模型的进一步拓展，它用一个连续的转换函数替代 PTR 模型中离散的示性函数，不仅可以更好地把握面板数据的截面异质性，而且允许模型参数随转换变量的变化而作连续的、平滑的非线性转变，这更贴近于经济现实。

首先构建如下线性面板模型：

$$POV_{it} = \beta_{00}NFI_{it} + \beta_{10}FIC_{it} + \sum_{j=2}^{n} \beta_{j0}COT_{j,it} + \varepsilon_{it} + \mu_i \qquad (6.4)$$

其中，POV_{it}为 i 地区农村贫困水平；NFI_{it}为 i 地区农村非正规金融发展水平；FIC_{it}为 i 地区农村正规金融发展水平；$COT_{j,it}$为其他控制变量；μ_i为地区间差异的非观测效应；ε_{it}为随机扰动项。

由于（6.4）式直接忽略了不同发展水平下农村金融发展对农村贫困影响可能存在的差异，为考虑这种差异，本书借鉴哥拉勒兹等（Gonázlez et al，2005）、福科等（Fouquau et al，2008）的研究，引入当前处理面板数据之间非线性关系的前沿方法——面板平滑转换模型（panel smooth transition regression model，PSTR）。基于该模型的构建原理，进一步将（6.4）式扩展为非线性 PSTR 模型形式：

$$POV_{it} = \beta_{00}NFI_{it} + \beta_{10}FIC_{it} + \sum_{j=2}^{n} \beta_{j0}COT_{j,it}$$
$$+ (\beta_{00}NFI_{it} + \beta_{10}FIC_{it} + \sum_{j=1}^{n} \beta_{j1}COT_{j,it})h_z(q_{it}；\gamma，c) + \varepsilon_{it} + \mu_i$$

$$(6.5)$$

（6.5）式中，解释变量的回归系数由线性部分 β_{j0} 和非线性部分 $\beta_{j1} \cdot h_z$ $(q_{it}；\gamma，c)$ 共同组成。其中，$h_z(q_{it}；\gamma，c)$ 为转换函数，是关于可观测状态转换变量 q_{it} 的取值在 0 到 1 之间的连续有界函数。当 $h_z(q_{it}；\gamma，c)$ 的取值在 $0\sim1$ 之间变化时，回归系数相应的在 β_{j0} 和 $\beta_{j0}+\beta_{j1}$ 之间变化。本书旨在研究农村非正规金融、正规金融对农村贫困缓减可能存在的非线性影响，因此实证分析时分别选取农村非正规金融（NFI_{it}）、正规金融发展水平（FIC_{it}）作为转换变量。γ 为平滑参数也称斜率系数，决定转换的速度；c 为转换发生的位置参数，决定转换发生的位置。通常，转换函数具有如下逻辑函数形式：

$$h_z(q_{it}；\gamma，c) = [1 + \exp(-\gamma \prod_{z=1}^{m}(q_{it}-c_z))]^{-1}，$$
$$其中 \gamma > 0，c_1 < c_2 \cdots \leqslant c_m \qquad (6.6)$$

（6.6）式中，m 表示转换函数 $h_z(q_{it};\ \gamma,\ c)$ 含有的位置参数的个数。一般根据 m = 1 或者 m = 2 来确定体制（结构）转换的状态。

当 m = 1 时，

$$h_z(q_{it};\ \gamma,\ c) = h_1(q_{it};\ \gamma,\ c) = \{1 + \exp[-\gamma(q_{it} - c)]\}^{-1} \quad (6.7)$$

显然，$\lim\limits_{q_{it} \to -\infty} h_1(q_{it};\ \gamma,\ c) = 0$ 且 $\lim\limits_{q_{it} \to +\infty} h_1(q_{it};\ \gamma,\ c) = 1$。当 $h_1(q_{it};\ \gamma,\ c) = 0$ 时，对应的 PSTR 模型（6.5）退化为（6.4）式形式，称之为低体制（low regime）。当 $h_1(q_{it};\ \gamma,\ c) = 1$ 时，对应的模型（6.5）退化为一个多元面板回归模型，称之为高体制（low regime），其形式为：

$$POV_{it} = (\beta_{00} + \beta_{01})NFI_{it} + (\beta_{10} + \beta_{11})FIC_{it} + \sum_{j=2}^{n}(\beta_{j0} + \beta_{j1})COT_{j,it} + \varepsilon_{it} + \mu_i$$

$$(6.8)$$

这时，若进一步有 $q_{it} = c$ 或者 $\gamma \to 0$，$G_1(q_{it};\ \gamma,\ c) = 0.5$，则模型（6.5）退化为线性固定效应模型；若有 $\gamma \to +\infty$，PSTR 模型退化为面板门限回归模型[①]，因此，线性固定效应模型和面板门限回归模型都是 PSTR 模型的特殊形式。

由于转换函数 $h_1(q_{it};\ \gamma,\ c)$ 是一个连续函数，因此，当 $h_1(q_{it};\ \gamma,\ c)$ 在 0 ~ 1 之间连续变化时，对应模型（6.5）就在低体制和高体制之间作连续的非线性平滑转换。就本书而言，这种平滑转换的经济意义可表述为：农村金融发展低水平区间（对应 $h_1(q_{it};\ \gamma,\ c) = 0$）和高水平区间（对应 $h_1(q_{it};\ \gamma,\ c) = 1$）分别对应着两种不同的贫困状态，随着农村金融从低水平阶段向高水平阶段发展，农村贫困状态将呈现出非线性的结构转换。

m = 2 时，

$$h_z(q_{it};\ \gamma,\ c) = h_2(q_{it};\ \gamma,\ c_1,\ c_2) = \{1 + \exp[-\gamma(q_{it} - c_1)(q_{it} - c_2)]\}^{-1}$$

$$(6.9)$$

$h_2(q_{it};\ \gamma,\ c_1,\ c_2)$ 关于 $q_{it} = (c_1 + c_2)/2$ 对称，在该点取最小值，此时，解释变量与被解释变量的关系所对应的体制称为中间体制。

---

① 这是因为，$\gamma \to +\infty$ 时，若 $q_{it} - c > 0$，则 $\lim\limits_{\gamma \to +\infty} -\gamma(q_{it} - c) = -\infty$，即 $\lim\limits_{\gamma \to +\infty} h_1(q_{it};\ \gamma,\ c) = 1$；若 $q_{it} - c < 0$，则 $\lim\limits_{\gamma \to +\infty} -\gamma(q_{it} - c) = +\infty$，即 $\lim\limits_{\gamma \to +\infty} h_1(q_{it};\ \gamma,\ c) = 0$。此时，PSTR 模型正好拥有两个极限状态，即 PTR 模型。

在 PSTR 模型（6.5）式中，POV_{it} 关于 NFI_{it}（或 FIC_{it}）边际效应可以表示为

$$e_{it} = \frac{\partial POV_{it}}{\partial NFI_{it}(\text{或}\partial FIC_{it})} = \beta_0 + \beta_1 h_z(q_{it}; \gamma, c); \quad \forall i, \forall t \quad (6.10)$$

由于 $0 \leqslant h_z(q_{it}; \gamma, c) \leqslant 1$，所以 e_{it} 实际上是 β_0 和 β_1 的加权平均值，系数 $\beta_1 > 0$ 意味着 NFI_{it}（或 FIC_{it}）对 POV_{it} 的影响效应随着转换变量的增加而增加；系数 $\beta_1 < 0$ 意味着 NFI_{it}（或 FIC_{it}）对 POV_{it} 的影响效应随着转换变量的增加而减少。

在对 PSTR 模型进行估计之前，首先需要检验数据的截面异质性特征，以判断被解释变量与解释变量之间是否存在非线性效应，也即检验构建 PSTR 模型的正确性。一般采用 $h_z(q_{it}; \gamma, c)$ 在 $\gamma = 0$ 处的一阶泰勒展开式来构造一个关于线性参数的辅助回归，在 $m = 1$ 和 $m = 2$ 条件下，对应于（6.5）式的辅助回归函数形式分别为

$$POV_{it} = (\beta_{00} + \lambda_0 \beta_{01})NFI_{it} + (\beta_{10} + \lambda_0 \beta_{11})FIC_{it} + \sum_{j=2}^{n}(\beta_{j0} + \lambda_0 \beta_{j1})COT_{j,it}$$

$$+ q_{it}(\beta_{01}^* NFI_{it} + \beta_{11}^* FIC_{it} + \sum_{j=2}^{n} \beta_{j1}^* COT_{j,it}) + \mu_{it} \quad (6.11)$$

$$POV_{it} = (\beta_{00} + \lambda_0 \beta_{01})NFI_{it} + (\beta_{10} + \lambda_0 \beta_{11})FIC_{it} + \sum_{j=2}^{n}(\beta_{j0} + \lambda_0 \beta_{j1})COT_{j,it}$$

$$+ q_{it}(\beta_{01}^* NFI_{it} + \beta_{11}^* FIC_{it} + \sum_{j=2}^{n} \beta_{j1}^* COT_{j,it})$$

$$+ q_{it}^2(\beta_{01}^{**} NFI_{it} + \beta_{11}^{**} FIC_{it} + \sum_{j=2}^{n} \beta_{j1}^{**} COT_{j,it}) + \mu_{it} \quad (6.12)$$

其中，β^*、β^{**} 均是 γ 的系数向量；$\lambda_0 = h_z(q_{it}; \gamma = 0, c) = \frac{1}{2}$；$\mu_{it} = \varepsilon_{it} + R(y_{it}, \gamma, c)$；$R(y_{it}, \gamma, c)$ 为泰勒展开的余项。

根据泰勒展开式的定义，（6.5）式的零假设 $H_0: r = 0$ 等价于（6.11）式和（6.12）式的零假设 $H_0^*: \beta_{j1}^* = \beta_{j1}^{**} = 0$，其中 $j = 0, 1, \cdots, n$。为此，零假设的检验可以通过构造渐进等价的 LM、LM_F 或 LRT 统计量方便地进行[①]，从而间接实现对原零假设 $H_0: r = 0$ 的检验。LM、LM_F 和 LRT 检验统

[①] LM、LM_F 或 LRT 检验就大样本而言三者是渐进等价的。对于小样本而言，LRT 检验的渐进性最好，其次是 LM 检验，而 LM_F 检验有时会拒绝原假设，其小样本性质不尽如人意。

计量的具体形式为

$$LM = TN(SSR_0 - SSR_1)/SSR_0 \qquad (6.13)$$

$$LM_F = [(SSR_0 - SSR_1)/mK]/[SSR_0/TN - N - m(K+1)] \qquad (6.14)$$

$$LRT = -2[\log(SSR_1) - \log(SSR_0)] \qquad (6.15)$$

其中，SSR_0 和 SSR_1 分别为在原假设 $H_0: r=0$ 和备择假设 $H_1: r=1$ 下的残差平方和，K 为解释变量的个数。在零假设条件下 LM、LRT 统计量服从自由度为 mK 的卡方分布，即 $LM \sim \chi^2(mK)$，LM_F 统计量服从渐进的 $F(mK, TN-N-mK)$ 分布。如果检验拒绝原假设 $H_0: r=0$，表明存在非线性效应，意味着适合采用 PSTR 模型进行分析。这时，为了判断非线性效应是否具有唯一性，就需要进一步进行"剩余非线性效应"检验，以判断是只存在唯一一个转换函数（$H_0: r=1$），还是至少存在两个转换函数（$H_1: r=2$）。如果检验再次拒绝原假设 $H_0: r=1$，表明至少存在两个转换函数，则需继续检验原假设 $H_0: r=2$ 与备择假设 $H_1: r=3$，…，以此类推，直到不能拒绝 $H_0: r=r^*$ 为止，此时 $r=r^*$ 则为 PSTR 模型包括的转换函数个数。

6.2.2　指标选取与数据来源

因变量的选取：采用农村贫困广度指数（H）、贫困深度指数（PG）与贫困强度指数（SPG）三个指标来全面衡量农村贫困程度（数据来源与计算见本书第 4 章 4.3.1 节）。实证分析中，农村非正规金融发展水平（NFI）、农村正规金融发展水平（FIC）既是转换变量也是自变量。由于数据获取的局限性，参照胡宗义和李鹏（2012）、冉光和和汤芳桦（2012）等学者的做法，农村非正规金融发展水平采用农村农户和非农户投资资金来源中的自筹资金与其他资金之和与农业增加值的比值来表示，农村正规金融发展水平用各省份农村农户投资中的国内贷款与农村非农户投资中国家预算内资金、国内贷款、利用外资之和与农业增加值的比值来表示，数据来源于《中国固定资产投资统计年鉴》①。在其

---

① 《中国固定资产投资统计年鉴》中将农村固定资产投资分为农村农户投资和农村非农户投资。按照投资来源来分，农村非农户投资又分为国家预算内资金、国内贷款、利用外资、自筹资金和其他资金；农村农户投资分为国内贷款、自筹资金和其他资金。我们将农村农户投资中的国内贷款部分和农村非农户投资中国家预算内资金、国内贷款和利用外资部分之和视为农村正规金融；将农村非农户投资和农户投资中的自筹资金和其他资金之和视为农村非正规金融。

他控制变量选取上，选取农村劳动力就业水平（EMP）、政府财政支农水平（CZZ）、农村固定资产投资水平（INV）、农村文盲率（STU）作为控制变量。其中 EMP 用农村就业人数占农村人口总量的比重来表示；CZZ 用各省区市政府预算内财政支农支出/农业总产值来表示。由于统计年鉴中指标体系的变化，本书的财政支农数据 2003~2006 年为农业支出、林业支出和农林水利气象等部门的事业费支出三者之和，2007~2010 年为农林水事务支出；INV 用地区农村固定资产投资总额/农业总产值来表示；STU 用省区市不识字或者很少识字的农村居民家庭劳动力/农村居民家庭劳动力总量来表示，为逆向指标。数据来源于《中国农村统计年鉴》和《中国财政年鉴》。所有样本数据同样仅包含除北京、天津、上海、西藏之外的 26 个省份（重庆并入四川），时间跨度为 2003~2010 年。实证分析时，为了克服可能存在的异方差和共线性问题，将相关数据进行了对数处理。

6.2.3　估计结果与结论分析

根据上面的分析结果，本书依据（6.16）式构建多个 PSTR 模型，拟分别分析不同发展水平下，农村非正规金融、正规金融对农村贫困广度、贫困深度和贫困强度的影响方向和影响程度。

$$POV_{it} = \beta_{00}NFI_{it} + \beta_{10}FIC_{it} + \beta_{20}EMP_{it} + \beta_{30}CZZ_{it} + \beta_{40}INV_{it} + \beta_{50}STU_{it} +$$
$$(\beta_{01}NFI_{it} + \beta_{11}FIC_{it} + \beta_{21}EMP_{it} + \beta_{31}CZZ_{it} + \beta_{41}INV_{it} + \beta_{51}STU_{it})$$
$$h(q_{it};\ \gamma,\ c) + \varepsilon_{it} + \mu_i (0 \leqslant POV_{it} \leqslant 1) \tag{6.16}$$

当（6.16）式转换变量 q_{it} 选取农村非正规金融 NFI_{it}，且 POV_{it} 分别选取 H_{it}、PG_{it}、SPG_{it} 时，模型记为 A_1、A_2、A；以此来分析农村非正规金融发展的减贫效应及其可能存在的非线性结构特征；当转换变量 q_{it} 选取农村正规金融 FIC_{it}，且 POV_{it} 分别选取 H_{it}、PG_{it}、SPG_{it} 时，模型记为 B_1、B_2、B_3，以此来分析农村正规金融发展的减贫效应及其可能存在的非线性结构特征。

为了检验模型上述 6 个模型设立的正确性，即检验不同发展水平下农村非正规金融发展的减贫效应是否具有一致性，借鉴 Gonázlez 等（2005）的处理方法，得到检验结果如表 6.4 所示。从表 6.4 中各模型的 LM、LM_F 和 LRT 统计量可以看出：6 个模型对应的三个统计量均在 1% 的显著性水平下拒绝

$r=0$ 的原假设，表明面板数据具有明显的截面异质性，不同发展水平下农村正规金融、非正规金融对贫困广度、贫困深度和贫困强度的影响均存在明显差异，验证了采用 PSTR 模型估计的正确性。同时，模型在 5% 的水平下均不能拒绝 $r=1$ 的原假设，表明这 6 个模型均不存在"非线性剩余"，即均只存在一个转换函数，故取 $r=1$。同时，基于 BIC 和 AIC 准则选择最佳位置参数的个数，由于 6 个模型在 $m=1$ 时的 BIC 和 AIC 值均小于 $m=2$ 的情况，因此，最优位置参数选择取 $m=1$。进一步比较发现，模型 A_1、A_2、A_3 三个检验统计量值都要明显大于模型 B_1、B_2、B_3 的三个统计量值，表明就农村金融与贫困缓减之间的非线性关系而言，农村非正规金融与农村贫困的非线性结构特征要比农村正规金融与农村贫困的非线性结构特征更为显著。

表 6.4 　　　　　　　　　　　　线性效应与剩余非线性效应检验

模型	原假设：$H_0: r=0$ 备择假设：$H_1: r=1$			原假设：$H_0: r=1$ 备择假设：$H_1: r=2$			AIC		BIC	
	LM	LM_F	LRT	LM	LM_F	LRT	$m=1$	$m=2$	$m=1$	$m=2$
A_1	11.258 (0.000)	7.810 (0.000)	12.891 (0.000)	3.715 (0.715)	0.495 (0.811)	3.750 (0.710)	−1.528	−0.599	−1.297	−0.405
A_2	16.865 (0.000)	9.106 (0.000)	16.005 (0.000)	5.022 (0.541)	0.674 (0.671)	5.086 (0.533)	−0.840	−0.669	−0.609	−0.571
A_3	15.509 (0.001)	4.525 (0.009)	15.960 (0.000)	3.529 (0.740)	0.470 (0.830)	3.561 (0.736)	−1.353	−1.475	−1.298	−1.106
B_1	9.796 (0.001)	4.496 (0.007)	9.958 (0.000)	6.762 (0.343)	0.916 (0.485)	6.879 (0.332)	−1.219	−0.758	−1.178	−0.527
B_2	13.441 (0.002)	6.788 (0.000)	13.517 (0.000)	7.239 (0.299)	0.983 (0.439)	7.374 (0.288)	−1.332	−0.402	−1.283	−0.171
B_3	10.995 (0.003)	5.736 (0.000)	11.131 (0.015)	9.304 (0.157)	1.277 (0.271)	9.527 (0.146)	−1.898	−1.367	−1.999	−1.391

注：括号内为对应的 p 值。

接下来，采用 Stata9.0 得到模型 A_1、A_2、A_3 与 B_1、B_2、B_3 的估计结果如表 6.5 所示。首先就农村非正规金融发展对农村贫困的影响（表 6.5 中模型 A_1、A_2、A_3 的估计结果）作如下解读：

表6.5　　　　　　　PSTR 模型 A_1、A_2、A_3 与 B_1、B_2、B_3 的估计

	指标	系数	以 NFI 为转换变量			以 FIC 为转换变量		
			A_1	A_2	A_3	B_1	B_2	B_3
线性部分参数估计	NFI	β_{00}	0.448 * (0.247)	0.611 ** (0.286)	− 0.417 * (0.109)	1.624 *** (0.516)	0.947 *** (0.235)	0.697 *** (0.234)
	FIC	β_{10}	0.746 ** (0.326)	1.151 *** (0.381)	0.346 * (0.333)	− 0.269 *** (0.085)	0.146 (0.106)	− 0.171 (0.119)
	EMP	β_{20}	− 1.870 *** (0.709)	− 2.378 *** (0.887)	− 0.348 (0.215)	− 0.045 (0.219)	0.178 (0.150)	0.014 (0.159)
	CZZ	β_{30}	− 0.213 (0.340)	− 0.467 (0.388)	− 0.267 (0.249)	− 0.295 (0.232)	− 0.408 ** (0.200)	− 0.259 (0.198)
	INV	β_{40}	− 0.212 (0.415)	− 0.598 (0.525)	0.169 (0.370)	− 0.149 (0.390)	− 0.768 * (0.421)	− 1.247 *** (0.453)
	STU	β_{50}	− 0.957 * (0.556)	− 1.153 ** (0.604)	0.847 * (0.615)	− 0.165 (0.399)	− 0.352 (0.427)	− 0.091 (0.458)
非线性部分参数估计	NFI	β_{01}	− 0.748 ** (0.241)	− 0.708 ** (0.292)	− 0.190 (0.203)	− 9.526 *** (2.447)	− 1.012 ** (0.411)	− 1.519 *** (0.364)
	FIC	β_{11}	− 0.677 * (0.347)	− 0.993 ** (0.410)	0.203 (0.304)	− 1.516 *** (0.501)	− 0.162 * (0.089)	0.127 (0.153)
	EMP	β_{21}	1.842 *** (0.737)	2.225 *** (0.839)	− 332 (0.187)	2.361 (2.507)	0.096 (0.528)	0.621 ** (0.292)
	CZZ	β_{31}	− 0.311 (0.342)	− 0.203 (0.399)	− 0.163 (0.349)	− 0.690 (1.452)	− 0.258 (0.289)	− 0.442 * (0.227)
	INV	β_{41}	0.353 (0.429)	0.793 (0.578)	− 0.402 (0.515)	0.438 (2.493)	1.689 ** (0.713)	2.187 *** (0.641)
	STU	β_{51}	1.219 *** (0.316)	1.377 *** (0.362)	− 0.338 (0.278)	1.521 (1.583)	0.903 *** (0.316)	0.849 *** (0.228)
位置参数		C	− 3.497	− 3.497	− 0.450	− 0.593	− 3.253	− 3.521
平滑参数		γ	901.945	817.013	11.413	0.769	3.514	5818.93

注：* 表示 $p < 0.10$，** 表示 $p < 0.05$，*** 表示 $p < 0.01$，括号内为对应的标准误。

（1）农村非正规金融发展对农村贫困的影响效应分析。从模型 A_1、A_2

的估计结果可知：在不同的发展水平上，农村非正规金融对贫困广度、贫困深度的影响均存在明显差异。在对应门槛值 0.031（$e^{-3.497} = 0.031$）之前，农村非正规金融发展对贫困广度和贫困深度的影响均表现为促进（$\beta_{00} > 0$），但是越过这一门槛值之后，其对农村贫困广度和贫困深度的影响表现出明显的抑制作用（$\beta_{01} < 0$，$\beta_{00} + \beta_{01} < 0$），并且抑制效应随着农村非正规金融发展水平的提升而逐渐增强，即贫困广度和贫困深度将随着农村非正规金融发展水平的提高而逐渐降低。从模型 A_2 的估计结果可以看出：农村非正规金融发展对贫困强度的影响始终表现为抑制（$\beta_{00} < 0$，$\beta_{01} < 0$），只是在跨过门槛值 0.637（$e^{-0.450} = 0.637$）之后，其促进农村贫困强度降低的速度有所提升，但提升的幅度不明显（$\beta_{01} < 0$，不显著）。此外，模型 A_1、A_2 对应的平滑参数 γ 分别为 901.945 和 817.013，表明农村非正规金融对贫困广度、贫困深度的影响效应在门槛值前后发生转换的速度非常快，趋近于简单的两机制 PTR 模型（见图 6.4a、b），意味着随着实现对门槛值 0.031 的趋近与跨越，农村非正规金融对农村贫困广度、贫困深度的影响效应将迅速发生转变。模型 A_3 对应的平滑参数 γ 为 11.413，表明农村非正规金融对农村贫困强度的影响效应在门槛值前后发生转换的速度比较慢，转换函数呈现平滑渐进变化趋势（见图 6.4c），一定程度上意味着农村非正规金融对农村贫困强度的影响效应是长期积累并逐步形成的。

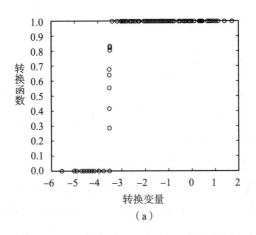

（a）

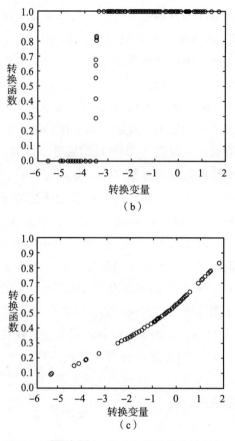

（b）

（c）

图 6.4　模型 A_1、A_2、A_3 估计的转换函数

从控制变量上看，农村正规金融发展对贫困广度和贫困深度的影响始终表现为促进（$\beta_{00} > 0$，$\beta_{00} + \beta_{01} > 0$），但是随着农村非正规金融从较低水平区间向较高水平区间发展，这种促进作用得到明显抑制（$\beta_{01} < 0$，$0 < \beta_{00} + \beta_{01} < \beta_{00}$）；对贫困强度的影响仅仅线性部分显著，其弹性水平值为0.346，表明农村正规金融发展进一步加大了农村贫困强度，但其对贫困强度的影响并没有随着农村非正规金融发展水平的提高而发生明显变化。农村劳动力就业水平对贫困广度和贫困深度的影响始终表现为抑制（$\beta_{20} < 0$，$\beta_{20} + \beta_{21} < 0$），但是随着农村非正规金融发展水平实现对门槛水平的跨越，这种抑制作用将被削弱（$\beta_{20} < \beta_{20} + \beta_{21} < 0$）；而其对贫困强度的影响并不

显著。农村居民受教育水平对贫困广度和贫困深度的影响由促进转变为抑制（逆向指标，$\beta_{50} < 0$，$\beta_{50} + \beta_{51} > 0$），对贫困强度的影响同样不显著。政府财政支农水平和农村固定资产投资水平对三个贫困指数的影响均不显著，表明财政农业资金支出和固定资产投资支出的农村减贫效应还有待进一步验证。

（2）农村正规金融发展对农村贫困的影响效应分析。对应于表 6.5 中 B_1、B_2、B_3 的估计结果可知：在不同的发展水平上，农村正规金融对贫困广度、贫困深度和贫困强度的影响均存在明显差异。对应于门槛值 0.552（$e^{-0.593} = 0.552$）前后，农村正规金融发展对贫困广度的影响均表现为抑制，并且随着农村正规金融发展水平实现对门槛值的跨越，这种抑制效应得到进一步强化。表明农村正规金融发展有效促进了农村贫困人口规模的下降。对应于门槛值 0.039（$e^{-3.253} = 0.039$）前后，农村正规金融发展对农村贫困深度的影响由促进转变为抑制，但是门槛值之前的促进效应不显著，门槛值之后的抑制效应在 10% 的水平下显著。表明只有农村正规金融处在较高的发展水平区间，才能有效促进农村贫困深度降低。对应于门槛值 0.030（$e^{-3.521} = 0.030$）前后，农村正规金融发展对贫困强度的影响由抑制转变为促进，但这两种效应均不显著。表明无论处在何种发展水平区间，农村正规金融促进农村贫困群体内部收入分配差距缩小的正向效应还未能有效显现。此外，模型 B_1、B_2 对应的平滑参数 γ 分别为 0.769、3.514，表明农村正规金融对贫困广度、贫困深度的影响在门槛值前后转换的速度比较慢，转换函数呈现平滑渐进变化趋势（见图 6.5a、b），也意味着农村正规金融对农村贫困广度、贫困深度的影响效应是长期积累并逐步形成的。模型 B_3 对应的平滑参数 γ 为 5818.70，农村正规金融对贫困强度的影响在门槛值前后转换的速度非常快，趋近于简单的两机制 PTR 模型（见图 6.5c）。意味着随着对门槛值 0.030 的趋近与跨越，农村正规金融对农村贫困强度的影响效应将迅速发生转变。

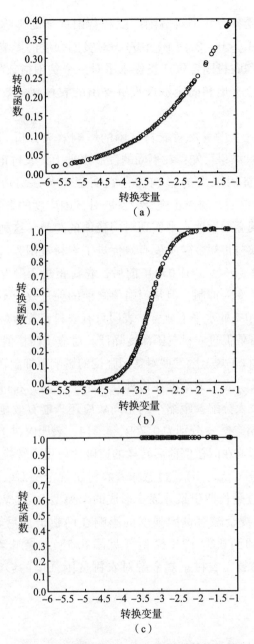

图 6.5 模型 B_1、B_2、B_3 估计的转换函数

从控制变量上看，农村非正规金融发展对贫困广度、贫困深度和贫困强度的影响均由门槛前显著的促进（$\beta_{00} > 0$，$\beta_{00} + \beta_{01} > 0$）转变为门槛后显著的抑制（$\beta_{00} < 0$，$\beta_{00} + \beta_{01} < 0$）。这与前面以农村非正规金融作为转换变量的情况具有很大的相似性。财政农业支出在对应门槛值之前显著抑制了农村贫困深度增长（$\beta_{30} < 0$），在对应门槛值之后显著抑制了农村贫困强度增长（$\beta_{31} < 0$）。农村居民受教育水平对贫困广度、贫困深度和贫困强度的影响均由促进转变为抑制（逆向指标，$\beta_{50} < 0$，$\beta_{50} + \beta_{51} > 0$），但仅在对应门槛值之后对贫困深度、贫困强度的影响显著。表明相对较高的农村正规金融发展水平将促进农村居民受教育水平的提高。而农村劳动力就业水平没有在促进农村贫困缓减中发挥积极效应，这与前面以农村非正规金融作为转换变量的情况存在一定差异。

进一步根据上面估计得到的门槛值，分类整理出 2003 ~ 2010 年各地区农村非正规金融发展水平和农村正规金融发展水平的平均值（如表 6.6 所示），以此来分析农村正规金融、非正规金融缓减农村贫困的地区差异。就农村非正规金融减贫的地区差异来看：考察期间，各个省域农村非正规金融发展为各自地区的农村减贫做出了不同程度的贡献。其中，青海、宁夏、海南 3 个省区农村非正规金融发展水平均处于门槛水平 0.031 的左侧，表明这些省域农村非正规金融发展没有有效促进农村贫困人口规模的下降以及有效提升贫困人口收入的相对增长速度，但是有效缓减了农村贫困群体内部收入的不平等程度；山西、内蒙古等 14 个省区市农村非正规金融发展跨过了 0.031 的门槛水平但没有跨过 0.637 的门槛水平，表明这些省域农村非正规金融发展不仅有效促进了农村贫困人口规模的下降，也提升了贫困人口收入的相对增长速度；而河北、辽宁等 9 个地区农村非正规金融发展水平跨过了 0.637 的门槛水平，表明这些省域农村非正规金融发展在促进农村贫困人口规模下降和提升贫困人口的收入增长速度方面的效应要明显大于其他省域。就农村正规金融减贫的地区差异来看：考察期间，各省域农村正规金融发展为各自地区的农村减贫做出了不同程度的贡献。其中，山西、辽宁等 10 个省区市以及河北、内蒙古、四川、陕西 4 个省区农村正规金融发展虽然无益于农村贫困群体内部收入差距的缩小以及贫困群体相对收入增长速度的提升，但是有效促进了各自地区农村贫困人口规模；安徽、江西、山东等 12 个省区市农村正规金融发展不仅有效降低了各自地区的贫困人口规模，而且有效提升了农村贫困群体的相对收入增长速度。由于目前还没有相关省域农村正规金融发展水平能够跨越 0.552 的门槛水平，因此各地区农村正规金融发展缓减农村绝对贫困的效应还存在比较大的提升空间与潜力。

表 6.6   农村金融发展减贫效应的地区差异

	门槛水平	对应地区
正规金融	C < 0.030	山西、辽宁、吉林、黑龙江、福建、河南、湖北、湖南、广西、海南
	0.030 ≤ C < 0.039	河北、内蒙古、四川、陕西
	0.039 ≤ C < 0.552	安徽、江西、山东、广东、贵州、云南、甘肃、青海、宁夏、新疆、浙江、江苏
	C ≥ 0.552	—
非正规金融	C < 0.031	青海、宁夏、海南
	0.031 ≤ C < 0.637	山西、内蒙古、吉林、黑龙江、浙江、安徽、福建、湖南、贵州、云南、陕西、甘肃、新疆、广西
	C ≥ 0.637	河北、辽宁、江西、山东、河南、湖北、广东、四川、江苏

为了进一步确定上述模型估计的稳健性和可信度，本书基于样本跨度、宏观波动性、控制变量等 3 个方面对模型的估计结果进行了稳健性分析。即分别将样本时间跨度缩减为 2003～2008 年以分析样本时间长度的不同是否对本研究主要结论产生影响；同时，考虑到年度数据可能存在波动性，为了尽量减少这种波动性对模型估计的影响，本书将每两年数据做一次平均，对实证模型进行再估计（林毅夫和孙希芳，2008）；此外，本书还通过增减控制变量，对模型进行了再估计。稳健性分析结果均不同程度的显示，农村非正规金融、正规金融对农村贫困广度、贫困深度、贫困强度的影响是稳健的，因此本研究的非线性估计结果是可信的[①]。同时也很好地验证了本研究之前提出的两个假说的正确性。

本节在已有理论和实证研究的基础上，首先提出了两个研究假说，然后

[①] 限于篇幅，稳健性估计结果不在此一一列出，具体参见作者发表的论文《农村非正规金融发展减贫效应的门槛特征与地区差异》，载《中国农村经济》2013 年第 7 期。

基于转换 PSTR 模型，利用中国 2003～2010 年的省级面板数据，检验了农村非正规金融、正规金融发展减贫效应的非线性结构关系，得到如下基本结论：

第一，农村非正规金融、正规金融发展对农村贫困广度、贫困深度和贫困强度的影响均存在显著的非线性关系，表现出显著的门槛特征。其中对应于各自门槛水平前后，农村非正规金融对贫困发生率和贫困深度的影响由促进转变为抑制，并且抑制效应随着农村非正规金融发展水平的提升而逐渐增强；农村非正规金融对贫困强度的影响始终表现为抑制，跨过门槛值之后，其促进农村贫困强度降低的速度有所提升，但提升的幅度不明显。对应于各自门槛值前后，农村正规金融对农村贫困广度的影响始终表现为抑制，跨越门槛值之后，这种抑制效应得到进一步强化；农村正规金融对农村贫困深度的影响由不显著的促进转变为显著的抑制；对农村贫困强度的影响由抑制转变为促进，但这两种效应均不显著。

第二，农村非正规金融、正规金融发展的减贫效应存在显著的地区差异。考察期间，各省区市农村非正规金融、正规金融发展均为各自地区的农村减贫做出了不同程度的贡献。就非正规金融来看，其中，青海、宁夏、海南 3 个省区农村非正规金融发展有效缓减了农村贫困群体内部收入的不平等程度；山西、内蒙古等 14 个省域农村非正规金融发展不仅有效促进了农村贫困人口规模的下降，也促进了贫困人口相对收入增长速度的提升；河北、辽宁等 9 个省区市农村非正规金融发展在促进农村贫困人口规模下降和提升贫困人口的收入增长速度方面的效应要明显大于其他省域。就正规金融来看，各个省域农村正规金融发展均有效促进了农村贫困人口规模的下降；其中，安徽、江西、山东等 12 个省区市农村正规金融发展不仅有效降低了各自地区的贫困人口规模，而且有效提升了农村贫困群体的相对收入增长速度。

第三，就本研究样本而言，农村非正规金融、正规金融缓减农村贫困的效应尽管都存在非线性结构特征，并且均不同程度地促进了农村贫困缓减。但是就非线性结构转换的速度来看，在对应门槛值前后，农村正规金融对农村贫困广度、贫困深度的缓减效应发生结构转换的速度比较慢，对农村贫困强度的缓减效应发生结构转换的速度比较快。而农村非正规金融对农村贫困广度、贫困深度和贫困强度的缓减效应发生结构转换的速度恰好与此相反。

本节的研究结论，为推动中国农村非正规金融发展缓解农村贫困提供了有益的政策启示：第一，有必要进一步放开农村金融政策中对农村非正规金融发展的约束成分，给予农村非正规金融更明晰的发展定位与政策支持，引导和鼓励农村非正规金融健康发展，充分释放农村非正规金融缓解农村贫困的积极作用。第二，鉴于农村正规金融无益于农村贫困强度降低的客观现实，有必要查找其背后深层次原因，并整体推进农村金融深化改革，加快农村金融配套体系建设，构建多元、竞争、普惠型的农村金融体系，创新农村金融减贫模式，推动金融服务面在农村贫困地区和贫困人口上的全面拓展，积极挖掘和释放农村正规金融的减贫潜力。第三，各地区应关注农村非正规金融、正规金融发展与农村贫困缓解之间的"门槛效应"，适当根据当地农村金融发展阶段来合理配置其他金融资源，以更加有效地促进本地区农村贫困缓解。第四，鉴于农村居民受教育程度提升将显著抑制农村贫困缓减，而庞大的财政农业支出并没有成为农村贫困缓减中的重要资源要素。一方面，相关部门应加大对农村地区文化教育的投资力度，并通过各种途径加强对农民的技术和上岗培训，提高农民的就业水平和能力。另一方面，也要反思财政农业支出没有有效促进农村贫困缓减的根源，此外还要积极谋划与寻求降低农村贫困强度的其他办法和措施，多方并举促使农村金融深层次减贫进程加快推进。

6.3　农村金融发展对农村贫困的影响：经济效应与社会效应

上节的分析表明，农村非正规金融、正规金融发展的减贫效应均呈现显著的非线性结构特征。同时研究中也是采用以收入表示的三个贫困维度来衡量纵向贫困水平，而贫困不仅仅表现为收入的不足，教育文化、医疗卫生、生活条件等其他维度福利享用的缺乏也是贫困的具体表现。单用农村金融发展的经济绩效来替代农村金融发展的反贫困绩效可能会漏掉某些重要信息。当前，中国农村减贫进程也呈现出类似新特点，统筹治理农村经济、社会、环境与生态等多维贫困已经成为新时期反贫困战略的新内涵与新挑战。为此，本节将从横向贫困视角，在非线性统一框架下进一步深入分析农村非正规金融、正规金融对农村贫困缓减的经济效应与社会效应，以期为中国农村金融体制改革设计和农村金融减贫的深层次推进提供更加科学的理论依据与决策参考。

理论分析已经表明，农村地区由于各信贷参与者获得信贷之后的用途不同，由此带来的福利改善的具体表现形式也是多元的。因此，农村非正规金融、正规金融缓减农村贫困的效应也可以从多个方面来衡量。据此，我们提出本书的第三个假说：

假说三：农村正规金融、非正规金融缓减贫困的效应是多维的，除促进参与者经济福利的改善外，对参与者社会福利的改善也是其减贫的一个重要方面。因此，农村非正规金融、正规金融对农村收入、分配、教育、医疗、生活条件等方面都具有不同程度的影响效应。

同时，由于政策不同或者政策同一但强度不同，使得不同时期（或地区）农村非正规金融、正规金融在农村贫困缓减中的经济效应、社会效应存在差异，据此，我们提出本书的第四个假说：

假说四：农村非正规金融、正规金融在农村贫困缓减中的经济效应和社会效应都是非线性的，当农村非正规金融、正规金融发展水平达到某一临界值时，其缓减农村经济、社会贫困的效应都将由某种低水平均衡向某种高水平均衡转变。

6.3.1 实证模型构建

基于上节 PSTR 模型的构建原理，构建如下实证分析模型，拟分别分析不同发展水平下，农村非正规金融、正规金融对农村经济贫困、社会贫困的影响方向和影响程度。

$$Y_{it} = \beta_{00}NFI_{it} + \beta_{10}FIC_{it} + \beta_{20}EMP_{it} + \beta_{30}CZZ_{it} + \beta_{40}INV_{it} + (\beta_{01}NFI_{it} + \beta_{11}FIC_{it}$$
$$+ \beta_{21}EMP_{it} + \beta_{31}CZZ_{it} + \beta_{41}INV_{it})h(q_{it};\gamma,c) + \varepsilon_{it} + \mu_i (0 \leq POV_{it} \leq 1)$$

$$(6.17)$$

（6.17）式中 Y_{it} 表示农村贫困程度，根据本书第 5 章 5.4.3 节衡量农村多维贫困程度指标的权重大小，当 Y_{it} 表示农村经济贫困程度时，选取收入（ICM_{it}）、分配（GEN_{it}）和农村产业结构调整度（TOS_{it}）三个维度指标来进行考察；当 Y_{it} 用来表示农村社会贫困程度时，选取居住（LVE_{it}）、教育（EDU_{it}）、医疗（MED_{it}）三个维度指标来进行考察。

当（6.17）式中以农村非正规金融（NFI_{it}）为转换变量且 Y_{it} 分别选取 ICM_{it}、GEN_{it}、TOS_{it}、LVE_{it}、EDU_{it}、MED_{it} 时，模型依次记为 C_1、C_2、C_3、C_4、C_5、C_6；以此来分析农村非正规金融对农村贫困影响的经济效应、社会效应及其结构特征；当（6.17）式中以农村正规金融（FIC_{it}）为转换变量且 Y_{it} 分别选取 ICM_{it}、GEN_{it}、TOS_{it}、LVE_{it}、EDU_{it}、MED_{it} 时，模型依次记为 D_1、D_2、D_3、D_4、D_5、D_6；以此来分析农村正规金融发展对农村贫困影响的经济效应、社会效应及其结构特征。

6.3.2　指标选取与数据来源

（1）被解释变量。本节采用经济、社会两个维度五个方面的典型指标来衡量农村多维贫困程度。其中，经济维度中的收入指标（ICM_{it}）采用各地区农村居民人均纯收入来衡量；分配指标（GEN_{it}）采用各地区农村基尼系数来表示，数据参照田卫民（2010）的方法计算得到；农村产业结构调整度（TOS_{it}）采用农村非农产业产值占农村经济总产值的比重来表示。社会维度中的生活条件水平指标（LVE_{it}）采用各地区农村人均住房面积来衡量；教育文化水平指标（EDU_{it}）采用各地区农村人均受教育年限来衡量，具体的计算公式为：农村小学人口比重×6＋初中人口比重×9＋高中和大专人口比重×12＋大专及以上学历比重×16；医疗保障水平指标（MED_{it}）采用每千农业人口占有的医疗床位数来衡量。上述相关计算数据均来自相关年份《中国农村统计年鉴》《中国农业年鉴》和各省市统计年鉴。

（2）核心解释变量与转换变量。实证分析中，农村非正规金融发展水平（NFI_{it}）和农村正规金融发展水平（FIC_{it}）既是转换变量也是核心解释变量。即当以 NFI_{it} 为转换变量兼核心解释变量时，FIC_{it} 仅作为解释变量，当以 FIC_{it} 为转换变量兼核心解释变量时，NFI_{it} 仅作为解释变量。数据同样来源于《中国固定资产投资统计年鉴》。

（3）控制变量。选取各地区农村固定资产投资水平（INV_{it}）、政府财政支农水平（CZZ_{it}）、农村劳动力占比（EMP_{it}）作为控制变量。INV_{it} 同样采用各地区农村固定资产投资总额与农林牧渔业总产值的比重来表示；EMP_{it} 同样采用各地区农村劳动力占农村人口总量的比重来表示；CZZ_{it} 同样采用各地区政府预算内财政农业支出与农林牧渔业总产值的比重来表示。数据来自相关年份《中国农村统计年鉴》《中国财政年鉴》《中国固定资产投资统计年鉴》。所有样本数据同样仅包含除北京、天津、上海、西藏之外的 26 个省区市（重庆并入四川统计），时间跨度为 2003～2010 年。为了消除价格因素影响，采用各地区农村物价指数对相关数据进行了平减，考虑到数据指标的可比性及降低异方差，除比例数据外对其他数据予以对数处理。

6.3.3 估计结果与结论分析

PSTR 模型估计前都需要进行检验。为了检验上述 12 个模型设定的正确性，即检验不同发展水平下农村非正规金融（或正规金融）在农村贫困缓减中的经济效应、社会效应是否均具有一致性，对其进行线性与非线性效应检验的结果如表 6.7 所示。从表 6.7 中各模型的 LM、LM_F 和 LRT 统计量可以看出：所有模型对应的三个统计量绝大部分能在 1% 的显著性水平下拒绝 r = 0 的原假设，且同一个模型中的 LM、LM_F、LRT 三个统计量至少有 2 个能在 1% 的显著性水平下拒绝 r = 0 的原假设，认为面板数据具有明显的截面异质性，不同发展水平下农村非正规金融（正规金融）在农村贫困缓减中的经济效应、社会效应均存在明显差异，验证了 PSTR 模型设定的正确性。同时，所有模型在 5% 的水平下均不能拒绝 r = 1 的原假设，表明这 12 个模型均不存在"非线性剩余"，即均只存在一个转换函数，故取 r = 1。同时，基于 BIC 和 AIC 准则选择最佳位置参数的个数，由于 12 个模型在 m = 1 时的 BIC 和 AIC 值均小于 m = 2 的情况，因此，最优位置参数选择取 m = 1。

表 6.7　　　　　　　　线性效应检验与剩余非线性效应检验

模型	原假设：H_0：r = 0 备择假设：H_1：r = 1			原假设：H_0：r = 1 备择假设：H_1：r = 2			AIC		BIC	
	LM	LM_F	LRT	LM	LM_F	LRT	m = 1	m = 2	m = 1	m = 2
C_1	12.941 (0.016)	6.156 (0.001)	13.298 (0.000)	1.486 (0.915)	0.240 (0.944)	1.491 (0.944)	-4.297	-1.403	-4.105	-1.299
C_2	12.622 (0.013)	4.347 (0.009)	12.766 (0.000)	8.595 (0.126)	2.440 (0.123)	8.778 (0.118)	-6.769	-3.806	-6.577	-3.716

模型	原假设：H_0：$r=0$ 备择假设：H_1：$r=1$			原假设：H_0：$r=1$ 备择假设：H_1：$r=2$			AIC		BIC	
	LM	LM_F	LRT	LM	LM_F	LRT	$m=1$	$m=2$	$m=1$	$m=2$
C_3	19.736 (0.003)	3.165 (0.005)	20.182 (0.000)	9.909 (0.129)	1.509 (0.174)	10.020 (0.124)	−7.454	−7.281	−3.839	−3.720
C_4	13.221 (0.010)	5.403 (0.009)	13.660 (0.000)	4.195 (0.522)	0.687 (0.634)	4.238 (0.516)	−6.508	−2.237	−6.316	−2.089
C_5	9.360 (0.010)	4.581 (0.007)	9.388 (0.000)	6.746 (0.240)	1.120 (0.352)	6.858 (0.231)	−4.145	−1.596	−3.952	−1.375
C_6	20.008 (0.001)	3.768 (0.003)	21.037 (0.000)	2.257 (0.813)	0.366 (0.871)	2.270 (0.811)	−3.264	−0.735	−3.072	−0.618
D_1	14.432 (0.010)	2.639 (0.025)	14.958 (0.000)	6.790 (0.237)	1.127 (0.348)	6.903 (6.903)	−4.299	−1.117	−4.107	−1.002
D_2	6.812 (0.235)	1.199 (0.312)	6.926 (0.000)	3.978 (0.553)	0.651 (0.661)	4.016 (0.547)	−6.679	−1.579	−6.486	−1.431
D_3	38.844 (0.000)	6.519 (0.000)	40.623 (0.000)	12.113 (0.059)	1.853 (0.088)	12.279 (0.056)	−4.928	−4.855	−3.649	−3.576
D_4	10.136 (0.071)	3.813 (0.001)	10.391 (0.000)	9.533 (0.090)	1.604 (0.162)	9.759 (0.082)	−6.490	−3.005	−6.298	−2.729
D_5	14.976 (0.009)	2.591 (0.028)	15.543 (0.008)	2.583 (0.764)	0.445 (0.816)	2.599 (0.027)	−4.208	−0.843	−4.015	−0.629
D_6	15.951 (0.007)	2.940 (0.014)	16.596 (0.000)	9.292 (0.098)	1.562 (0.174)	9.506 (0.091)	−3.244	−1.060	−3.051	−0.852

注：* 表示 $p<0.10$，** 表示 $p<0.0.05$，*** 表示 $p<0.01$，括号内为对应的标准误。

表6.8、表6.9给出了农村非正规金融、正规金融对农村贫困影响的经济效应与社会效应估计结果。为了进一步确定模型估计的稳健性和可信度，本书同样从样本跨度、宏观经济稳定性、控制变量轮换等方面进行了稳健性检验。检验发现模型所检验模型的非线性效应均是显著存在的，其核心解释变量的符号也基本相同。为此可以认为这12个模型的非线性估计结果是稳健

和可信的[①]。下面，根据表 6.8、表 6.9 的估计结果就农村非正规金融减贫的经济效应和社会效应作如下具体解读：

表 6.8 　　　　　　　　　　PSTR 模型 $C_1 \sim C_6$ 的估计结果

	指标	系数	经济效应			社会效应		
			C_1（收入）	C_2（分配）	C_3（产业）	C_4（居住）	C_5（教育）	C_6（医疗）
线性部分参数估计	NFI	β_{00}	0.172 ** (0.079)	− 0.011 (0.007)	0.161 *** (0.033)	0.073 ** (0.025)	0.238 *** (0.101)	− 0.907 (0.516)
	FIC	β_{10}	0.017 (0.065)	0.025 ** (0.012)	0.181 *** (0.057)	− 0.009 (0.021)	0.038 * (0.082)	0.878 *** (0.085)
	INV	β_{40}	0.188 (0.219)	0.014 (0.039)	0.121 *** (0.031)	0.044 (0.067)	− 0.130 * (0.157)	0.001 (0.390)
	CZZ	β_{30}	0.870 *** (0.087)	− 0.072 *** (0.018)	0.324 *** (0.053)	0.243 *** (0.029)	0.141 ** (0.098)	− 1.189 (0.232)
	EMP	β_{20}	− 0.102 ** (0.054)	− 0.001 (0.012)	0.074 (0.098)	− 0.047 ** (0.021)	0.107 (0.082)	− 0.513 (0.219)
非线性部分参数估计	NFI	β_{01}	0.185 ** (0.072)	− 0.089 ** (0.027)	0.132 ** (0.058)	− 0.051 ** (0.023)	0.214 ** (0.102)	0.313 *** (0.071)
	FIC	β_{11}	− 0.084 (0.068)	0.041 * (0.024)	0.006 (0.105)	0.049 ** (0.022)	− 0.173 (0.094)	1.012 (0.965)
	INV	β_{41}	− 0.372 *** (0.106)	0.005 (0.041)	− 0.102 ** (0.041)	− 0.086 ** (0.035)	0.343 ** (0.147)	0.169 *** (0.072)
	CZZ	β_{31}	0.285 *** (0.107)	0.053 (0.044)	0.097 (0.062)	0.111 *** (0.033)	− 0.085 (0.111)	− 0.375 * (0.018)
	EMP	β_{21}	0.223 *** (0.083)	0.125 *** (0.044)	0.269 *** (0.055)	0.041 (0.028)	− 0.166 (0.096)	0.023 (0.081)
位置参数	C		3.752	1.895	1.262	0.819	3.887	− 0.055
平滑参数	γ		2.451×10^3	4.583×10^4	897.043	177.697	187.647	0.999

注：* 表示 $p < 0.10$，** 表示 $p < 0.0.05$，*** 表示 $p < 0.01$，括号内为对应的标准误。

[①] 限于篇幅，稳健性估计结果不在此一一列出，具体参见作者发表的论文《农村金融发展的多维减贫效应非线性研究——基于面板平滑转换模型的分析》，载《金融经济学研究》2014 年第 1 期。

表 6.9　　　　　　　　　　PSTR 模型 $D_1 \sim D_6$ 的估计结果

	指标	系数	D_1（收入）	D_2（分配）	D_3（产业）	D_4（居住）	D_5（教育）	D_6（医疗）
线性部分参数估计	NFI	β_{00}	0.145 *** (0.032)	-0.003 (0.008)	0.097 (0.073)	0.031 *** (0.009)	0.008 (0.020)	-0.241 *** (0.057)
	FIC	β_{10}	0.214 (0.143)	0.016 (0.018)	0.112 ** (0.055)	-0.092 *** (0.021)	-0.051 (0.055)	-0.365 ** (0.172)
	INV	β_{40}	0.138 (0.155)	0.034 (0.037)	0.124 *** (0.044)	0.043 (0.046)	0.036 (0.118)	0.473 * (0.284)
	CZZ	β_{30}	1.111 *** (0.080)	-0.055 ** (0.019)	0.550 *** (0.086)	0.324 *** (0.020)	0.079 (0.061)	1.368 *** (0.155)
	EMP	β_{20}	-0.010 (0.047)	0.005 (0.012)	0.098 (0.085)	-0.022 (0.015)	0.017 (0.053)	-0.227 *** (0.082)
非线性部分参数估计	NFI	β_{01}	0.096 * (0.058)	0.019 ** (0.008)	0.157 * (0.080)	-0.028 ** (0.013)	0.062 (0.046)	0.220 ** (0.092)
	FIC	β_{11}	0.317 *** (0.081)	-0.027 (0.037)	0.112 ** (0.055)	0.046 (0.054)	0.423 *** (0.156)	0.342 (0.238)
	INV	β_{41}	-0.107 (0.106)	-0.048 (0.046)	0.117 ** (0.046)	0.008 (0.065)	-0.043 (0.228)	-0.437 (0.376)
	CZZ	β_{31}	-0.285 (0.202)	-0.046 * (0.027)	-0.222 ** (0.086)	-0.083 * (0.047)	0.397 ** (0.176)	-0.346 (0.318)
	EMP	β_{21}	0.335 ** (0.155)	0.070 ** (0.032)	0.010 (0.018)	0.056 (0.054)	-0.589 ** (0.246)	0.665 ** (0.265)
位置参数	C		3.940	3.819	1.653	3.886	3.937	3.579
平滑参数	γ		7.900	1.963×10^3	121.354	25.499	3.631×10^3	6.896

（1）农村非正规金融发展对农村经济贫困的影响。农村非正规金融对农村经济贫困的影响如模型 C_1、C_2、C_3 的估计结果所示。由模型 C_1 的估计结果可以看出，农村非正规金融对农村居民人均纯收入的影响线性部分和非线性部分均表现为显著的促进。表明农村非正规金融发展能有效促进农民收入增长，但是在不同的发展水平上其缓减农村收入贫困的效应存在差异。当农村非正规金融发展水平跨越门槛值 0.023（对应的位置参数为 3.752）之后，其对农民收入增长的促进效应还将进一步增强。从 C_2 的估计结果可以看出，农村非正规金融对农村内部基尼系数的影响线性部分和非线性部分均为负，

但是仅非线性部分显著，表明农村非正规金融只有在跨越门槛值 0.150（对应的位置参数为 1.895）之后才能有效降低农村内部收入差距。这一结果意味着在其他条件不变的情况下，农村非正规金融在自身发展水平较高的地区才能改善农村内部收入分配状况。从 C_3 的估计结果可以看出，农村非正规金融对农村产业结构调整度的影响线性部分和非线性部分均表现为显著的促进，且跨越门槛值 0.283（对应的位置参数为 1.262）之后，其促进农村产业结构调整的效应还将进一步增强。根据门槛值就考察期间各地区农村非正规金融发展平均值进行分类整理，发现除海南、青海两省没有跨越门槛值 0.023 之外，其他所有省区都跨越了门槛值 0.023，吉林、云南、陕西、宁夏跨越了门槛值 0.023 但没有跨越门槛值 0.150。表明所有地区农村非正规金融发展均不同程度地促进了本地区农村农民收入增长，但是农村非正规金融对其他省市的收入增长效应都要强于海南、青海两省。也意味着海南、青海两省农村非正规金融发展的收入增长效应还有进一步提升的空间。吉林、云南、陕西、宁夏农村非正规金融发展虽然有效促进本地区农村农民收入增长，但并没有有效缓减各自地区农村内部收入差距。除上述 6 个省区的其他 20 个省区的农村非正规金融不仅促进了本地区农民收入增长，而且改善了各自地区农村内部收入分配状况，有效促进了各自地区农村经济贫困的缓减。同时浙江、安徽、福建、湖南、云南、甘肃、广西、河北、辽宁、江西、山东、河南、湖北、广东、四川、江苏等 16 个省区市跨越了门槛值 0.283，表明这些地区农村非正规金融有效促进了本地区农村产业结构调整。上述结果表明部分地区农村非正规金融发展的经济减贫效应还存在进一步提升的空间与潜力。

此外，模型 C_1、C_2、C_3 转换函数对应的平滑参数非常大，分别为 2.451×10^3、4.583×10^4 和 897.043，表明农村非正规金融减贫的经济效应在门槛值前后转换的速度非常快，趋近于简单的两机制 PTR 模型，意味着随着农村非正规金融发展水平向门槛值的趋近和跨越，其对农村经济贫困的缓减效应将迅速显现。

（2）农村非正规金融发展对农村社会贫困的影响。农村非正规金融对农村生活条件、教育、医疗等社会贫困的影响如模型 C_4、C_5、C_6 的估计结果所示。从模型 C_4 的估计结果可以看出，农村非正规金融对农村居民生活条件贫困的影响效应在门槛值 0.441（对应的位置参数为 0.819）前后由显著的正向效应转变为显著的负相效应，但是门槛值之前的弹性系数绝对值要大于门槛值之后的弹性系数绝对值。这表明农村非正规金融发展有效带来了农村居民生活条件的改善，但是这种改善效应随着农村非正规金融发展水平的上升而下降。从模型 C_5 的估计结果可知，农村非正规金融对农村居民人均受教育年限的影响线性部分和非线性部分均正向显著，也就是说，农村非正规金融发展水平的提升将显著促进农村居民受教育水平的提升，并且当农村非正规金融发展水平跨越门槛值 0.020（对应的位置参数为 3.887）时，其对农村居民受教育程度的促进效应将进一步提升。这一结果意味着在其他条件不变的情况下，农村非正规金融在自身发展水平较高的地区对农村教育福利的改善效应更强。由模型 C_6 的估计结果可知，农村非正规金融对农村医疗保健水平的影响效应由门槛值 1.056（对应的位置参数为 -0.055）之前的抑制转变为门槛值之后的促进，但是仅门槛值之后的促进效应显著。这一结果意味着在其他条件不变的情况下，农村非正规金融发展在自身发展水平较高的地区才能够有效促进农村医疗保健水平的改善。同样根据门槛值就考察期间各地区农村非正规金融发展平均水平进行分类整理，海南、青海没有跨越门槛值0.020，山西、吉林、安徽、湖南、贵州、云南、陕西、甘肃、宁夏、新疆10 省区跨越了门槛值 0.020 但没有跨越门槛值 0.441，除此之外的其他省区均跨越了门槛值 0.441。表明农村非正规金融发展普遍促进了各地区农村教育福利的改善，并且在除海南、青海之外的其他地区对教育福利的改善效应更强；随着自身发展水平的提升，各地区农村非正规金融缓减农村教育贫困的效应逐渐增强。农村非正规金融发展显著促进了各地区农村居民生活条件的改善，但是随着农村非正规金融发展水平的提升，在河北、内蒙古、辽宁、江苏、黑龙江、浙江、福建、江西、山东、河南、湖北、广东、广西、四川14 个省区对农村居民生活条件的改善效应出现下降。由于存在较高的门槛水平 1.056，仅有河北、山东、河南、广东四省农村非正规金融发展促进了本地区医疗水平的改善，其他地区农村非正规金融对各自地区农村医疗水平的改善效应还有待提升。

（3）农村正规金融发展对农村经济贫困的影响。表 6.9 是农村正规金融减贫的经济效应与社会效应的估计结果。农村正规金融对农村经济贫困的影响如表 6.9 中 D_1、D_2、D_3 的估计结果所示。由 D_1 的估计结果可以看出，农村正规金融对农村居民人均纯收入的影响线性部分正向不显著,非线性部分正向显著。表明在不同的发展水平上农村正规金融缓减农村收入贫困的效应存在差异,只有在跨越门槛值 0.019(对应的位置参数为 3.940)之后,农村正规金融发展才能够有效促进农民收入增长。从 D_2 的估计结果可以看出,农村正规金融对农村内部基尼系数的影响在门槛值 0.022(对应的位置参数为 3.819)前后,由正向转变为负向,但是均不显著。表明农村正规金融发展始终没有能够有效降低农村内部收入差距。从 D_3 的估计结果可以看出,农村正规金融发展对农村产业结构调整度的影响表现为门槛值 0.191(对应的位置参数为 1.653)之前的线性部分正向不显著,门槛值之后的非线性部分正向显著。表明农村正规金融只有在自身发展水平较高的地区才能促进农村产业结构调整。上述结果表明农村正规金融一定程度上促进了中国农村经济贫困的缓减,但是还有很大的改善与提升空间。同样根据门槛值就考察期间各地区农村正规金融发展平均水平进行分类整理,发现仅河北、山西、内蒙古、黑龙江、河南 5 省区农村正规金融发展平均水平没有跨越门槛值 0.019,表明在中国大部分省区农村正规金融发展促进了农民收入增长,而随着自身发展水平的提高和向门槛值的趋近与跨越,河北、山西、内蒙古、黑龙江、河南地区农村非正规金融发展促进本地区农村收入增长的效应也将逐步显现。同时发现,跨越门槛值 0.191 的地区仅有广东、云南、浙江、青海、新疆、宁夏、贵州 8 个省区,表明整体而言,中国农村正规金融在促进农村产业结构调整方面还有很大的努力空间。

(4)农村正规金融发展对农村社会贫困的影响。农村正规金融对农村生活条件、教育、医疗等社会贫困的影响如模型 D_4、D_5、D_6 的估计结果所示。由 D_4、D_5 的估计结果可知,农村正规金融对农村居民居住条件、医疗保健消费的影响效应在对应门槛值 0.021(对应的位置参数为 3.886)、0.019(对应的位置参数为 3.937)前后由负向显著转变为正向不显著。这一结果意味着农村正规金融发展并没有有效促进农村居民生活与医疗条件的改善。可能的原因在于农村正规金融机构发放的正规信贷中针对农户消费性贷款的限制较严,农户在改善住房以及其他物质生活条件的信贷需求满足度低,使得农村正规金融在农村居民生活条件、医疗条件的改善上难以发挥积极效应。由 D_6 的估计结果可以看出,农村正规金融对农村居民受教育水平的影响线性部分和非线性部分均表现为促进，但是仅非线性部分显著。表明农村正规金融发展水平跨越门槛值 0.028（对应的位置参数为 3.579）之后才能有效促进农村居民教育文化水平提升。这一结果意味着在其他条件不变的情况下，农村正规金融在自身发展水平较高的地区才能促进农村居民教育福利的改善。同样根据门槛值就考察期间各地区农村正规金融发展平均水平进行分类整理，发现有山西、吉林等 10 个省区农村正规金融发展水平没有跨过门槛值 0.028，表明这些地区农村正规金融发展没有促进各自地区农村居民教育文化水平的提高，而河北、内蒙古等 16 个省区农村正规金融发展水平跨过了门槛值 0.028，表明这些地区农村正规金融发展有效促进了各自地区农村居民教育文化水平的提高。此外，由于门槛值 0.028 对应的平滑参数比较大，为 3.631×10^3，意味着随着门槛值以下地区农村正规金融发展水平的提升并实现对门槛值的趋近与跨越，其缓减农村社会贫困的效应将迅速显现。

综上所述，农村非正规金融在缓减农村贫困过程中，在普遍促进农民增收的同时也一定程度上缓减了农村内部收入分配差距，并为农村产业结构调整做出了积极贡献，表现出了很好的经济减贫效应；在普遍促进了农村居民生活条件、教育文化水平的提升的同时也一定程度上促进了农村居民医疗条件的改善，表现出了很好的社会减贫效应。农村正规金融在缓减农村贫困过程中，一定程度上促进了农民收入增长和农村产业结构调整，但不能缓减农村内部收入分配差距；有效促进了农村居民教育文化水平的提高，但是无益于农村居民生活与医疗条件的改善，其缓减农村经济贫困和社会贫困的效应都还有比较大的提升空间。

上述结论，为推动中国农村金融多维度缓解农村贫困提供了有益的政策启示：第一，对农村非正规金融、正规金融减贫的经济效应、社会效应的认识同样也应跳出线性分析范式，关注它们与农村经济贫困、社会贫困缓解之间的"门槛效应"，适当根据农村金融发展的不同阶段来合理配置其他金融及其辅助资源，以更加有效地促进农村金融多维度减贫的深入持久推进。第二，鉴于经济贫困之外社会贫困的缓减也是农村非正规金融、正规金融减贫不可忽视的重要组成部分，有必要在加大相关政策支持力度、促进农村非正规金融、正规金融健康发展的同时，进一步优化农村信贷供给结构，加快完善和推进以改善民生为重点的消费信贷促进机制，适当放开消费信贷供给的约束成分，推进农村金融减贫产品与模式创新。第三，基于农村非正规、正规金融减贫过程中的经济、社会效应的区域不平衡性，应强化对农村金融减贫薄弱地区的金融支持，纠正这些地区农村金融减贫偏差，逐步扩大农村金融减贫项目覆盖广度与覆盖深度，逐步缩小农村金融减贫的地区差距，提高金融减贫的针对性和有效性。第四，农村正规金融在缓减农村经济、社会贫困中的薄弱环节应一并进入政策层的决策视野，就当前而言，有必要进一步挖掘农村正规金融无益于农村居民生活条件贫困、医疗贫困乃至农村内部收入分配缓减的深层次原因，并尽快就农村正规金融促进农村经济、社会贫困缓减的问题做出长远规划和具体部署。

第 7 章
农村金融减贫的国际比较与经验借鉴

世界各国农村经济发展和农村贫困缓减的金融支持体系因各国自身发展情况的不同而存在差异。按照对中国农村贫困缓减的金融支持体系来比照国际上典型国家农村金融发展与减贫形态,中国农村金融发展模式及其减贫模式都具有很强烈的本土特色。因此,本章中关于农村金融发展及其减贫模式与实践的经验的论述,更多是回顾和总结典型国家促进农村贫困缓减的金融服务体系、融资模式、信贷模式及其实践经验,为中国农村金融发展与农村金融减贫制度设计与政策优化提供可供借鉴的参考。

7.1 发达国家农村金融发展与减贫的实践

发达国家农村金融减贫的成功实践中,最明显的特点就是普遍建立了涵盖完整、层次清晰、重点突出、职能明确、分工协作的多元化农村金融服务体系,并以此作为深入推进农村金融减贫的基础和前提。美国、日本是这方面的典型代表。这两个国家农村金融服务体系建设与减贫的实践与经验,对于中国农村金融服务体系创新进而推进农村金融减贫具有重要的参考与借鉴意义。

7.1.1 美国"复合信用型"农村金融服务体系建设与减贫实践

美国能够成为世界上农业最发达的国家以及农村与城市差距最小的国家,

其中一个重要的支撑就来源于其完善的多元化农村金融服务体系。美国政府构建农村金融体系的一个基本而明确的原则就是为农业和农村发展提供资金支持。美国农村金融服务体系结构层次分明，以商业性金融为基础，合作性金融为主体，政策性金融为辅助，农业保险体系为补充。同时，在提供农业信贷服务的各类金融机构中，专业的农村金融机构与非专业的农村金融机构并存，是一种"复合信用"模式。不同金融机构在服务对象上各有侧重，政府通过再投资法等一系列法律约束确保金融机构如实履行自身职责，确保农村金融服务的对象瞄准和目标实现。不同类型金融机构职能明确，产权归属清晰，分工协作，功能互补。

美国农村商业性金融服务体系以私营信贷机构以及个人的信贷为主，主要采取商业化的经营手段与运作模式专门为具有一定偿付能力的农村金融需求者（如大型农场主）提供金融服务。为鼓励商业性金融机构积极服务于农村与农业，美国联邦储蓄银行规定凡农业贷款占贷款总额的比重达到 25% 以上的商业银行均可享受税收优惠，同时美国农业信贷管理局还对部门农村商业银行的农业贷款给予利率补贴。

美国农村合作性金融服务体系主要由联邦中期信用银行、中央合作银行、联邦土地银行及其合作社三大系统组成，都是在政府出资并主导、扶持下，通过自上而下的方式建立起来的。三大系统各有其自身的经营体制与职责范围。联邦中期信用银行的功能主要是解决农民中短期贷款难的问题。信用银行下设多个生产信用合作社，信用合作社实行股权所有制，向联邦中期信用银行及其下属机构申请信贷者必须拥有相当于借款额 5%～10% 的合作社股金。中期信用银行及其下属机构是美国最重要的农业信用合作系统，其主要功能是专门为合作社在设备添置、营运资金补给、商品购入等方面提供信贷资金支持。而联邦土地银行及其下属机构的主要功能是解决农民或者农场主的长期性资金需求问题。联邦土地银行系统实行股份所有制，每个合作社需要向联邦土地银行缴纳占本社社员借贷总额 5% 的股金，银行股权归全体合作社所有，也间接地归全体借贷者所有；联邦土地银行只办理 5～40 年的长期不动产贷款。虽然美国农村合作性金融体系最初都是在政府出资并主导下建立起来的，但是随着农业经济和合作金融体系的发展，农村合作性金融组织的管理权限绝大部分已经转移到农民合作团体或者农场主手上，而政府仅仅起到一个指挥和协调的作用。美国农村典型的民间合作性金融机构是行业协会（行业信用合作社），该协会特别注重与客户之间的关系，主要经营一些保险公司和银行不愿意接受的住宅抵押等相关形式的小额贷款业务，服务对象主要是贫困地区的有色人种和低收入者。当前，美国储蓄和贷款协会一半以上为互助组织，而这种组织也是美国非正规金融的重要组织形式。这种非正规金融组织目前也正逐步向具有合作性质的正规金融机构演进。

美国农村政策性金融服务体系主要由农民家计局、农村电气化管理局、商品信贷公司和小企业管理局组成，政策性金融的服务对象主要是部分不能从商业银行和其他贷款机构享受到金融服务的资金需求者。农民家计局以改善农民生活水平、改进农业生产条件而设立，不以营利为目的，其主要职责功能是帮助美国贫困地区和农村低收入者解决资金约束问题。其贷款对象也主要是被商业银行和其他农业信贷机构所排斥的农业从业人员。农民家计局投放的贷款主要包括农场所有权贷款、农业经营支出贷款、农房建设贷款、农田水利开发贷款、农地改良与生态保护贷款等，其贷款期限长短并没有给予严格限制。如农田水利开发贷款、农地改良与生态保护贷款最长期限可达40年之久。除直接向贫困地区农业从业人员发放贷款外，农民家计局也对商业银行和其他金融机构按照农民家计局的贷款计划向农民和其他涉农从业人员发放的贷款提供担保。目前，农民家计局在美国各州、县基本都设立了不同规模的分支机构，农民家计局已经成为美国联邦政府贯彻实施农业政策和改善农民生活的主要工具。农村电气化管理局是为改善农村公共设施和环境生态而设立的，隶属美国农业部，其主要职责是为农村电业合作社和农场等机构组建农村电网、架设电线、购置发电设备、发展电力通信设施等方面提供信贷资金支持，以推动农村电气化水平的提高。该局的资金运用与农民家计局相似，既直接提供贷款也为农村公共设施和环境生态相关的资金需求者向商业银行和其他贷款机构融资提供担保。商品信贷公司是为应对自然灾害和农业危机而设立的，其主要功能是实施价格和收入支持计划，对农场或涉农从业人员因自然灾害而造成的亏损给予补贴，其形式类似于农业保险，以降低或者避免农业生产波动给农业生产者和其他农业从业人员带来的损失。其资金运用形式主要是提供贷款和支付补贴，如农产品抵押贷款、仓储干燥和其他农机处理设备贷款、灾害补贴、差价补贴等。小企业管理局是美国一种专门为不能从其他正常渠道获得必需资金的微小企业提供融资帮助的政策性金融机构。该机构的主要资金来源于国会拨款的周转基金及其收回的贷款本息等，其功能既发放直接贷款、参与联合贷款也为相关资金需求者提供担保以及其他特殊信贷。小企业管理局与农民家计局是分工协作的，尤其是在对小农场的信贷支持方面，如果小农场贷款人经济状况不好且贷款额度比较小，其信贷需求就主要由农民家计局提供；若借贷后小农场贷款人经济地位得到改善，需要更多的资金则转变为由小企业管理局负责资金供给。

美国的农业保险体系相当完善，为支持和保障农业发展做出了重要贡献。美国现行的农业保险在政府补贴下全部由商业保险公司经营和代理。其农作物保险的运作主要分为三个层次，即联邦农作物保险公司（风险管理局）—有经营农险资格的私营保险公司—保险代理人和农险查勘核损人。其中联邦农作物保险公司是险种条款的制定者、风险的控制者以及私营保险公司再保险的支持者；私营保险公司是联邦农作物保险公司的协议合作者与保险业务的执行者；农作物保险的代理人和查勘核损是私营保险公司的代理人与销售者。目前，美国农作物保险险种丰富多样，主要包括多风险农作物保险、团体风险保险、收入保险、冰雹险等等。美国《联邦农作物保险法》规定，各级政府对农作物保险免征一切税负。

基于完善的农村金融服务体系的支持，美国农业科技非常发达，农业生产普遍实现了机械化和现代化，规模生产与经营使得农村劳动生产率相当高，城乡一体化程度非常高，美国农村居民与城市居民在富裕程度上基本不存在差别。美国农业已经成为世界各国设施农业、效益农业和规模农业的典范。

7.1.2 日本以合作金融为主体的农村金融服务体系建设与减贫实践

日本人多地少，国内经济高度工业化。尽管日本农业占国民经济比重并不高，但是农业在日本经济社会中具有非常重要的地位。在政府主导下，日本农村金融为农村、农业经济的发展以及贫困地区的减贫事业提供了强大的支持。日本农村金融体系的一个重要特点就是以合作性金融为主体，政策性金融为辅助，商业性金融为补充，其农村金融体制形成与中国极其相似，遵循了自上而下的强制性演进模式。

日本农村合作金融组织依附于日本特有的农业协同组合（简称农协）体系，是农协中一个具有独立融资功能的子系统。其由三个层次组成：最基层的是农协信用组织，由农户及其他居民团体、农业团体入股组成，其职能既包括为会员提供储蓄贷款、农业保险服务，也包括对会员进行生活和经济方面的指导和帮助。如为会员申购农业生产资料、销售农产品、提供医疗服务等。农协的信用组织也是日本农村非正规金融组织的典型代表。中间层是设置于都、道、府、县一级的农业信用联合会即"信农联"，其职能主要是通过存贷款业务来调节各基层农协之间的资金余缺，并对基层农协的工作提供指导与服务。"信农联"是联系基层农协与最高层中央农林金库的重要纽带。最高层是中央农林金库和全国信联协会，其职能是协调各"信农联"之间的资金余缺与资金往来，并为其提供相关信息咨询和指导。农林中央金库的筹资渠道主要是吸收"信农联"的上存资金和发行农村债券，其所筹资金在满足"信农联"资金需要的同时也为农业机械、农用化肥等大型农业关联企业发放信用贷款。在日本农村信用合作体系中，农户作为会员入股参加农协，农协作为会员入股参加"信农联"，"信农联"又作为会员入股参加农林中央金库，各层次机构之间独立核算、自主经营，各自拥有自己的业务范围。除了上级组织为下级组织提供金融服务之外，其他各层次之间不存在领导与被领导关系，也不存在相互竞争关系。日本农村信用合作体系资金来源主要是吸收农村存款，服务对象基本限定于农协系统内部的会员，如农户个体、农业团体等，且不以营利为目的，农民在自愿、自主、互助互利的原则下加入农协。日本农村合作性金融组织是政策性金融和商业性金融的重要补充，主要服务于政策性金融、商业性金融以及其他金融机构不愿或者不能提供信贷的领域或者地区。

考虑到相比于非正规金融组织，正规金融机构在规模、存贷款额度、资金来源等方面都具有绝对优势，日本政府除大力支持农协发展之外，还积极完善相关法律法规，为各类民间合作金融组织向互助银行、商业性银行等正规金融机构转变创造条件。如日本农村社会由来已久的"Mujin"非正规金融组织，就是在日本政府专门针对"Mujin"相续出台《Mujin金融法》《Mujin

金融法修订稿》《互助银行法案》《互助会法》等一系列的法律文件催化之后而成功转化为商业性银行的。在日本农村民间金融组织向正规金融体系演变的过程中政府起到了举足轻重的作用。对于其他不向正规金融机构转变的合作性金融机构，日本政府也专门出台相关法规，对其服务对象、资金规模、贷款期限、成员数量等做出了明确规定，在保证其明显区别于正规金融组织的情况下促进其可持续生存与发展。

日本农村主要的政策性金融机构是农林渔业金融公库和中小企业金融公库。农林渔业金融公库的服务对象主要是被农林中央金库和其他金融机构视为严格信贷配给对象的农林渔从业者。主要为农林渔从业者在造林、修路、改良土壤、修建渔港等生产性基础设施建设以及农林渔业的生产与经营等方面提供资金支持。中小企业金融公库的服务对象主要是中小企业，其职能主要是为中小企业在生产设备购置、资金周转等方面提供资金支持，以降低中小企业的脆弱性，维持中小企业的正常运转和持续发展。农林渔业金融公库和中小企业金融公库的资金主要来源于资本金及其回收的贷款，一般情况下也可以从资金运用部、保险机构、特别会计机构筹借到部分款项。其中，中小企业金融公库还可以通过发行由政府认购或提供担保的中小企业债券来筹集资金。

与美国类似，日本政府也直接参与了农业保险计划，日本农业保险是政府自上而下强制性推行的。日本政府为农业保险提供一定的资金支持，但强制性要求凡生产规模超过规定大小的农户、农业企业都必须参加农业保险，参保农户或农业企业按田块规模与产量申报保险额，规定保险额按"每公斤产量的保险额"乘以标准产量的70%计算，是参保户所能获得的最高赔偿额。这一措施有效稳定了日本的农业生产。

日本模式的主要特点是合作性金融在农村金融市场中占据主体地位，政府对农村各类非政府组织性质的农协予以特殊政策照顾，允许农民进入有较大赢利能力和收益空间的涉农领域组建合作社，并用这些领域产生的收益来反哺农村与农业，在把农村资金和农业产业利润留在了农村和农业领域的同时，也使得农民收入能够跟上社会平均收入增长幅度。此外，日本农村金融安全网体系比较完备，如存款保险制度、信用保证制度等相对完善，加上国家金融监管机构的审慎监管，有效确保了涉农金融机构的稳健运营和可持续发展。

基于日本农村金融服务体系的支持，日本农业产供销一体化以及城乡一体化程度非常高，农业生产结构、农村经济机构、劳动力结构的非农化进程都非常快，加上快速建立和发展起来的便捷、高效的交通与通信网络体系，使得日本农村第一、二、三产业的运作效率大幅提高，在成功推进日本农村工业化、城镇化、农业现代化"三化同步"协调发展的同时，也使得其农村与城市、农业与工业之间的发展差距得以大幅缩小，极大地促进了农民、农村各项福利的改善。

7.2　发展中国家农村金融发展与减贫的实践

发展中国家农村金融发展普遍滞后，农村金融市场的供求矛盾普遍比较突出，为了破解这一矛盾，很多国家在农村金融产品和金融服务方面进行了一些探索与创新，微型金融就是其成功的典范。微型金融作为专门为中低收入群体和小微企业提供小额度、可持续的金融产品与服务的活动，被国际社会公认为缓减贫困的有力武器。孟加拉国的乡村银行、印度的"银行—自助小组"连接模式下的小额信贷组织都是微型金融发展的典型代表。

7.2.1　孟加拉国的乡村银行

孟加拉国作为发展中国家，将近80%的人口都居住在农村，一半以上的农民生活水平处于贫困线以下。尽管孟加拉国拥有较为完善的农村正规金融体系，且2/3的正规金融机构位于农村，但是在农村地区仍存在着大量的自由放贷者。因此，该国农村市场中的非正规金融组织非常活跃与盛行，非正规金融中介占据了整个农村信贷市场2/3份额以上，其服务对象主要是广大农民。孟加拉国农民借款的一半以上来自这些非正规金融中介。这些微小的金融中介作为非正规金融与正规金融发展的中间路径，成为了该国农村金融发展的一大特色。鉴于孟加拉国农村金融发展的特点以及寻求突破国内"低收入的恶行循环",该国银行家、经济学家穆罕默德·尤努斯教授创建了孟加拉国乡村银行（Grameen Bank，也称为格莱珉银行）。乡村银行的创立和发展为孟加拉国乡村的贫困缓减做出了历史性贡献。

乡村银行成立之初，客户主要以女性为主，允许会员持有银行股份，银行的每个成员每周都需要到银行存入一定额度的资金，尽管这笔资金相对较少，但是基本能够维持银行的运转。银行发放贷款时，首先会把贷款发放给银行小组成员，再由小组贷款给其他小组成员。还款义务由整个小组负责承担。如果出现不能按时归还贷款的成员，银行会通过小组施予其相当大的社会压力。此外，为了提高成员对金融、经济的认知，乡村银行还免费给成员进行相关知识的培训。孟加拉国乡村银行运作模式主要具有如下四个方面的特点：其一，扶贫对象主要为贫困女性；其二，贷款最高额度为 1000 元，贷款期限为一年，而且每周要还款一次；其三，强制性储蓄，贷款实行前后交替贷款，即前面的人还款后才能轮到后面的人贷款；其四，通过较高薪酬引进高质量的工作人员，并且对新进职工进行强制培训，培训合格后才能成为正式成员。非常注重银行职工的工作能力和工作热情。此外，银行对贷款的审批、发放进行严格审查，从多方面确保银行各项工作能够健康有序地进行。乡村银行还提供很多除金融服务之外的如对员工和客户进行培训等其他业务，管理成本相对较高。为了确保银行可持续发展，乡村银行形成了自身独特的融资机制。为了稳定资金来源方面，乡村银行积极鼓励小额存款，这些存款主要作为穷人解决突发性困难或者开发创收项目的应急资金。对于贷款者，银行要求其将贷款额度的 5% 存入小组基金，主要用于小组成员应急使用或者免息借贷。这种融资方式产生了显著的效果。乡村银行的信贷资金几乎可以完全由储蓄存款和自有资金来供给。同时，稳定的利息收入也是乡村银行的资金来源之一。乡村银行提供的小额信贷利率虽然高于正规银行机构（通常高 4% 左右），但是大大低于民间高利贷者，有效防止了机会主义者套贷。同时，乡村银行相对通畅的信息渠道和相对完善的风险管控机制也大大确保了贷款偿还率。此外，孟加拉国的小额信贷批发机构以及政府的低息贷款也是乡村银行重要的资金来源渠道。孟加拉国农村建立了以扶贫为目的、合法而非营利的就业支持基金，其功能是通过扶持和资助小额信贷组织来实现其社会目标，乡村银行作为就业支持基金的主要扶持对象之一，在资金趋紧的情况下就通过向该机构批发贷款来保证信贷发放。

目前，孟加拉国乡村银行在全国范围内拥有 2226 个分支机构，650 万客户，完全实现了市场商业化运作和滚动发展，整体还款率高达 98.89%，超过世界上任何一家成功运作的正规银行。从建立之初开始至今，乡村银行已经使得被正规金融机构边缘化的 639 万农村居民获得贷款，其中 96% 是女性，并且帮助 58% 的贷款者及其家庭成功摆脱了贫困。乡村银行在缓解农村贫困方面不愧是世界上成功的典范。

7.2.2 印度"银行—自助小组"连接下的小额信贷

印度是世界上贫困人口最多的国家。印度农业与农村发展银行推出的"银行—自助小组"连接模式在促进印度农业发展和贫困缓减中发挥了相当重要的作用。

印度农业与农村发展银行在 1992 年推出了一项自助小组（self help groups，SHG）—银行连接的融资模式，通过自助小组拓展和稳定农村小额信贷业务。该模式取得了空前的成功，印度也因此而建立起了世界上规模最庞大的小额信贷组织。自助小组是印度穷人就业、融资的重要载体，一般在政府组织下由 10~20 名贫困的农村妇女自愿结合组建，成员进行储蓄并共同出资建立共有基金，小组成员共同决定共有基金的使用。自助小组运营成熟并达到银行审查的质量要求，就可向银行申请贷款。银行通过上门式的服务、以小额贷款的方式给予自助小组实质性支持，并为其贷款用途和业务提供指导。印度政府出台的相关优惠政策一方面支持还款率高的自助小组扩大信贷规模，参与农村事务管理，并鼓励其向农村微小企业方向发展；另一方面积极支持和鼓励各类小额信贷促进机构发展，以推动小额信贷的培育和发展。印度成功开创了自助小组—银行信贷的连接模式，其典型模式分别如图 7.1、图 7.2、图 7.3 所示①。

---

① 武翔宇，高凌云. 印度的小额信贷：自助小组—银行联结 [J]. 农业经济问题，2009（1）：104 – 109.

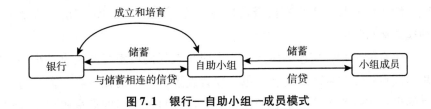

图 7.1 银行—自助小组—成员模式

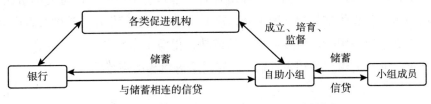

图 7.2 银行—促进机构—自助小组—成员模式

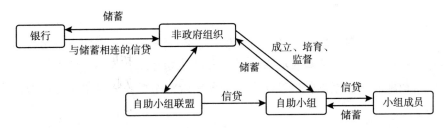

图 7.3 银行—非政府组织—小额信贷机构—自助小组—成员模式

图 7.1 所示的银行—自助小组—成员模式是最简单的信贷连接模式。该模式下，银行自身承担发展和培训自助小组的工作，并向运营成熟的自助小组发放贷款。目前约有 20% 的信贷连接自助小组采用这种模式运行。

在图 7.2 所示的模式中，形成和培育自助小组以及信贷管理的培训工作由促进机构来承担。促进机构可以是政府机构也可以是非政府组织。当自助小组达到银行要求并通过银行审核后，银行就会直接向自助小组提供贷款。这种模式由于政府的大力支持而应用最为广泛，目前约有 72% 的信贷联结自助小组采用这种模式运行。

在图 7.3 所示的模式中，非政府组织既是促进者又是金融中介。他们通过培育、培训、促进、支持多个自助小组并以此从银行寻求到大宗贷款之后，再向各自助小组分发贷款。在这种模式下，非政府组织经常会创立自助小组联盟，然后促使其承担小额信贷机构的角色。目前，约8%的信贷联结采用这种模式运行。

在所有的银行信贷连接模式中，农业与农村发展银行既是自助小组—银行联结项目的发起者和推动者，也是项目发展过程中的促进者、资源与信息的供给者；银行既是信贷资金的供给者，也是自助小组的促进机构；各类非政府组织既是自助小组的创立者和培育者，也是金融中介。而自助小组往下是向小组成员提供贷款的金融中介，往上是负责向银行偿还贷款的金融中介。印度自助小组—银行信贷连接模式的成功，得益于印度各类社会资源的全方位支持、非政府组织的积极推动以及正规金融机构的规范化指导。

7.3　典型国家农村金融发展与减贫的经验

上述国家农村金融体系及其减贫模式在向前发展的进程中表现出各自的特点与特色，有许多值得我们学习和借鉴的成功经验，这些经验将为推动中国农村金融服务体系创新以及深入推进中国农村金融减贫提供重要的启示与参考。

7.3.1　政府引导与扶持是农村金融发展与减贫的重要保障

从上述各国农村金融体制形成及其减贫实践的分析中可以发现，政府在农村金融发展和减贫实践中的作用明显。如美国政府对农村政策性金融、合作性金融以及商业性金融给予了全方位支持，并通过立法硬性规定全国所有银行必须有10%的贷款用于支持农业。日本的农村金融体制及其减扶贫模式本身就是在政府主导下自上而下强制性演进和发展而来的，特别是给予为解决低收入群体资金短缺问题而成立的农民合作社特殊政策照顾，除了在资金、技术和财税上给予政策扶持外，还专门开放有赢利能力的涉农领域让农民合作社进驻以促进其良性循环运行。孟加拉国最具特色的乡村银行从成立到壮大的过程中，政府不仅始终以4%～5%的低利息向其提供资金支持，而且对其开展涉农金融活动、参与农业保险计划等给予政策、法律等方面的支持，此外，政府还专门成立了政府小额信贷组织 BPOB 和 PKSF，并设立了政府小额信贷项目为乡村银行提供组织支持。印度政府在印度农村金融体系的形成、自助小组—银行信贷联结项目的推广与发展过程中同样发挥了极其重要的作用。政府给予农村小额信贷、互助会等"草根性"非正规金融机构必要的政策优惠、配套设施以及持续的资金补充。这也是印度农村非正规金融组织能够深入减贫并实现自身可持续发展的重要保障。

7.3.2 正确发挥非政府组织的作用

正确发挥非政府组织的作用是农村小额信贷实现市场化运作进而深入减贫的重要保证。在政府支持下，印度小额信贷组织的成功与发展得益于自助小组、各类促进机构等非政府组织的积极作用，使得其能够在遵守金融市场规则下实现独立运行。印度的自助小组本身就是一个典型的非政府组织，其自助小组—银行连接模式下的小额信贷组织也是一个非营利、非政府的准金融机构，且其金融活动环境相当宽松。印度政府出台了相关优惠政策在鼓励和支持优质自助小组扩大信贷规模的同时，也积极支持和鼓励各类小额信贷促进机构等非政府组织发展。孟加拉国乡村银行能够实现市场商业化运作和滚动式发展也得益于 NGO 在其中充当的促进者、经纪人、金融中介等多种角色。日本不以营利为目的基层农协，承担了除金融服务在外的其他许多社会功能，如为会员提供医疗服务、购进农业生产资料、销售农产品等，其本身也是典型的非政府组织。

7.3.3 重视服务特定群体的小额信贷的发育与成长

各典型国家中，各类服务于特定群体的小额信贷组织在农村贫困缓减进程中发挥了极其重要的作用。如美国农村的行业协会主要为贫困地区的有色人种和低收入者提供一些保险公司和银行不愿意接受的如住宅抵押、产权质押等形式的小额贷款业务；农民家计局的小额贷款对象也主要是被商业银行和其他农业信贷机构所排斥的农业从业人员；小企业管理局专门为不能从其他正常渠道获得必需资金的小企业提供融资帮助。这些小额信贷组织为美国成为世界上农业最发达的国家做出了重要贡献。日本的基层农协既是一个经济实体，也是一个金融中介，更是一个群众团体，专门服务于农民与农村，是日本农村居民生产和生活的组织者，为日本农村经济发展做出了卓越贡献。孟加拉国乡村银行的宗旨就是为那些传统银行所不能覆盖的农村人口提供小额信贷服务。其服务对象的主体是贫困群体，特别是农村地区相对弱势的贫困妇女群体。孟加拉国乡村银行曾以连续9年的盈利记录成为兼顾社会公益与扶贫效率的标杆。目前乡村银行模式不仅被广大发展中国家复制并广泛推广，而且美国等发达国家也建立了乡村银行网络来实施反贫困项目。印度农村主要面向贫困群体提供的小额信贷很好地解决了既无抵押又无担保的贫困农户、小微企业的融资难问题，在增加贫困群体收入、缓解农村贫困方面发挥了重要作用。目前，服务特定群体的小额信贷不仅是以一种金融创新产品更多的是以一种有效的减贫模式被世界所广泛认知。

7.3.4　正视非正规金融组织"正规化"的趋势与诉求

发达国家农村非正规金融发展较早，并且普遍具有一定的规模，在其发展过程中具有相对独立的稳定性，同时也始终伴随着一系列法律法规的约束和监管。尽管农村非正规金融机构具有很大的民间性质，然而随着国家相关法律的完善和相关政策的扶持，非正规金融呈现出与正规金融紧密连接的趋势，部分非正规金融组织还有着纳入正规金融体系的强烈诉求。如美国政府在其非正规金融发展过程中，在法律和政策上一直有着明确的规定和相应的约束，既体现了非正规金融组织"非正规"的特性，同时也兼顾了金融组织在某些方面"正规"的共性。日本政府在本国非正规金融发展过程中，始终保持着强制性的政策推动，将非正规金融的发展控制在政府调控范围之内。同时，日本政府还出台了一系列关于非正规金融发展定位与转型的政策法规，促使农村非正规金融与正规金融实现有效连接或者推动农村非正规金融向正规金融机构转变。孟加拉国即允许和支持促进两者相互衔接的NGO金融中介发展，也支持NGO作为两者相互衔接的促进者或"经纪人"，甚至还允许部分运营成熟的非正规金融机构直接转变为银行。印度农村地区自助小组无疑是非正规金融与正规金融紧密连接的成功典范，其三种典型的自助小组—银行信贷的连接模式成功推动了自助小组联盟向小额信贷机构发展。

7.3.5 有相对稳定的资金来源与商业利益保证

不论是农村正规金融组织还是非正规金融组织，其提供金融服务的前提都需要良性的资金运营作为支撑。一方面信贷资金来源要稳定可持续，这是金融机构可持续发展的基本前提。各典型国家农村金融机构经过探索与发展都形成了各具特色的融资模式。如日本农村金融体系中上级组织的主要功能就是为下级组织提供资金支持，除允许所有金融机构广泛吸收公众存款外，还允许部分机构如中小企业金融公库发行由政府认购或提供担保的中小企业债券来筹集资金。孟加拉国乡村银行通过鼓励外部小额存款、要求贷款者强制存款、针对不同的信贷产品确定不同的利率层次、建立还款激励机制提高贷款回收率、向小额信贷批发机构批发资金等多种方式确保了自身资金来源的稳定与可持续。另一方面商业利益要有保证，这是金融机构深入减贫的内在动因。由于农村地区逐利空间相对较小，鉴于农村逐利的弱势地位和农业特殊的重要地位，农村各类金融组织商业利益的保证是其扩大农村金融供给、完善金融服务的内在动因。如印度政府制定了一系列配套政策措施鼓励、引导和支持农村各类金融机构扩大农村金融业务范围，有效保证了金融机构在农村的信贷业务份额与利润空间，使得农村金融机构能够安心服务于农村地区。日本为了农村地区的农民合作社能够实现良性循环发展，不仅专门开放有赢利能力的涉农领域让其进入，而且设立了专项基金用于弥补合作性金融机构的涉农贷款损失，并且在合作性金融机构吸收存款和税收方面给予特别优惠。美国政府始终对农村政策性、合作性和商业性三大金融体系进行补贴，对其支持与服务"三农"的风险予以合理补偿，并通过担保和保险等形式分散其信贷风险，以确保农村金融机构商业利益与逐利空间相对稳定。事实上，除上述国家外，大部分国家如德国、法国、加纳、中国等都充分认识到了农村金融在农村经济发展中的地位及其业务经营中的政策性成分，对农村金融采取"多予、少取、放活"的原则给予特别扶持。如积极治理和改善农村金融市场环境，从金融机构设施建设、贷款审批权限下放、金融机构审批环节简化、农村征信体系建设等各方面进行完善和改革，这些措施都直接或间接为农村金融机构节约了成本，增加了利润。

7.3.6　不断推进与本国国情相适应的农村金融服务创新

孟加拉国农村小额信贷的产生与其对应的国情是相适应的：人民生活的普遍贫困凸显了小额信贷资金的重要性，国内高度集中的土地私有制决定了小额信贷借贷主体的高主观努力性和小额信贷资金用途的多样性，其小额信贷减贫的触角从农村地区的低收入阶层进一步延伸到城市地区的低收入阶层就有其必然性。而其全国性的短缺经济形势则保证了小额信贷资金使用收益的相对稳定性。这也是该国乡村银行小额信模式能够成功的关键。印度人多地少、农户结构复杂，该国在 20 世纪 90 年代之前采取的金融减贫策略主要是通过推动正规金融机构在农村地区的扩张来增加农村信贷供给，但是效果并不理想。补贴信贷不能瞄准目标群体，贷款回收率持续下降等问题非常严重。与此同时，印度农村充当促进机构、"经纪人"以及金融中介的非政府组织及其他社会团体异常活跃。其自助主小组—银行连接的新型小额信贷模式就是在这种背景下诞生并获得成功的。就日本来看，20 世纪 60 年代，随着本国农村经济的发展和工业化进程的逐步完成，日本农村资金除满足农业和农民自身需求外还出现了富余。农协也因势而变，除了继续向有需求的会员发放低息贷款外，也将储蓄作为主营业务以帮助农民解决剩余资金的出路，向农协系统之外的个人或者部门发放贷款。到了 70 年代，日本农村居民的平均收入超过了城市居民的平均收入，农村资金大量剩余，农协也积极创新，将其整体业务向为会员投资理财上倾斜。后来，日本的基层农协经过创新，分化为专业性农协和综合性农协，农协与农村金融捆绑在一起，综合性农协独自拥有金融权，专业性农协也拥有很高的地位。以采购农药、化肥为例，有购买需求的农民都是通过各县的农协经济链并汇总到全国农协进行集体采购的，这相当于垄断了全国农药、化肥市场的采购权，可以把价格控制在最理想水平，保证了以贫困群体为主要成员的农协会员的根本利益。这些金融创新与日本农村以合作性金融为主体，而农协系统作为合作性金融的主体，不以营利为目的，而是致力于维护农协会员利益与权力，支持农村与农业发展的根本目标是紧密相连的。此外，日本农村金融政策与其农业政策、财政政策以及其他相关经济政策的配合度也是相当高的。

7.3.7 建立了防范和化解金融风险的有效机制

美国、日本等国的管理当局为了推动农村金融发展与金融减贫的良性互动，在综合运用行政、立法、经济手段对农村各类金融机构实施约束、鼓励的同时，在金融监管方面也采取了诸多有利于农村各类金融机构充分自由运作的特别政策。如为了降低农村金融风险，消除金融机构对贫困地区中低收入者和中小型企业的信贷歧视行为，美国实施了联邦农作物保险计划，并通过社区再投资法进一步保证了贫困地区的金融服务与资金供给。社区再投资法只是美国一系列旨在帮助弱势群体和贫困地区有效获得金融服务的法律之一。它的实施涉及美联储、货币监理署、联邦存款保险公司、储贷监理署等多个义务监管机构，这些监管机构对各地区的金融机构在投资、消费、服务等方面进行考核。其中投资考核涉及地区金融机构满足所在社区不同规模企业、农场以及不同收入阶层投资信贷需求情况；消费考核涉及金融机构为社区居民特别是中低收入群体提供消费信贷的总额、结构及其比重。服务考核主要是衡量金融机构为所在社区提供金融服务的可及性与有效性，涉及分支机构数量与分布，金融服务范围与质量等方面。监管机构会将考核评级结果向社会公布，社会公众可以参照 CRA 评级结果监督金融机构 CRA 义务的履行情况，如实履行 CRA 义务的金融机构将获得较高的公众评价并因此获得更多的公众存款。这种在监管机构之外引入社会监督的方式，兼具鼓励性与惩罚性，给部分漠视 CRA 义务的金融机构的声誉造成影响，其合理的约束尺度不仅有效促进了监管执法的顺利实施，也促进了金融减贫的深入推进。同样，日本农村金融在成立之初就特别注意风险防范。在政府组织与直接参与下建立了相对完善的农业信用保证制度，在农协受到经营损失和债务困扰时及时对其进行补偿。农协之间也建立了规范的相互援助制度，农协组织每年会将其吸收存款的 10% 作为相互援助的专项储备，对农协会员的存款实行强制性的免费保险，农协会员的储蓄存款在不用支付任何保险费用的情况下就自动成为被保险对象。日本农村金融的资金运用、风险监控等工作由政府的金融监管厅全权负责，金融监管厅通过多种监管手段、运用多种监管形式对其进行监管，确保了各类金融机构的合规经营与农村扶贫开发。而孟加拉国乡村银行的成功和印度自助小组的成功也与其相对完善的风险自控机制不无关系。乡村银行通过整贷零还、随机回访、小组内部监督、道德约束等监管手段有效解决了借贷双方的信息不对称问题，使其在无须任何抵押担保的情况下获得了相当可观的贷款回收率。印度在其农村小额信贷发展过程中实施的自助小组—银行连接计划，由自助小组向银行贷款，再由自助小组将贷款以小额信贷的形式转贷给农户，从而把筛选客户和监控风险的成本转移到自助小组身上，相当于用团体担保替代抵押担保，用团体内部其他成员的连带责任作为监督借款者还贷的因素，有效分散了金融风险，减少了交易成本。这些防范和化解金融风险的有效措施在促进农村金融机构实现可持续发展的同时也使得农村金融减贫能够深入持久推进。

| 第 8 章 |

提升中国农村金融减贫效应的政策研究

中国农村正规金融、非正规金融服务于农村经济与社会发展并不同程度地促进了农村多维贫困缓减。在肯定其显著成效的同时，也不应该忽视其自身依然存在着的诸多问题与不足：金融减贫的广度、深度、强度均还存在不同程度提升空间；农村正规金融、非正规金融的减贫效应还存在较大差异，并且在促进农村经济贫困、社会贫困的缓减上也存在诸多亟待完善的地方。无疑，中国农村金融在未来的改革与发展中机遇与挑战并存，其支农、减贫的潜力更是不容忽视。新形势下，有必要进一步深化农村金融体制改革，针对新农村建设和反贫困进程中金融需求的特点，探索构建与之相适应的新型农村金融服务体系。在此基础上，进一步完善农村金融减贫政策，推进农村金融减贫模式创新，切实发挥金融在农村扶贫开发中的撬动和支撑作用。本章结合中国农村金融减贫现状及其减贫效应，充分借鉴国外典型经验，就促进中国农村金融发展和提升农村金融减贫效应的政策优化提出如下建议。

8.1 进一步完善普惠型农村金融服务 体系建设的顶层设计

农村金融体系不健全、功能残缺是中国农村金融减贫的一大掣肘。在全面深化改革的大背景下，政府应进一步完善普惠型农村金融服务体系建设的顶层设计，深化农村金融体制改革，加快推进正规金融与非正规金融并存，政策性金融、商业性金融、合作性金融和新型金融分工合作、功能互补、竞争有序的普惠型现代农村金融体系建设，为健全农村金融减贫长效机制，深层次推进农村金融减贫打好坚实基础。

8.1.1 完善农村金融组织体系，增强金融服务协同效应

按照现代社会经济发展模式和金融制度，存量改革与增量发展并举，加快推进农村金融组织完善与优化，促进农村金融机构的适度竞争，增强农村金融服务协同效应，提升农村金融服务充分性。

首先，分类推进农村金融存量改革，进一步理顺农村现有各类金融机构的边界，并通过法律法规进一步明确各类金融机构的地位、职能和相互关系，促进其组织机构和功能的完善。就政策性金融机构而言，主要是拓展并强化其政策性金融的服务、引导和保障功能，强化其在农村特定领域特别是金融空白领域的服务定位，提高其介入农村其他性质金融不愿或者不能提供金融服务但具有较强社会正外部性领域的主动性和积极性。同时，加快政策性金融立法，明确其监管责任主体和分工协作要求，加大监管执行力度。事实表明，经济福利改善之外社会福利的改善也是农村金融减贫不可忽视的重要组成部分，政策性金融应该切实承担起自身社会责任，积极发挥金融减贫的正向社会效应。就商业性金融机构而言，主要是确保其坚守住支农减贫总体方向，强化其支农减贫职责，稳定其县域网点，扩大其县域授权范围。支持农村商业银行上市融资，促进商业性机构提供专业化服务、进行差异化竞争并实现特色化发展。就合作性金融机构而言，要推进农村信用社的股份制改革和转型发展，加快建设其合格市场主体，大力培育并发展各类非政府中介组织，放开农村信用社的中间业务限制，加大对农村信用社的货币信贷支持和财税补贴力度，加快推进农村信用社制度创新，拓展其业务范围和业务职能。通过存量改革，充分调动农村正规金融机构减贫的积极性，挖掘其隐而未发的巨大的减贫潜力。

在推进农村金融存量改革的同时，也要稳步推进农村金融增量发展，将新的金融组织元素和金融组织成分源源引入农村金融市场，促进农村金融组织规模扩充、结构优化与服务提升。一方面，需要加大对农村现有村镇银行、

贷款公司、资金互助社三大新型金融组织的政策扶持力度，采取有别于大银行的差异化监管措施，赋予其更大的自主权利，使其能够扩充融资渠道，完善担保体制，在实现自身可持续发展的同时也能扩大服务范围，提高服务质量。另一方面，进一步降低农村金融市场准入门槛，积极培育新的农村金融组织增量。第一，要大力扶持农村微型金融机构发展。由于微型金融以弱势群体为服务对象，既决定了其金融活动社会效应的巨大，也决定了其金融活动短期内的低预期盈利甚至零盈利。为此，政府部门就应该成为微型金融发展的第一推动力。一方面有必要对所有提供微型金融服务的金融中介给予特殊的优惠扶持政策。在我国农村既有正规金融机构提供的微型金融服务，也有非正规金融机构和个人提供的微型金融服务；既存在商业化的、以盈利为目的微型金融活动，也存在非商业化、不以盈利为目的的微型金融项目。对于这些微型金融，政府的优惠扶持政策都应该惠及。在此基础上，完善专门针对微型金融的财政补贴机制和风险分担长效机制。另一方面在一定的法律规范下允许微型金融机构拓展融资渠道，解决资金来源短缺的发展掣肘。目前，中国农村的小额贷款公司在资金来源渠道上还有诸多的"高压线"不能触碰：只能贷不能存，不能进行同业拆借、不能进行信托投资、不能利用有价证券理财等等。这些限制使得小额贷款公司因资金约束而很难真正"甩开膀子"深入减贫。此外，也应推进各类微型金融机构从业人员的业务与技能培训、职业资格认定工作，对微型金融机构的人才队伍建设予以扶持。在条件成熟的条件下，引导微型金融走专业化、规模化发展道路。就微型金融机构自身而言，也应通过开发设计"量体裁衣"式的减贫产品，创新担保抵押和风险防范机制、优化金融减贫的运作模式等等来提高自身的管理水平和服务能力，从而实现减贫与自身可持续发展的双赢。第二，逐步放开内生于农村社会本土的非正规金融机构面临的约束成分，引导和鼓励各类非正规金融组织健康有序规范发展。当前，中国农村民营金融组织已有试点，但政府、监管部门谨慎有余的操作致使其实际运行中"桎梏"重重。由于中国农村经济社会发展的特殊性，农村非正规金融在未来相当长的时期内都将具有不可替代性。尽管非正规金融在制度、监管和操作方面还存在缺陷，但是在缓减农村信贷约束、推进农村反贫困进程中发挥了积极而重要的作用。因此应加快制度建设与创新，彻底解决农村非正规金融"合理不合法"的角色尴尬。

第三，要加快农业保险服务体系建设，加大对农业政策性保险的投入与支持力度，鼓励专业性保险机构发展，引导商业性保险机构积极开展涉农保险服务。

通过改革存量与发展增量，切实完善农村金融组织体系，提升农村金融服务功能，着力解决农村金融供给不足、竞争不充分、效率低下和商业不可持续等突出问题，促进农村金融减贫强大合力的形成。

8.1.2　推进农村金融产品与服务创新，提升金融服务水平

推进农村金融产品与服务创新、提升农村金融服务水平，是完善农村金融服务体系，提升金融减贫效率的一项重要举措。一方面要创新农村信贷产品，增加信贷种类、创新信贷投放方式。如针对农村消费性信贷的强烈需求，积极研发适销对路的消费信贷品种；结合正在进行的农村土地制度改革，探索土地经营权抵押贷款；根据农村中小企业和农户融资"量小、频高、随意性大"的特点，创新农村小额信贷抵押担保模式，尝试开发无实物抵押小额贷款、多主体联保小额贷款、分期偿还小额贷款等模式，建立由信用担保、互助担保和商业担保多种模式相结合的信用担保体系。探索通过不同主体融资组建农业贷款担保中心或担保公司，以现代金融理念和金融发展思路破解农村地区"贷款难""贷款贵"的问题。同时，在合理授信的基础上，加快农村自助金融服务机具的布设，借助现代电子科技手段，积极拓展新兴金融服务渠道，推广电子、电话和手机银行服务，推出自助贷款、循环贷款、贸易链融资工具等金融服务新产品，积极满足农村经济主体多元化金融服务需求。另一方面要推进农村金融中间业务创新，创新金融服务间接渠道。农村金融机构可利用自身优势，将城市金融业务中发展相对成熟的金融咨询、投资理财、信托基金、结算、汇兑、租赁、信用卡、有价证券买卖等各类现代金融服务产品逐步向农村市场推广，提升农村金融服务消费层次。同时，也应积极推进农产品期货新品种开发，引导和鼓励农产品生产、加工、经营企业有序进入期货市场，推进套期保值业务拓展，探索设立期货投资基金等。通过推进农村金融产品与服务创新，拓展农村金融服务渠道，延伸农村金融服务农村经济、社会发展的触角，提升农村金融服务质量与消费层次。

8.1.3　建立健全农村金融监管，有效防范和化解农村金融风险

农业高风险、低盈利的特点以及农村特殊的经济社会环境决定了农村金融的高风险性与脆弱性。加强农村金融监管，有效防控金融风险是确保农村金融机构可持续发展的重要一环。

首先，科学制定绩效评价标准，建立健全运行监测体系是强化农村金融监管、确保监管取得实效的重要内容。鉴于农村金融发展的特殊性，可以尝试构建以政府监管为核心、行业自律组织监管和金融机构自身内控为保障，社会监督为补充的相互配合、相互协调的农村金融监管体系。就政府监管体系而言，中国目前"一行三会"（中国人民银行、银监会、证监会、保监会）的金融监管格局与中国农村金融市场的复杂性和多元性还很不相适应，特别是农村金融立法相对滞后。中国目前的《商业银行法》《保险法》等法律法规，仅仅就金融机构市场准入方面进行了规定和限制，还明显缺乏金融机构市场退出机制方面的内容与环节。这使得近年来快速成长起来的农村新型金融机构或多或少地出现了"水土不服"现象。因此，政府应该加快相关立法进程，出台规范化监管标准、完善监管体制，强化覆盖面、可持续性、福利影响等方面的监管内容，对农村金融机构实行差异化监管政策，适度降低其在最低注册资本、监管费率、存款准备金率等方面的要求，同时适度强化在其股权结构、经营范围等方面的管制，切实发挥金融监管主体的作用。尝试建立中国农村新型金融机构的专门自律组织。根据新型金融机构的特点和发展要求，修改、完善相关标准与职责职能，确保行业自律监控系统的完善与有效运行。此外，农村金融机构完善自身的内控机制也是必需的，对于提高自身管理水平与运行效率、防范风险、提高收益有着重要作用。应借鉴国外典型国家成功经验，积极发动社会力量参与金融活动监管，特别是就农村新型金融机构而言，有必要积极推进其形成以基层政府为核心，机构自身内控为保障，社会中介、社会团体、社会公众等为补充的联合监管防范体系，这对于新型农村金融机构良好外部监管环境的形成，有效规避政府越位干预，进而实现稳健有序的日常经营有着重要意义。为了确保监管的顺利实施，有必要建立和完善贫困地区金融服务的统计、监测与考核机制。完善贫困地区

金融服务的统计工作，对金融机构减贫贷款投放规模与结构、投放目标群体与层次实施量化考核，强化农村金融机构将相应比例农村地区的吸储资金"反哺"投放农村的硬性约束机制，研究出台国家层面上激励金融减贫业务发展的优惠政策与惩罚措施。探索开展金融机构支持贫困地区发展的专项信贷政策导向效果的评估工作，将统计、监测与考核的结果作为金融机构市场业务准入、新设经营网点、开拓新市场、实施差别准备金动态调整和再贴现政策，以及实施差异化监管和申领各项补贴的重要依据。通过加强农村金融监管，有效防范和降低农村金融风险，进而提高农村金融机构减贫的积极性和主动性。

8.1.4 优化农村金融生态环境，促进金融资源在农村地区有效配置

金融生态的好坏直接影响到农村金融机构提供金融服务的积极性与主动性。首先，要逐步完善农村金融发展的法律制度环境。完善的法律制度环境是良好金融生态的主要构成要素。因此，有必要按照"普惠型"原则，推进农村财税政策与农村金融政策的有效衔接与良性互动，在政策范围与导向、政策设计与内涵、政策结合方式与时机等方面形成支持合力。拓展政策适应范围，扩大农村金融机构税收优惠范围和定向补贴范围。根据农村金融机构的减贫能力和减贫实践普遍给予相应层次所得税、营业税优惠以及运营成本补贴，对于金融需求迫切但金融收益较低的特殊困难地区给予最大力度的财政弥补。在政策设计上，注重提高透明度和规范性，强化政策的激励约束功能。加快完善县域金融机构扶持涉农项目、发放涉农贷款的奖励性政策。同时，尽快出台有效保护农村中小投资者利益的相关政策。缓减农村中小投资者由于信息、权力和资产的不对称而面临的市场竞争劣势。完善农村新型金融机构和其他各类非正规金融发展相关政策，通过完善法律制度环境，促使农村金融机构将吸储资金最大限度地"反哺"农村。其次，要健全农村金融有效运行的信用环境。一方面各地区可根据自身实际，尝试采取政府组建＋政策性运作模式、政府组建＋市场化运作模式、社会化组建＋商业化运作模式或者互助合作型运作模式加快完善农村信用担保体系；另一方面广泛开展

农村信用评级活动,树立农村居民良好的信用意识。加强农村居民的诚信教育,通过正面宣传和舆论引导,在完善守信行为的正向激励政策的同时,加大对失信行为的惩处力度,提高失信者的违约成本。此外,加快完善农村信用的征集、评估、发布与服务体系。完善农村经济主体的信用登记制度,建立农村企业和农户信用信息库,并开展农村企业和农户和信用等级评定工作,探索将农村企业和农户的信用等级与可获贷款额度挂钩,增强贷款诚信保障。最后,也要加快农村金融知识的推广与普及,培育农村居民的现代金融意识,提高其有效利用现代金融工具的能力。通过农村金融生态环境建设,推动农村金融资源要素在"三农"领域的高效配置。

8.2　强化农村金融的减贫功能,提升金融减贫的深度与强度

促进农村贫困缓减是农村金融机构的重要功能和农村金融发展的重要职能。在建立现代农村金融服务体系的基础上,通过规范信贷投向、优化信贷结构、建立健全小微企业融资渠道,推进微型金融培育与发展,推进贫困群体信用体系建设,创新信贷抵押担保机制,探索农村金融减贫的有效方式,构建多元化农村金融减贫供给模式,提升农村金融减贫的深度与强度。

8.2.1　规范信贷投向,优化信贷结构

当前,农村金融减贫的主要方式是信贷减贫,而部分农村金融机构在风险最小和利益最大化原则的诱使下,将信贷服务对象从符合贷款条件的所有农村居民向农村地区的高收入者偏移,将信贷服务地区从农村向城市转移,将信贷服务领域从"三农"向非农领域转移。这无疑进一步加重了贫困地区、贫困人口、弱势产业、微小企业的金融抑制程度,也使得金融减贫的效果大打折扣。同时,信贷投放上以生产性信贷为主的结构也与贫困群体的信贷需求不相适应。因此,有必要通过"扶持"与"控制",规范农村信贷资金的流向与目标投向,引导生产性信贷遵照国家政策,重点支持地方支柱产

业、主体基础设施、农业生产等领域，促进农村经济增长，充分发挥金融减贫的间接作用。同时，有必要逐步放开涉及民生的消费信贷投放，缓减农户在营养、健康、人力资本投资等方面的流动性约束，发挥金融减贫的直接效应。此外，针对不同地区之间农村贫困程度的差异，要因地制宜，积极探索并实施与各地区实际经济情况相适用的差别化信贷优惠政策，注意不同类型信贷在不同地区的差异化投放，加快推进极端贫困地区贫困的有效缓减。

8.2.2　完善小微企业多维金融支持体系

小微企业是农村经济发展的"助推器"，是转移剩余劳动力、促进农村经济增长和农民收入增长的重要渠道。农村金融机构需要坚持小微市场定位，从小微企业多元化、差异化的融资需求出发，建立健全小微企业金融支持体系，完善小微企业金融服务的长效机制，以为其健康发展提供保障和支撑。一方面可借鉴美国扶持小微企业而成立小企业管理局的做法，加强小微信贷业务专营机构建设，构建小微企业"一站式"信贷服务模式，在巩固提升金融机构服务小微企业的基础与能力的同时，有效增加小微企业信贷供给，优化小微企业信贷服务；另一方面创新小微企业的信贷产品，从授信方案、还款方式等方面创新，构建全国性、区域性、社区性等多层次的小微企业融资担保体系，在政府主导下，探索建立政策性小微企业融资再担保公司，化解小微企业代偿损失。在此基础上，通过立法、税收、贴息等措施激励农村金融机构以及其他金融机构服务小微企业和县域经济的积极性，并稳步实施小微企业贷款费用削减计划。此外，也应大力推进小微企业征信平台与信息库建设，建立小微企业信用奖惩制度，督促小微企业诚信借贷与守信还贷，使之成为一个合格的信贷主体。通过政府、金融机构、微小企业三方面的共同努力，构建起小微企业多维金融支持体系建设，有效化解小微企业贷款难、贷款贵的问题。

8.2.3　增加服务特定贫困群体的小额信贷产品供给

农村贫困群体由于缺乏抵押品而被排斥于正规金融服务之外，使得他们难以借助金融服务去把握更多的经营与发展机会，而陷入贫困的恶性循环。中国目前以贫困群体为目标的小额信贷机构还相当缺乏，而不同的贫困群体因生产生活特点的不同导致存在不同的贫困根源。因此，需要针对性地提供适应特定目标客户的小额信贷服务模式和产品来适应不同贫困群体的金融需求，进而实现帮助他们缓减贫困的目标。可以尝试借鉴典型国家的经验，针对贫困群体的不同需求，开辟贫困群体住房建设与维修小额信贷项目、就业创业小额信贷项目、人力资本投资小额信贷项目、大病扶持小额信贷项目、灾后重建小额信贷项目等诸多消费方面的信贷服务。同时根据不同项目的特点，确定不同的授信机制和还款方式。为了进一步促进这些小额信贷项目的发展，政府可以主导组织成立相关的行业协会组织如特定目标小额信贷联盟等，引导和推动这些小额信贷项目逐步实现专业化发展。提供服务特定群体的小额信贷产品和项目的现实意义在于缓减贫困群体在生活、生产以及未来发展等方面受到的信贷约束，而这恰恰也是贫困群体能否最终走出贫困陷阱的关键。

8.2.4　引导和推进农村非正规金融与正规金融之间的有效衔接

农村非正规金融的兴起与发展源于正规农业信贷的政策扭曲与执行低效率，农村金融抑制与市场分割以及正规金融本身的制度与功能缺陷是为解决农村金融供需矛盾而自发创造的一种制度安排，是一种自下而上的诱致性金融法制制度创新。非正规金融的存在很大程度上弥补了农村金融供给缺口，为农村经济发展和贫困缓减做出了重要贡献。但是，长期以来中国农村金融非正规金融长期存在与角色尴尬并存，有必要从国家层面出台相关政策规划农村非正规金融的发展和出路。首先，强化农村正规金融的主体地位不应以牺牲非正规金融为条件，基于两者各有优劣，可取的办法是推动两者之间的有效衔接，实现它们之间的优势互补。可借鉴典型国家的经验，充分发挥非正规组织的作用，由非政府组织充当促进机构或者经纪人，使得正规金融可以发挥自身的资金优势，将资金批发给非正规金融机构，非正规金融进而充分利用自身的信息、履约、成本优势，将资金分贷给农村各级信贷需求主体，推进农村金融资源的高效配置。对于运营成熟的非正规金融机构，可在一定的法律规范下，将其纳入正规金融序列，使得其发展更加具有法律保障。通过推动农村正规金融机构与非正规金融机构的有效衔接，促进其良性互动与功能互补，深入推进农村减贫。

8.2.5 加快推进贫困农户信用信息工程建设

由于我国农村整体征信体系建设滞后，还没有专业化的机构来收集、管理农户的信用信息资料，不同农户的信用信息未能实现有效的整合与共享。由于农户征信体系建设需要公安、金融、税务、财政、法院、企业和农户等部门的共同参与和努力。因此我国农村征信体系建设必将经历一个相对漫长的过程。为此，可以先从贫困农户着手，引入第三方组织加快推进贫困农户信用信息工程建设。可尝试借鉴印度经验，成立联络员组织作为连接贫困农户与农村金融机构以及农村金融机构与村委之间的"桥梁"。发挥第三方组织在贫困农户的认定、信息采集与信用评级、贷款回收、金融方针与政策宣传、诚信教育等方面的重要作用。同时，完善协调员的选拔、培训与激励机制。通过集贫困农户资产、收入、信贷、税务、工商、道德等多方面信息于一体的信用信息工程建设，一方面，可以提高政府扶贫贴息贷款的目标瞄准，提高贴息贷款的扶贫效率，同时也可以提高国家专门针对贫困群体的其他各项扶持与优惠政策的目标瞄准；另一方面，可以提高贫困农户获得金融服务的机会，进而享受金融服务带来的福利改善，促进贫困缓减。

| 第9章 |

结　　论

　　本书借鉴国内外相关研究成果，结合农村金融发展相关理论、贫困与贫困缓减相关理论构建了农村金融作用于农村贫困缓减的理论分析框架，系统研究了农村金融作用于农村贫困缓减的机制及其传导路径；在此基础上，结合中国农村金融发展现状、农村多维贫困现状以及农村金融减贫的实践，采用时间序列数据与省级面板数据，借助状态空间模型、中介效应检测方法、PSTR 模型实证分析了中国农村金融发展的减贫效应及其特征；最后，结合国外典型国家农村金融减贫的实践与经验，就中国农村金融减贫的策略优化及其实现路径提出了相关建议。通过以上理论分析与实证研究主要得出以下六个方面的结论：

　　第一，农村金融作用于农村贫困缓减的机制主要包括间接机制与直接机制。就间接机制而言，农村金融主要通过经济增长和收入分配的作用来间接影响贫困缓减。农村金融影响农村贫困的经济增长机制主要是通过储蓄、投资与资源配置三大效应促进农村经济增长，进而发挥缓减贫困的作用；收入分配机制主要通过经济增长、人力资本积累等影响收入水平或潜在收入水平，进而影响贫困缓减。就直接机制而言，农村金融机构向农村居民提供的信贷、储蓄、结算、融资投资、保险证券和金融信息咨询等金融服务及其服务的深度和广度能够影响到农村个体的初始财富水平、接受教育和培训的机会与程度、获取金融服务的机会、改善社会与政治福利的机会和途径，等等，进而促进农村贫困缓减。

　　第二，改革开放以来伴随着农村金融改革的推行，中国农村金融发展水平明显提高，金融服务广度和深度明显拓展，金融体系不断完善。但是，由于中国农村金融改革惯性一直遵循的是政府主导的自上而下的强制性制度演进路径，而农村内部自下而上的内生性的诱致性制度创新被严重压抑，使得农村正规金融虽被过度强化但体系内部组织机构之间矛盾冲突尖锐，农村非正规金融备受压抑但仍顽强生存并且日趋活跃，身处"合理不合法"的角色尴尬，严重影响了农村金融功能的发挥，农村地区依然存在较强的信贷约束，并且不同程度地存在金融供给与金融需求结构上的"错配"。同时，各区域农村金融发展水平和发展趋势均存在显著差异。

第三，中国农村存在多个维度的贫困。基于FGT贫困指数与面板数据的研究表明，中国农村贫困广度、深度、强度整体上呈现逐步缓减趋势，但地区差异显著；基于新构建的农村多维贫困程度评价指标体系、熵权综合指数分析方法与面板数据的研究表明，中国农村同时存在经济、社会、环境与生态三大维度的贫困，且各维度贫困程度整体上呈现逐步下降趋势。经济贫困对农村总体贫困的影响占据主导地位，其次分别是社会贫困、环境与生态贫困。从贫困程度的地区分布看，农村总体贫困程度以及各维度贫困程度东部低于中部，中部低于西部，各维度贫困程度均存在显著的地区差异，且经济、社会维度的地区差异明显大于环境与生态维度的地区差异。而导致贫困的原因是多方面的，包括经济因素、社会因素、环境与生态因素、机制体制因素，等等。中国实施的金融反贫困政策及其措施在农村贫困缓减中发挥了重要作用，特别是21世纪以来以"改革存量、发展增量"为指针的农村金融"新政"，推动了农村小额信贷公司、村镇银行等新型金融机构发展，有效促进了农村贫困缓减。

第四，中国农村金融缓减农村贫困的总体效应包括直接效应与中介效应，其中：①农村金融促进农村贫困缓减的总体效应显著，且大体上呈现先下降后上升的动态变化趋势。②农村金融在促进农村贫困缓减的过程中直接效应与中介效应均显著，且两大效应在时间上均呈现结构性变动特征：农村金融缓减农村贫困的效应中平均有45.83%的比例来自农村经济增长的中介效应，平均有54.17%的比例来自金融服务的直接效应；其中1986~1992年期间的中介效应占比为70.17%，直接效应占比为29.83%；1993~2010年期间的中介效应占比为38.14%，直接效应占比为61.86%。

第五，中国农村金融发展对农村贫困广度、贫困深度和贫困强度的影响都是非线性的，呈现鲜明的门槛特征：①对应于门槛值前后，农村非正规金融发展对农村贫困广度、贫困深度的影响由促进转变为抑制，并且抑制效应随着农村非正规金融发展水平的提升而逐渐增强；对贫困强度的影响始终表现为抑制，跨过门槛值之后，其促进农村贫困强度降低的速度有所提升，但提升的幅度不明显。②对应于门槛值前后，农村正规金融对农村贫困广度的影响始终表现为抑制，跨越门槛值之后这种抑制效应得到进一步强化；对贫困深度的影响以门槛值之后的抑制效应为主；对贫困强度的影响由抑制转变为促进，但均不显著。③农村正规金融、非正规金融对农村贫困广度、贫困深度、贫困强度的影响均存在显著的地区差异。

第六，中国农村非正规金融、正规金融在促进农村贫困缓减的过程中经济效应与社会效应并存，只是在不同的发展水平上其促进农村经济、社会贫困缓减的效应均存在差异：①农村非正规金融发展能有效促进农民收入增长、农村居民教育文化水平提高和农村产业结构调整，并且这种促进效应随着自身发展水平的提高而逐渐增强；在其他条件不变的情况下，农村非正规金融只有在自身发展的较高水平区间才能促进农村内部收入分配和农村医疗保健状况的改善；农村非正规金融发展有效带来了农村居民生活条件的改善，但是这种改善效应随着自身发展水平的上升而下降。②农村正规金融发展在自身发展的较高水平区间同样能有效促进农民收入增长、农村居民教育文化水平提高和农村产业结构调整，但无论处在哪种发展水平区间，都无益于农村内部收入分配差距、农村居民生活与医疗条件的改善。③农村非正规金融、正规金融发展对农村多维贫困的影响均存在显著的地区差异。整体上看，农村非正规金融、正规金融发展的多维减贫效应已经凸显，但是也还存在不同程度的提升空间与潜力。

本研究初步建立了农村金融作用于农村贫困缓减的理论分析框架，并从多维视角实证检验了农村金融发展对农村贫困的影响效应与影响特征，在此基础上，结合典型国家的成功经验，对中国农村金融改革与发展以及农村金融减贫提出了有针对性的政策建议。然而，农村金融对农村多维贫困缓减的效应是一个复杂的动态过程，由于时间和水平有限，本书还存在一定的局限性，有待今后进一步研究和思考。

第一，由于在微观数据获取上的限制，本书验证了农村金融减贫直接服务作用机制的存在及其大小，但没有系统就农村金融减贫的直接金融服务机制进行经验验证，今后可考虑通过实地调研获得相关微观层面的数据，如农村贫困家庭获得信贷的频率、贫困群体对农村金融服务的满足程度和满意程度、信贷帮助对贫困群体意外冲击的影响等，以完善对农村金融减贫的直接作用机制的实证研究。

第二，由于目前涉及农村多维贫困缓减综合评价的研究并不多见，指标体系的构建本身属于本书的探索性研究。同时，由于数据获取的限制，一些对于农村多维贫困缓减程度有较大影响的指标在实际评价中不得不舍弃。因此，在相关指标选择和数据获取上，仍需在今后不断改进和加强，以进一步提高农村多维贫困缓减程度指标体系的科学性以及农村多维贫困缓减程度评价的准确性。

第三，本书在非线性比较分析框架下，采用 PSTR 模型就农村正规金融、非正规金融的多维减贫效应进行了实证分析。这为农村金融发展效应的研究提供了新的思路。未来研究可以进一步引入空间与动态评价技术，尝试从空间与动态视角全面分析农村金融促进农村多维贫困缓减的空间分布特征以及动态变化趋势。

第四，由于现有统计资料中各地区农村非正规金融方面的连续性统计数据还相当缺乏，本书实证分析时采用《中国固定资产统计年鉴》中农村非农户投资资金和农户投资中的自筹资金与其他资金之和作为农村非正规金融发展规模的代理变量，尽管现有研究中基本都是采用这种办法来测度农村非正规金融规模，但多少与实际情况存在一定偏颇，未来在农村非正规金融衡量指标上还需要完善。在农村金融发展与减贫的地区差异的研究上，在数据可得的情况下最好能将研究对象从省域延展至县域甚至村域，以使研究结论更加精准。

参考文献

中文部分

[1] 曹协和. 农业经济增长与农村金融发展关系分析. 农业经济问题,
2008（11）：49 - 54.

[2] 车丽华, 陈晓红. 我国非正规金融规制外在效应的实证研究. 系统
工程, 2012（1）：67 - 74.

[3] 陈立中. 收入增长和分配对我国农村减贫的影响——方法、特征与
证据. 经济学, 2009（1）：711 - 726.

[4] 陈立中. 转型时期我国多维度贫困测算及其分解. 经济评论, 2008
（5）：5 - 10.

[5] 陈银娥, 师文明. 微型金融对贫困减少的影响研究述评. 经济学动
态, 2011（4）：130 - 135.

[6] 陈银娥, 师文明. 中国农村金融发展与贫困减少的经验研究. 中国
地质大学学报（社会科学版）, 2010（6）：100 - 105.

[7] 程恩江, 刘西川. 小额信贷缓解农户正规信贷配给了吗——来自三
个非政府小额信贷项目区的经验证据. 金融研究, 2010（12）：190 - 206.

[8] 丁志国, 谭伶俐, 赵晶. 农村金融对减少贫困的作用研究. 农业经
济问题, 2011（11）：72 - 77.

[9] 杜金向, 董乃全. 农村正规金融、非正规金融与农户收入增长效应
的地区性差异实证研究——基于农村固定点调查 1986 ~ 2009 年微观面板数据
的分析. 管理评论, 2013, 25（3）：18 - 26.

[10] 杜晓山，聂强. 小额信贷领域中的金融机构合作. 农村金融研究，2011 (5)：10-15.

[11] 高艳. 我国农村非正规金融的绩效分析. 金融研究，2007 (12)：242-246.

[12] 高艳云. CPI编制及公布的国际比较. 统计研究，2009 (9)：15-20.

[13] 郭沛. 中国农村非正规金融规模估算. 中国农村观察，2004 (2)：21-25.

[14] 何广文，李莉莉. 农村小额信贷市场空间分析. 银行家，2005 (11)：108-111.

[15] 何剑伟. 小额信贷商业化中的目标偏移——一个理论模型及西部小额贷款公司的经验研究. 当代经济科学，2012 (4)：73-79.

[16] 胡鞍钢. 从贫困大国到小康社会：中国如何消除四类贫困. 中国老区建设，2008 (12)：14-15.

[17] 胡宗义，李佶蔓，唐李伟. 农村小额信贷与农村居民收入增长——基于STAR模型的实证研究. 软科学，2014 (4)：117-120.

[18] 胡宗义，李鹏. 财政扶持及金融联动对地方农民收入影响的空间计量分析. 经济数学，2012 (4)：60-66.

[19] 胡宗义，唐李伟. 农村非正规金融发展对农民收入差异影响的实证研究. 广东金融学院学报，2012 (3)：33-42.

[20] 黄建新. 论非正规金融之于农村反贫困的作用机制与制度安排. 现代财经：天津财经学院学报，2008 (5)：9-14.

[21] 黄祖辉，刘西川，程恩江. 贫困地区农户正规信贷市场低参与程度的经验解释. 经济研究，2009 (4)：116-128.

[22] 黄祖辉，刘西川，程恩江. 中国农户的信贷需求：生产性抑或消费性——方法比较与实证分析. 管理世界，2007 (3)：73-80.

[23] 江浩. 浅谈农业发展银行职能定位缺陷与弥补方略. 武汉金融，2012 (9)：68-69.

[24] 江亮演. 社会救助的理论与实务. 台北：桂冠图书公司，1990.

[25] 江曙霞，严玉华. 中国农村民间信用缓解贫困的有效性分析. 财经

研究, 2006 (10): 4-16.

[26] 姜旭朝. 民间金融理论分析: 范畴、比较与制度变迁, 2004 (8): 100-111.

[27] 姜旭朝. 银行风险监测指标体系的界定. 济南金融, 2002 (6): 10-12.

[28] 金烨, 李宏彬. 非正规金融与农户借贷行为. 金融研究, 2009 (4): 63-79.

[29] 匡家在. 1978年以来的农村金融体制改革: 政策演变与路径分析. 中国经济史研究, 2007 (1): 106-112.

[30] 李建军. 中国地下金融规模与宏观经济影响研究. 北京: 中国金融出版社, 2005.

[31] 李明, 徐志刚. 小额信贷扶贫的治理机制、运营模式及发展困境——以中国社会科学院"扶贫经济合作社"为例. 农村经济, 2011 (6): 63-67.

[32] 李茜, 谷洪波. 中国农村非正规金融组织的绩效分析与政策规范. 经济与管理, 2010 (1): 68-71.

[33] 李晓明, 何宗干. 传统农区农户借贷行为的实证分析——基于安徽省农户借贷行为的调查. 农业经济问题, 2006 (6): 36-38.

[34] 李勇, 王有贵. 基于状态空间模型的中国房价变动的影响因素研究. 南方经济, 2011 (2): 38-45.

[35] 李作稳等. 小额信贷对贫困地区农户畜禽养殖业的影响. 农业技术经济, 2012 (11): 4-9.

[36] 林伯强. 中国的经济增长、贫困减少与政策选择. 经济研究, 2003 (12): 15-25.

[37] 林毅夫, 蔡昉, 沈明高. 我国经济改革与发展战略抉择. 经济研究, 1989 (3): 28-35.

[38] 林毅夫, 孙希芳. 中小企业机构发展与中小企业融资. 经济研究, 2005 (1): 35-44.

[39] 刘纯彬, 桑铁柱. 农村金融发展与农村收入分配: 理论与证据. 上海经济研究, 2010 (12): 37-46.

[40] 刘旦. 我国农村金融发展效率与农民收入增长. 山西财经大学学报, 2007 (1): 44 - 49.

[41] 刘海波, 张丽丽. 我国农村非正规金融与农民收入关系研究. 东北师大学报 (哲学社会科学版), 2009 (5): 33 - 36.

[42] 刘莉亚, 胡乃红, 李基礼等. 农户融资现状及其成因分析——基于中国东部、中部、西部千社万户的调查. 中国农村观察, 2009 (3): 2 - 10.

[43] 刘西川, 黄祖辉, 程恩江. 小额信贷的目标上移: 现象描述与理论解释——基于三省 (区) 小额信贷项目区的农户调查. 中国农村经济, 2007 (8): 23 - 34.

[44] 楼裕胜. 农村金融与非正规金融对农村经济增长影响的比较研究. 中南大学学报 (社会科学版), 2009 (2): 235 - 241.

[45] 罗党论, 黄有松, 聂超颖. 非正规金融发展、信任与中小企业互助融资机制——基于温州苍南新渡村互助融资的实地调查. 南方经济, 2011 (5): 28 - 42.

[46] 米运生. 金融自由化、经济转轨与农民相对贫困的恶化. 经济理论与经济管理, 2009 (10): 60 - 65.

[47] 潘朝顺. 农村信贷需求与非正规金融供给的耦合——广东的实证. 农业经济问题, 2009 (9): 89 - 94.

[48] 彭建刚, 李关政. 我国金融发展与二元经济结构内在关系实证分析. 金融研究, 2006 (4): 90 - 100.

[49] 蒲应龚, 郑洵. 农村信贷配给与有效信贷需求不足并存. 山西农业大学学报 (社会科学版), 2008 (5): 492 - 496.

[50] 钱水土, 许嘉扬. 中国农村金融发展的收入效应——基于省级面板数据的实证分析. 经济理论与经济管理, 2011 (3): 104 - 112.

[51] 钱水土, 周永涛. 农村金融发展影响农民收入增长的机制研究. 金融理论与实践, 2011 (4): 57 - 62.

[52] 冉光和、汤芳桦. 我国非正规金融发展与城乡居民收入差距——基于省级动态面板数据模型的实证研究. 经济问题探索, 2012 (1): 185 - 190.

[53] 冉光和，张金鑫．农村金融发展与农村经济增长的实证研究——以山东为例．农业经济问题，2008（6）：47－51．

[54] 任森春．非正规金融的研究与思考．金融理论与实践，2004（9）：9－12．

[55] 邵传林．农村非正规金融转型中的制度创新——以富平小额贷款公司为例．中南财经政法大学学报，2011（5）：108－115．

[56] 邵传林．农户偏好农村非正规金融的动因：理论模型与经验证据．上海经济研究，2012（2）：77－84．

[57] 孙若梅．小额度信贷与农民收入．北京：中国经济出版社，2006．

[58] 孙若梅．小额信贷对农民收入影响的实证分析．贵州社会科学，2008（9）：65－72．

[59] 谈儒勇．我国金融改革方向的理性思考．南京大学学报（哲学人文科学·社会科学版），2001（1）：102－109．

[60] 谭民俊，李娟．小额信贷效率对农民家庭收入影响的实证分析．求索，2011（10）：49－50．

[61] 唐德祥，邓成超，梁刚．正规和非正规金融支持对农村经济作用的区域差异性．重庆理工大学学报（社会科学），2010（6）：29－32．

[62] 唐均．中国城市贫困与反贫困报告．北京：华夏出版社，2004．

[63] 汪三贵．信贷扶贫能帮助穷人吗？调研世界，2001（5）：20－28．

[64] 王丹，张懿．农村金融发展与农业经济增长——基于安徽省的实证研究．金融研究，2006（11）：177－182．

[65] 王芳．我国的农村金融需求与农村金融制度：一个理论框架．金融研究，2005（4）：89－98．

[66] 王曙光，王东宾．双重二元金融结构、农户信贷需求与农村金融改革——基于 11 省 14 县市的田野调查．财贸经济，2011（5）：38－44．

[67] 王素霞，王小林．中国多维贫困测量．中国农业大学学报（社会科学版），2013，30（2）：129－136．

[68] 王晓颖．社会排斥视角下中国农村小额信贷的困境．现代经济探讨，2007（6）：52－55．

[69] 王艳慧，钱乐毅，段福洲．县级多维贫困度量及其空间分布格局

研究——以连片特困区扶贫重点县为例．地理科学，2013，33（12）：1489 - 1497.

[70] 温涛，冉光和，熊德平．中国金融发展与农民收入增长．经济研究，2005（9）：30 - 43.

[71] 温涛，王煜宇．政府主导的农业信贷、财政支农模式的经济效应——基于中国 1952～2002 年的经验验证．中国农村经济，2005（10）：20 - 29.

[72] 温铁军．中国 50 年来 6 次粮食供求波动分析．山东省农业管理干部学院学报，2001（2）：7 - 9.

[73] 温忠麟，张雷，侯杰泰，刘云红．中介效应检验程序及其应用．心理学报，2004（5）：614 - 620.

[74] 伍艳．小额信贷对农户民生脆弱性改善的影响研究——以四川省南充、广元为例．西南民族大学学报（人文社会科学版），2013（8）：113 - 118.

[75] 谢平，徐忠．公共财政、金融支农与农村金融改革——基于贵州省及其样本县的调查分析．经济研究，2006（4）：106 - 114.

[76] 谢琼，方爱国，王雅鹏．农村金融发展促进了农村经济在增长吗？．经济评论，2009（3）：61 - 68.

[77] 徐笑波，邓英淘，薛玉炜．中国农村金融的变革与发展 1978～1990．北京．当代中国出版社，1994.

[78] 徐璋勇，郭梅亮．转型时期农村非正规金融生成逻辑的理论分析——兼对农村二元金融结构现象的解释．经济学家，2008（5）：68 - 76.

[79] 许崇正，高希武．农村金融对增加农民收入支持状况的实证分析．金融研究，2005（9）：173 - 185.

[80] 许丹丹．我国农村经济发展对农村经济影响的研究．经济纵横，2013（10）：27 - 31.

[81] 许月丽，张忠根．农村正规金融发展与经济二元转型：促进抑或抑制？财经研究，2013（4）：4 - 15.

[82] 杨福明，黄筱伟．非正规金融与正规金融协同性的实证分析：温州案例．上海金融，2009（4）：84 - 88.

[83] 杨俊，王燕，张宗益．中国金融发展与贫困减少的经验分析．世界

经济，2008（8）：62 - 76.

[84] 杨丽萍. 中国农村金融贫困效应分析. 武汉金融，2005（1）：45 - 46.

[85] 杨胜刚，朱红. 中部塌陷、金融弱化与中部崛起的金融支持. 经济研究，2007（5）：55 - 77.

[86] 姚耀军，陈德付. 中国农村非正规金融的兴起：理论及其实证研究. 中国农村经济，2005（8）：45 - 51.

[87] 姚耀军. 非正规金融发展的区域差异及其经济增长效应. 财经研究，2009（12）：129 - 139.

[88] 姚耀军. 中国农村金融发展与经济增长关系的实证分析. 经济科学，2004（8）：3 - 9.

[89] 余新平，熊晶白，熊德平. 中国农村金融发展与农民收入增长. 中国农村经济，2010（6）：77 - 86.

[90] 苑德军. 民间金融的外延、特征与优势. 经济与管理研究，2007（1）：45 - 49.

[91] 张敬石，郭沛. 中国农村金融发展对农村内部收入差距的影响——基于 VAR 模型的分析. 农业技术经济，2011（1）：34 - 41.

[92] 张立军，湛泳. 金融发展与降低贫困——基于中国 1994～2004 年小额信贷的分析. 当代经济科学，2006，28（6）：36 - 42.

[93] 张宁. 试论"全金融". 经济学家，2003（2）：78 - 87.

[94] 张伟. 现代农村金融理论及我国农村金融制度模式的演进探索. 现代财经，2010，30（10）：17 - 20.

[95] 张文，徐小琴. 城乡劳动力市场一体化理论初探：内涵、特征与实现条件. 求实，2010（3）：26 - 29.

[96] 张余文. 中国农村金融发展问题研究. 北京：经济科学出版社，2005.

[97] 赵晓菊，刘莉亚，柳永明. 正规金融与非正规金融合作会提高农户期望收益吗？——理论分析和实证检验. 财经研究，2011（4）：4 - 14.

[98] 钟春平，孙焕民，徐长生. 信贷约束、信贷需求与农户借贷行为：安徽的经验证据. 金融研究，2010（11）：189 - 206.

[99] 周立. 中国农村金融体系发展逻辑. 银行家, 2005 (8): 36 – 41.

[100] 周立, 周向阳. 中国农村金融体系的形成与发展逻辑. 经济学家, 2009 (8): 22 – 30.

[101] 周孟亮, 李明贤. 小额信贷扶贫与财务可持续性: 作用机制与协调发展研究. 上海经济研究, 2009 (9): 53 – 60.

[102] 周孟亮, 李明贤. 小额信贷商业化、目标偏移与交易成本控制. 经济学动态, 2010 (12): 75 – 79.

[103] 周一鹿, 冉光和, 钱太一. 经济转型期农村金融资源开发对农民收入影响效应研究. 农业技术经济, 2010 (10): 33 – 39.

[104] 朱乾宇. 微型金融的经济和社会效应研究评述. 经济学动态, 2011 (4): 120 – 125.

[105] 朱守银, 张海阳, 闫辉. 我国村级组织的行政化倾向进一步强化. 经济研究参考, 2004 (31): 1 – 49.

[106] 朱守银, 张照新, 张海阳, 等. 中国农村金融市场供给和需求——以传统农区为例. 管理世界, 2003 (3): 88 – 95.

英文部分

[1] ADB. Informal finance in Asia. Asian Development Outlook 1990, Manila: Asia Development Bank, 1990: 187 – 215.

[2] Alkire S, Foster J E. Counting and Multidimensional Poverty Measurement. Oxford Poverty & Human Development Initiative OPHI Working Paper 7, 2007.

[3] Aryeetey E. Informal Finance for private sector development in African. The Africa Development Report, 1998.

[4] Avishay B, Guasch J L. Institutional aspects of credit cooperatives. The World Bank Policy Research Working Paper Series, 1988.

[5] Avishay B, Monika H. Improving Rural Finance in Developing Countries. Finance and Development, 1991, 28 (3): 42 – 44.

[6] Bakhtiari S. Microfinance and poverty reduction: Some international evidence. International Business & Economics Research Journal, 2006, 5 (12): 65 – 71.

[7] Banerjee, A V, Newman A F. Occupational Choice and the Process of Development. Journal of Political Economy, 1993, 101 (2): 274 – 298.

[8] Baron R M, Kenny D A. The Moderator—mediator variable distinction in social psychological reserrch: Conceptual, strategic and statistical considerations. Journal Personality and Social Psychology, 1986, 51 (6): 1173 – 1182.

[9] Beck T, Demirguc – Kunt A, Levine R. SMEs, Growth and Poverty: Cross-country Evidence [J]. Journal of Economic Growth, 2005, 10 (3): 199 – 229.

[10] Bourguignon F, Chakravarty S. The Measurement of Multidimensional Poverty. Journal of Economic Inequality, 2003: 27 – 45.

[11] Burgess R, Pande R. Can Rural Banks Reduce Poverty? Evidence from the Indian Social Banking Experiment [J]. American Economic Review, 2004, 95 (2): 781 – 794.

[12] Clarke R G, Xu L C, Zou H. Finance and Income Inequality: What Do the Data Tell Us? [J]. Southern Economic Association, 2006, 72 (3): 578 – 596.

[13] Copestake J, Dawson P, Fanning J P, et al. Monitoring the diversity of the poverty outreach and impact of microfinance: A comparison of methods using data from Peru [J]. Development Policy Review, 2005, 23 (6): 703 – 723.

[14] Dale A, Delbert F. Informal finance in Low-Income countries. West view PRESS, 1992 (1): 187 – 194.

[15] Datt G, Ravallion M. Growth and Redistribution Components of Changes in Poverty Measures: A Decomposition with Applications to Brazil and India in the 1980. Journal of Development Economics, 1992, 38 (2): 275 – 295.

[16] Demirguc K A, Levine R. Finance and inequality: Theory and evidence. Annual Review of Financial Economics, 2009, 71 (1): 287 – 318.

[17] Dollar D, Kraay A. Growth is good for the poor, World Bank Policy Research Department Working Paper. No. 2587, 2001.

[18] Engle R F, Granger C W J. Co-integration and Error Correction: Representation, Estimation and Testing [J]. Econometrica, 1987, 55 (2): 251 – 276.

[19] Foster J, Greer J, Thorbecke E. A Class of Decomposable Poverty Measures. Econometrica, 1984, 52 (3): 761 –766.

[20] Fouquau J, Hurlin Christophe H, Rabaud I. The Feldstein – Horioka puzzle: A panel smooth transition regression approach. Economic Modelling, 2008, 25 (2): 284 –299.

[21] Gagetti M, Nardi M D. Entrepreneurship, frictions, and wealth. Journal of Political Economy, 2006 (5): 835 –870.

[22] Galor O, Zeira J. Income distribution and macroeconomics. The Review of Economic Studies, 1993, 60 (1): 35 –52.

[23] Geda A, Shimeles A, Zerfu D. Finance and Poverty in Ethiopia: A Household Level Analysis, Research Paper, UNU – WIDER, United Nations University (UNU), 2006, No. 51.

[24] Ghazala M. Credit layering in informal financial markets. Journal of Development Economics, 2007, 84 (2): 715 –730.

[25] Ghosh P, Mookherjee D, Ray D. Credit Rationing in Developing Countries: An Overview of the Theory, The theory of Economic Development, 2001, 69 (1): 283 –301.

[26] Gonázlez et al. Panel Smooth Transition Regression Models. SSE/EFI Working Paper Series in Economics and Finance, 2005.

[27] Greenwood J, Jovanovic B. Financial development, growth and the distribution of income. Journal of Political Economy, 1990, 98 (5): 1067 –1107.

[28] Gregorio J D, Kim S J. Gredit markets with differences in abilities: Education, distribution and growth. International Economic Review, 2000 (3): 579 –607.

[29] Gulli H. Microfinance and poverty: Questioning the conventional wisdom [R]. International American Development Bank, New York, 1998.

[30] Gutierrez N B, Serrano C C, Molinero C M. Social efficiency in microfinance institutions. Journal of the Operational Research Society, 2009, 60 (1): 104 –119.

[31] Hashemi S M, Schuler S R, Riley A P. Rural Credit Programs and

Women's Empowerment in Bangladesh. World Development, 1996, 24 (4): 635 – 653.

[32] Honohan P. Financial development, growth and poverty: How close are the links?. World Bank Policy Research Working Paper, No. 3203, 2004.

[33] IFAD. Thematic Study on Rural Financial Services in China. Volumel – Main Report, 2001. No. 1147 – CN Rev, 256 – 267.

[34] Imai K S, Gaiha R, Thapa G. , et al. Microfinance and poverty: A macro perspective, World Development, 2012, 40 (8): 1675 – 1689.

[35] Imai K S. Microfinance and Household Poverty Reduction: New Evidence from India [J]. World Development, 2010, 38 (12): 1760 – 1774.

[36] Isaksson A. The importance of informal finance in Kenyan manufacturing. The United Nations Industrial Development Organization (UNIDO) Working, 2002.

[37] Jalilian H, Kirkpatrick C. Does financial development contribute to poverty reduction? Journal of Development Studies, 2005, 41 (4): 636 – 656.

[38] Jappelli T, Pagano M. The Welfare Effects of Liquidity Constraints. New York: Oxford University Press, 1999.

[39] Jeanneney S G, Kpodar K. Financial development and poverty reduction: Can there be a benefit without a cost?. The Journal of Development Studies, 2011, 47 (1): 143 – 163.

[40] Jeanneney S G, Kpodar K. Financial development, financial instability and poverty. Economics Series Working Papers WPS/2005 – 09, University of Oxford, Department of Economics.

[41] Jia X P, Heidhues F, Zeller M. Credit Rationing of Rural Households in China, Agricultural Finance Review, 2010, 70 (1): 37 – 54.

[42] Johansen S, Juselius K. Maximum Likelihood Estimation and Inference on Cointegration with Application to the Demand for Money [J]. Oxford Bulletin of Economics and Statistics 1990, 52: 69 – 210.

[43] Judd C M, Kenny D A. Process analysis: Estimating Mediation in treatment evaluations. Evaluation Review, 1981, 42 (13): 1615 – 1625.

［44］Kakwani N. Poverty and Economic Growth with Application to Cote D' Lvoire. Review of Income and Wealth, 1993, 39 (2): 121 –139.

［45］Kakwani N, Subbarao K. Rural Poverty and Its Alleviation in India. Economic and Political Weekly, 1990, 25 (13): A2 – A16.

［46］Liverpool L S, Winter N A. Poverty status and the impact of formal crediton technology use and wellbeing among Ethiopian smallholders ［J］. World Development, 2010, 38 (4): 541 –554.

［47］MacKinon D P, Warsi G, Dwyer J H. A simulation study of mediated effect measures, Multivariate Behavioral Rresearch, 1995, 30 (1): 41 –62.

［48］Mahjabeen R. Microfinancing in Bangladesh: Impact on households, consumption and welfare. Journal of Policy Modeling, 2008, 30 (6): 1083 – 1092.

［49］Maladonado H, Gonzalez V C. Impact of microfinance on schooling: Evidence from poor rural households in Bolivia. World Development, 2008, 36 (11): 2440 –2455.

［50］Martin R, Chen S H. China's (uneven) Progress against Poverty, Journal of Development Economics, 2007, 82 (1): 1 –42.

［51］Maurer N, Haher S. Related lending and economic performance: evidence from Mexico. Journal of Economic History, 2007, 67 (3): 551 –581.

［52］Meghana A, Asli D K, Vojislav M. Formal versus informal finance: evidence from China. Policy Research Working Paper, No. 4465, 2008.

［53］Michael S, Barr T. Microfinance and financial development. University of Michigan Law School, The Berkeley Electronic Press, 2005: 271 –296.

［54］Narayan P K, Smyth R, Electricity consumption, employment, and real income in Austrilia: evidence from multivariate Granger causality test. Energy Policy, 2005, 33: 1109 –1116.

［55］Odhiambo, Akinboade O A. Interest – Rate Reforms and Financial Deepening in Botswana: An Empirical Investigation Economic Notes, 2009, 38 (1): 97 –116.

［56］Odhiambo N M. Finance – Growth – Poverty Nexus in South Africa: A

Dynamic Causality Linkage, The Journal of Socio - Economics, 2009, 38 (2):
320 - 325.

[57] Odhiambo N M. Is Financial Development a Spur to Poverty Reduction?
Kenya's Experience [J]. Journal of Economic Studies, 2010, 37 (3): 343 -
353.

[58] Pablo Ordóñez. Financial Development and Poverty: A Panel Date Anal-
ysis. Universidad Icesi School of Management and Economics Research Paper
No. 31, 2012.

[59] Rajan R, L Zingales. The Great Reversals: The Politics of Financial
Development in the 20th Century [J]. Journal of Financial Economics, 2003, 69
(1): 5 -50.

[60] Remenyi J, Quinones B. Microfinance and poverty alleviation: Case
studies from Asia and the Pacific, London: Printer, 2000.

[61] Rooyen C V. The impact of microfinance in Sub - Saharan Africa: A
systematic review of the evidence. World Development, 2012, 40 (11): 2249 -
2262.

[62] Sabina A, Foster J. Counting and multidimensional poverty measure-
ment. Journal of Public Economics, 2011, 95 (7): 476 -487.

[63] Schreiner M. Informal finance and the design of microfinance. Develop-
ment in Practice, 2000, 11 (5): 637 -640.

[64] Selim A, Kevin J D. Finance and poverty: evidence from fixed effect
vector decomposition. Emerging Markets Review, 2009, 10 (3): 191 -206.

[65] Sen A. Development as Freedom. Oxford University Press: New York,
1999.

[66] Stiglitz J. Peer Monitoring and Credit Markets. World Bank Economic
Review, 1990, 4 (3): 351 -366.

[67] Townsend R M, Ueda K. Financial deepening, inequality, and growth:
A Model-based quantitative evaluation. The Review of Economic Studies, 2006 (1):
251 -280.

[68] Tsai K. Beyond banks: The local logic of informal finance and private

sector development in China. Presented at the conference on Financial Sector Reform in China September, 2001.

[69] Wan G, Zhou Z. Income inequality in rural China: Regression – Based decomposition using household data. Review of Development Economics, 2005, 9 (1): 107 – 120.